Beltz Taschenbuch 71

Über dieses Buch:
Sich in der Schule wohlfühlen: dazu gehört gern hingehen, gern in seiner Klasse sein, mit anderen zusammen viel erleben, sich herausgefordert zu fühlen durch Schüler und Kollegen, seine Gefühle äußern zu dürfen, das sagen zu können, was man meint. Aber die Belastungen in der Schule in persönlichen, zwischenmenschlichen, didaktisch-methodischen und strukturellen Bereichen nehmen ständig zu, immer mehr wird Schule als „Reparaturbetrieb" erlebt, als Auffangbecken für familiäre Probleme und deren sozialpädagogische oder sogar therapeutische Bearbeitung. Gleichzeitig wird Leistung gefordert. Gibt es da überhaupt noch „Raum" zum Wohlfühlen? Wie können Lehrerinnen und Lehrer im Schulalltag Entlastung finden? Reinhold Miller beschreibt anschaulich, wie man Belastungen wahrnehmen und abbauen, sich im Kollegium und im Klassenzimmer wohlfühlen und so selber Entlastungen ermöglichen kann.
Ein Praxisbuch mit vielen wertvollen Handlungsanleitungen und Tips, eine „Pflichtlektüre" für jeden Lehrer.

Der Autor:
Dr. Reinhold Miller ist hauptberuflich in der Lehrerfortbildung tätig. Seine Arbeitsschwerpunkte sind Kommunikations-, Interaktions- und Verhaltenstraining, Beratung in der Schule, Moderation, Schulentwicklung, schulinterne Lehrerfortbildung und Supervision. Im Beltz Verlag hat er zahlreiche Bücher veröffentlicht, als Beltz Taschenbuch ist lieferbar *Lehrer lernen – Ein pädagogisches Arbeitsbuch.*

Reinhold Miller

Sich in der Schule wohlfühlen

Wege für Lehrerinnen und Lehrer zur Entlastung im Schulalltag

BELTZ
Taschenbuch

Besuchen Sie uns im Internet:
www.beltz.de

Beltz Taschenbuch 71
2000 Weinheim und Basel
unveränderter Nachdruck der 5. Auflage 1992

Umschlaggestaltung: Federico Luci, Köln
Umschlagillustration: © The Stock Market, Düsseldorf
Satz: Filmsatz Unger und Sommer, Weinheim
Druck und Bindung: Druckhaus Beltz, Hemsbach
Printed in Germany

ISBN 3 407 22071 5

*Allen Lehrerinnen und Lehrern,
die auf dem Wege sind, sich
in der Schule wohlzufühlen
und die dadurch für ihre
Schülerinnen und Schüler
zu hilfreichen Begleitern
werden*

Inhaltsverzeichnis

Vorwort

Montagmorgen, 1. Stunde: Ich betrete das Klassenzimmer der 9b. Meine Schülerinnen und Schüler sind in angeregter Unterhaltung. Die meisten von ihnen nehmen mich noch nicht wahr. Ich setze mich aufs Pult und lasse die Beine baumeln. Ich warte. Meine Schüler/innen haben sich nach einem langen Wochenende so viel mitzuteilen ...
Nach wenigen Minuten wird es ruhiger, dann still. Erwartungsvoll sehen mich alle an. Ich fühle mich ruhig und locker und blicke ebenfalls erwartungsvoll in die Runde. Plötzlich und unvermittelt sagt Bettina: „Gell, s'geht Ihnen gut!?" Sie bemerkt meinen fragenden Blick und fährt dann fort: „Erstens haben Sie einen neuen Pullover an und zweitens lassen Sie die Beine baumeln!"
Obwohl diese Begebenheit nun schon über neun Jahre zurückliegt, erinnere ich mich immer wieder daran: Mir geht es gut, und Schüler/innen spüren das.
Acht Jahre später: Während einer Tagung, an der Menschen verschiedener Berufsgruppen teilnehmen, kommt ein Psychotherapeut auf mich zu und sagt: „Ich habe gehört, Sie sind Lehrer. Das hätte ich nicht vermutet." Auf meine Rückfrage antwortet er mir: „Bei Ihnen habe ich den Eindruck, daß Sie sich wohlfühlen. In meiner Praxis begegne ich Lehrern, die gar nicht mehr wissen, was das ist: Sich als Lehrer wohlfühlen!"
Ein Lehrer, dem es gut geht und der sich wohlfühlt: Für Schüler/innen eine Freude, für Erwachsene ein Fragezeichen. Normal- oder Einzelfall?
In meinen bisher 15 Schuljahren als Lehrer habe ich mich immer wieder gefragt, wie dieses Schulleben mit Schülerinnen und Schülern, mit Kolleginnen und Kollegen, mit Schulleiterinnen und Schulleitern, mit Eltern, Behörden und

Hausmeistern förderlich gestaltet und gelebt werden kann: Um Gedanken, Erfahrungen und Einsichten, um Fragen und Antworten zu diesem Thema geht es in diesem Buch.

Ich danke allen, die mit mir zusammen Erfahrungen machten und die mich auf dem Weg zur „Schule des Wohlfühlens" begleitet haben:

- Kolleginnen und Kollegen, die sich mir in Gesprächen und Briefen mitteilten,
- Schülerinnen und Schülern, mit denen ich lernte, mich/uns in der Schule wohlzufühlen,
- Lehrerinnen und Lehrern, mit denen ich auf Tagungen und Lehrgängen nach einem Miteinander und nicht Gegeneinander in der Schule suchte,
- Regine Berger, Kurt Fay, Ute Löhle und Wolf Melzer, die mir beim Schreiben immer wieder über die Schulter geguckt haben und mir durch ihre Hinweise, Anregungen und Korrekturen halfen,
- Peter E. Kalb, meinem Lektor, dessen Erfahrungen und Wissen mir hilfreich waren und dessen Entgegenkommen und Freundlichkeit mein Wohlfühlen vermehrt haben,
- meiner Frau, die mir auch diesmal wieder (wie schon beim „Lehrer lernen") Partnerin war und mit der ich mich am wohlsten fühle.

Hinweise

- In diesem Buch geht es um viele Erfahrungen: meine eigenen und um die mir von anderen mitgeteilten. Ich habe über Jahre hinweg Notizen gemacht, Briefe gesammelt, Protokolle geführt, Tagebuch geschrieben. Alle angeführten Beispiele, Fälle und Begebenheiten stammen aus der Schulwirklichkeit.
- Manchmal möchte ich Ihnen Zeit geben und Zeit lassen zum Innehalten, zum Nach- und Vorausdenken, zum Gewahrwerden und Erfühlen. Diese Stellen sind mit einem ● gekennzeichnet.
- Manche Gedanken habe ich bereits in meinem Buch „Lehrer lernen" geäußert. Ich möchte sie hier nicht wiederholen. Wenn Sie also im Zusammenhang mit den hier

angeschnittenen Themen mehr wissen und tun wollen, dann lesen Sie dort nach über Erziehung und Erzieher, Lehrer und Schüler, Lehren und Lernen, Lehrer und Kollegium (Beltz-Verlag, 5. Auflage 1992).

- Manche Menschen stört es, und Frauen fühlen sich häufig nicht ernstgenommen, wenn in Lehrerbüchern nur jeweils von *Lehrern, Schülern, Kollegen* geschrieben wird und nicht ebenso von *Lehrerinnen, Schülerinnen, Kolleginnen.* Deshalb habe ich in den meisten Fällen die Formulierung Lehrer/innen, Schüler/innen, Kollegen/innen verwendet und mich um „männliche und weibliche Ausgewogenheit" bemüht. (Für ihre liebevollen Hinweise danke ich Karin B. und Dora K.)
- Und schließlich mein Wunsch: Mögen Sie sich bereits beim Lesen des Buches wohlfühlen!

Vorwort zur 5. Auflage

Innerhalb von drei Jahren bereits die fünfte Auflage: dies zeigt mir das große Interesse am Thema, das Bedürfnis nach Entlastungsmöglichkeiten und den Wunsch, sich (auch) in der Schule wohlzufühlen – was nach meiner Einschätzung allerdings von Jahr zu Jahr schwerer wird:
Eigene Erfahrungen, vielfache Umfragen und eine Reihe wissenschaftlicher Untersuchungen bestätigen die Zunahme und Belastungen im Schulalltag, und zwar in persönlichen, zwischenmenschlichen, didaktisch-methodischen und strukturellen Bereichen. Vom raschen Wandel (in) der Schule, der vom raschen Wandel (in) der Gesellschaft nicht zu trennen ist, fühlen sich Lehrerinnen und Lehrer vielfach überfordert. (Neue Wege in der Lehreraus- und -fortbildung sind dringend nötig!)
Zunehmend wird Schule als „Reparaturbetrieb" erlebt. Sie kann aber weder Auffangbecken für defizitäre familiale Erziehung sein, noch sozialpädagogische oder gar therapeutische Maßnahmen in den Mittelpunkt ihrer Arbeit stellen. Eine (Rück-)Besinnung auf die *wesentlichen* Aufgaben von Schule ist mehr denn je bedeutsam.

Gibt es da überhaupt noch „Raum“ (und Möglichkeiten) für Wohlfühlen und Wohlbefinden? Ist dieser Wunsch, angesichts der Realität, nicht deplaziert, überzogen, ja sogar „zynisch“? Leistung ist gefragt. – Und gerade deshalb, allen Unkenrufen zum Trotz, Wohlfühlen auch!
Meine Sicht heute: Mich ermutigen die vielfältigen Rückmeldungen von LehrerInnen, SchülerInnen und Eltern, denen Wohlbefinden sehr viel bedeutet. Sie wünschen sich eine „Partnerschaft“ von Leistung und Wohlfühlen. Gleichzeitig aber erscheint mir der Blick auf Rahmenbedingungen und Strukturen, auf schulpolitische Entscheidungsprozesse, auf eine umfassende Schulreform und auf eine „Erneuerung der Schule von innen heraus“ genauso wichtig. So betrachtet muß dann Wohlfühlen in diese Gesamtreform eingebettet sein, als Weg und Ziel zugleich und als wesentlicher Bestandteil schulischen Lebens.

Einleitung

1. Sich in der Schule wohlfühlen?

- Was fällt Ihnen ein, wenn Sie lesen: Sich in der Schule wohlfühlen? (Unstimmigkeiten, Widersprüche, Ambivalenzen, Übereinstimmungen ...?)

Eine Kollegin schrieb mir: „Wenn ich an das *Wohlfühlen in der Schule* denke, dann kommt in mir ein Unbehagen hoch, verbunden mit der Frage: Kann und darf ich mich als Lehrerin in einem so verantwortungsvollen Beruf überhaupt wohlfühlen? Oder geht es einfach darum, meine Arbeit zu tun, jenseits von Wohlfühlen oder nicht Wohlfühlen? Nach dem Wohlfühlen fragt doch niemand ... Und weiter: Würde ich mich als Sekretärin, Müllmann, Brötchenverkäuferin, Jurist, Manager, Friseuse ... wohler fühlen? Was macht mich in der Schule unzufrieden und unruhig? Wieso spüre ich immer wieder Ängste? Welche Bedingungen brauche ich überhaupt, um mich wohlfühlen zu können? Will ich mich eigentlich immer wohlfühlen oder suhle ich mich auch manchmal im Dreck von negativen Gefühlen ..., vielleicht, um andere auf mich aufmerksam zu machen und um Zuwendung zu bekommen? (Ach, du armes Lehrerlein!) Wie war mein Wohlfühlen, als ich anfing, Lehrerin zu sein, und wie fühle ich mich heute?"
Lehrer/in sein und Schulleben scheinen zwischen Berufsbelastung und Pflichterfüllung, zwischen Störungen und „einigermaßen über die Runden kommen" angesiedelt zu sein, und keiner fragt nach dem Wohlfühlen: „Zwanzig Jahre in ein und demselben Kollegium wie in einem Ghetto zu stecken; mit einem anwachsenden (öffentlichen) Erwartungsdruck zu tun haben; wobei die (internen) Möglichkei-

ten einer pädagogisch-didaktischen Reformarbeit geringer werden; schwierige Verhältnisse ... aushalten zu müssen; und gleichzeitig in einer Zeit, Gesellschaft und Welt erzieherisch wirken zu sollen, die eher verzweifelt und wie gelähmt den Problemen ihrer Bedrohungen und Zerstörungen gegenübersteht; ja antipädagogischen Bewegungen ausgesetzt zu sein, die dem erziehenden Lehrer und dem lehrenden Erzieher den Boden seiner Legitimation unter den Füßen wegziehen, so daß er lieber nur das Notwendigste tut, sich ansonsten raushält, privatisiert, ..." (Rainer Winkel: Antinomische Pädagogik und kommunikative Didaktik. Düsseldorf 1986, S. 147). Es ist fast zu viel verlangt, sich angesichts solcher und ähnlicher Vorgänge optimistisch zu geben:
„*Stadtväter suchen Gründe für Vandalismus* – Wettbewerb gegen Zerstörungswut an Frankfurter Schulen gestartet – Von den drei Millionen Mark, die von der Stadt Frankfurt jährlich für Renovierungskosten in den Schulen aufgebracht werden müssen, gehen 1,2 Millionen auf das Konto Vandalismus durch Schülerinnen und Schüler. Jugendliche reißen Steckdosen heraus, zerschlagen Tafeln, werfen Fensterscheiben ein, beschmieren Wände, zertrümmern Tische und Stühle, spritzen Feuerlöscher leer oder holen die Deckenverkleidungen herunter. Sogar Überflutungen durch aufgedrehte Hydranten sind schon vorgekommen. Auf Schulhauswänden werden Parolen aufgesprüht wie: ‚Macht kaputt, was euch kaputt macht.' Der Stadtkämmerer rauft sich angesichts der Schäden ... die ihm noch verbliebenen Haare, und die Pädagogen können die Frage nicht beantworten, ob die Aggressionen durch Frust ausgelöst werden." (Rhein-Neckar-Zeitung vom 27.10.1987)
Hier kann kaum mehr von Wohlfühlen die Rede sein, sondern nur noch vom Überleben: Bankrott der Schulen? Sind die Schulen und alle, die in ihr leben, krank und unfähig, human miteinander umzugehen? Und dennoch fragt Hartmut von Hentig: Was ist eine humane Schule? (München 1976, S. 95): „Wenn heute Schüler und Lehrer gereizt, unfroh, überanstrengt, neurotisch sind, dann nicht, weil das Pendel nach links ausgeschlagen ist oder nach rechts, sondern weil es extrem ausschlägt: an jedem der Enden wird es inhuman."
Ich möchte es nicht bei der Feststellung belassen, daß es *in-*

human wird, und dabei als Betrachter von außen und Beteiligter von innen zusehen, sondern ich möchte tätig sein: Es wird darum gehen, behutsam und allmählich von den beiden Enden und von den extremen Positionen aus Schule – und das heißt *uns / mich* – so zu verändern, daß sie wieder human wird und daß Lehrer/innen und Schüler/innen sich in ihr wohlfühlen. Deshalb dennoch:

2. Sich in der Schule wohlfühlen!

Während eines Seminars „Streß in der Schule" äußerte sich ein Lehrer: „Wie soll ich mich wohlfühlen in einer Schule, in der der Schulleiter autoritär, das Kollegium heillos zerstritten und die Schüler in der Mehrzahl Problemfälle sind. Die Schule gibt mir überhaupt keine Gelegenheit, ein guter Lehrer zu sein."
In dieser Aussage spüre ich die Ablehnung und Nichtbewältigung seiner gesamten Schulwirklichkeit. Er fühlt sich nicht in der Lage, die erlebten „Negativfaktoren" anzunehmen, um sie positiv in seine Lebensgeschichte einzubringen. Die „Heillosigkeit" in dieser Schule kann nicht aufgelöst werden, solange *die anderen* als Ursache für Nichtwohlfühlen betrachtet werden. Die Verantwortung für mein Wohlfühlen trage ich selbst, und ich kann sie nicht auf *die* Schule, auf *die* Kolleg/innen, auf *den* Schulleiter, auf *die* Behörden, auf *die* Bürokratie abwälzen. Mögen sie auch Hürden auf dem Weg zu meinem Wohlbefinden sein, überspringen muß ich sie schon selbst (auch wenn meine Phantasie sie oft höher macht als sie in Wirklichkeit sind!).
Lange Zeit wollte ich die Ursachen von Schwierigkeiten und Störungen beseitigen und deshalb *andere* verändern, damit alles stimmig werden sollte: Die anderen müssen in *mein* Puzzle passen, nicht umgekehrt! Ich habe inzwischen gelernt, daß letztlich nur ich mich ändern und bei mir etwas verändern kann. Die Möglichkeiten, *Ursachen* zu ändern, werden allerdings immer geringer. Es bleibt uns, im wahrsten Sinn des Wortes, nichts mehr anderes übrig, als uns mit den *Folgen* und *Wirkungen* der Ursachen anzufreunden – und auch der Platz für diese „Freundschaften" wird immer kleiner. Aber: Ich möchte nicht im „Wartezimmer des Le-

bens“ sitzen und warten, bis „es“ schon wieder wird oder bis „es“ besser geht, sondern ich möchte für mich – und dadurch auch für andere – etwas tun. Das ist eine, das ist *meine* Chance!

- Was können *Sie* tun?
  Sitzen Sie lieber im Wartezimmer oder …?

Mein eigenes Wohlbefinden ist mir wichtig geworden, weil ich es u. a. als Voraussetzung für das Wohlbefinden und Wohlergehen mit anderen erachte. Dabei geht es nicht um die Einstellung, es müsse immer alles Spaß machen, reibungslos zugehen und lustvoll sein. Wohlbefinden schließt auch die Fähigkeit mit ein, mit Unlust und Frustration, mit Schmerzen und Krankheit umzugehen. Wohlbefinden, Wohlergehen, Wohlfühlen sind keine konstanten Größen und kein Besitz eines Menschen, sondern ich erlebe sie als einen Prozeß. Wohlergehen kommt erst dann zustande, „wenn wir fähig werden, mit Versagungen innerer und äußerer Möglichkeiten zu leben, ohne hierdurch in einen Stillstand des inneren Wachstums, in Depressionen, in dauernden Hader mit sich und der Welt zu verfallen. Der Verlust von Lebenschancen aufgrund schicksalhafter Versagungen hinterläßt im Menschen mancherlei Brüche: Niemand kann von sich behaupten, sein körperliches, seelisches, soziales und mentales Leben sei frei von Beeinträchtigungen, Störungen, Schäden, Behinderungen, Verbildungen … Wohl ergeht es uns allein dann, wenn wir eine annehmende Beziehung zu den inneren und äußeren Beeinträchtigungen eingehen und durchhalten. Durch sie werden die Negativfaktoren in das positive Lebensgeschehen eingebracht und verlieren somit an Störkraft. Wohlergehen zeichnet sich dadurch aus, daß Schädigungen nicht zu Lähmungen führen, sondern daß Einschränkungen überwunden, überwachsen und ausgeglichen werden können.“ (Rudolf Affemann: Gesundheitserziehung in der Schule. Stuttgart 1987, S. 22)
Der scheinbare Widerspruch „Sich *wohlfühlen* in der *Schule*“ löst sich somit auf, weil es nicht darum geht, in einer Schule zu leben, in der es (fast) keine Schwierigkeiten mehr geben sollte, sondern in der konstruktiv mit Schwierigkeiten umgegangen wird und in der die Veränderung eigener Ein-

stellungen und Sichtweisen und die Veränderung der eigenen Person im Vordergrund stehen.
Es gibt mir immer wieder zu denken: Junge Menschen verbringen 10 bis 15 wichtige Lebensjahre in der Schule – und wir diskutieren über Möglichkeiten des Wohlbefindens. Nicht *diskussionswürdig* sollte das Wohlfühlen sein, sondern eine *Selbstverständlichkeit*!

Es gibt eine Geschichte, die – aus dem Blickwinkel des gesunden Menschenverstandes – etwas aussagt, was in den vorangegangenen Zeilen zum Ausdruck gekommen ist, nämlich nicht mehr so abhängig von inneren und äußeren Widrigkeiten zu sein:
Ein Bettnässer trifft einen Freund, der ihm rät, doch einen Psychotherapeuten aufzusuchen, um eventuell von seinem Leiden befreit zu werden. Nach einigen Wochen begegnen sich die beiden Freunde wieder. Interessiert fragt der eine: „Nun, hat die Therapie etwas genützt?" „Nein", antwortet der Bettnässer, „aber jetzt macht's mir nicht mehr so viel aus."
Schwierigkeiten, Störungen, Belastungen: Sie sind nicht weniger geworden im Vergleich zu früher, aber sie machen mir weit weniger aus, weil *ich* mich in meinen Einstellungen und Sichtweisen geändert habe. So bin ich auf dem Weg, mich *in* der Schule wohlzufühlen. Begleiten Sie mich!

- Ist es für Sie ein Widerspruch: Sich wohlfühlen in der Schule? (Wo es doch darum geht, Leistungen zu erbringen! – Oder?)
  Ich vermute, daß Sie noch nicht zu resignieren begonnen haben, sonst würden Sie dieses Buch nicht lesen! – Oder?
  Wenn ich in der Lage bin, mich *außerhalb* der Schule wohlzufühlen, dann müßte es doch eigentlich zu schaffen sein, dies auch *innerhalb* der Schule zu können? – Oder nicht?
  Stellen Sie sich vor: Alle wandern aus, und keiner bleibt mehr hier! – So wie Herr Ruhelos:

Er sagte eines Tages: „Mir gefällt es hier nicht mehr. Es ist mir zu laut." Und er packte seine Sachen und wanderte an einen anderen Ort. „Hier sind mir zu viele Menschen", stöhnte er, „da halte ich es einfach nicht mehr aus." Und wieder packte er seine Sachen und wanderte weiter. „Hier kann ich auch nicht bleiben", sagte er am dritten Ort, „hier sind alle so unfreundlich." Und wieder zog er weiter. Doch nirgends gefiel es ihm: Da war ihm das Wasser zu schmutzig, dort die Bäume zu kahl. Woanders regten ihn die Gesetze der Menschen auf, und wieder woanders nörgelte er an den Eßgewohnheiten der Menschen herum. „Nirgends kann ich mich wohlfühlen", schrie er, „da bleibt mir nichts anderes übrig als auszuwandern." Sprachs, kaufte sich ein Ticket und wanderte in ein Land aus, ganz weit weg, am anderen Ende der Welt. Aber da fand er nun gar nichts mehr vor: Keine Menschen und keine Gesetze, kein Wasser und keine Nahrung, keine Tiere und keine Pflanzen, und sogar die Stille wurde ihm unheimlich. Und das Schlimme war: Er konnte sich über niemanden und über nichts mehr aufregen ...

- Worüber regen Sie sich in der Schule auf?
  Wie fühlen Sie sich, wenn Sie an *Ihre* Schule, *Ihre* Schüler/innen und *Ihre* verschiedenen Schulsituationen denken? Finden Sie immer noch alles zum Auswandern?
  Wie sehr ist Ihr Wohlbefinden abhängig von ...?
  Das würde ich gerne ändern: ...

1. Kapitel: Belastungen wahrnehmen

> Das größte Stück Humanisierung freilich bleibt die Schule den Lehrern schuldig, auf die ... neue Forderungen zu den schon zu vielen alten niederzugehen scheinen.
>
> H. v. Hentig

Inzwischen hat es sich herumgesprochen, daß das Lehrer/innenleben nicht nur aus Geburt, Ferien und Ruhestand besteht, sondern daß der Lehrerberuf – verantwortlich ausgeübt – hohen Belastungen ausgesetzt ist. Hauptursache dafür ist das ständige Gefordertsein auf der Sach- *und* Beziehungsebene als lehrende und lernende, als unterrichtende und erziehende Person: Kinder und Jugendliche in ihrem Wachsen und Reifen zu begleiten, viel zu säen und manchmal wenig zu ernten, sich konfrontiert zu wissen mit Störungen und Konflikten und es immer mit „Nicht-Fertigem" zu tun zu haben. Wer könnte hier nicht müde werden und Resignation verstehen?
Um dem entgegenzutreten, ist es wichtig, die verschiedenen Belastungen wahrzunehmen und mit ihnen vertraut zu werden, um sie innerlich annehmen und bewältigen zu können:

- Eigentlich macht es mir schön zu schaffen, wenn ...
  Ich werde einfach nicht fertig mit ...
  Immer diese Kopfschmerzen nach dem Unterricht!
  Was ist bloß mit meinem Magen los?
  Bisher habe ich meine Belastungen wie ein Stiefkind behandelt und unter den Teppich gekehrt. Vielleicht brauchen sie auch ab und zu ihre Streicheleinheiten?

Durch die Darstellung und Reflexion der nachfolgenden Belastungen von Lehrer/innen möchte ich Sie ermutigen, Ihre eigenen Belastungen und Beeinträchtigungen stärker wahrzunehmen und auf sich wirken zu lassen.

1. Forderungen und Überforderungen

Der Lehrer

führt eine Klasse
führt Klassenlisten
führt Karteikarten
führt Kinder

trägt Meldungen ein
trägt Beschwerden ein
trägt Verantwortung
trägt unterschiedliche Kleidung

urteilt über Schülerarbeiten
urteilt über Schüler
beurteilt Schüler
entscheidet über Bildung
stellt Zeugnisse aus
wertet – wertet ab – wertet auf

plant Konferenzen
nimmt daran teil
nimmt Anteil
vernimmt Appelle

legt Klassenbücher vor
legt Karteikarten vor
legt Zeugnisse vor
legt Stoffverteilungspläne vor

hat Aufsichtspflicht
hat Anwesenheitspflicht
hat Schweigepflicht
hat Vertretungspflicht
hat Krankmeldungspflicht

muß pünktlich sein
muß gewissenhaft sein
muß termingerecht sein
muß entgegenkommend sein
muß Vorbild sein

muß Noten einholen
muß Listen ausfüllen
muß Schülerbücher verteilen
muß Lehrerbücher ausleihen

wird beurteilt
wird geprüft
wird versetzt
wird zurückgestuft
wird eingestuft

bereitet Unterricht vor
bereitet Unterricht nach
erbringt Nachweise
erfüllt Stoffpläne

korrigiert Arbeiten
korrigiert Schüler
korrigiert sich
korrigiert Kollegen
mißt Leistung
beurteilt Leistung

differenziert
toleriert
akzeptiert
frustriert

therapiert
hört zu
versteht
versteht nicht

fragt nach
hilft und fördert
ermutigt und beruhigt
stützt und zieht
spielt und spielt mit

schafft Beziehungen
schafft Vertrauen
schafft
schafft es nicht
ist geschafft

wird angegriffen
wird entmutigt
wird beschuldigt
wird beobachtet

darf Überstunden machen
darf nicht streiken

hat Recht auf Urlaub
hat Recht auf Beschwerde
hat Recht auf ...

ist gerecht
ist freundlich
ist ausgeglichen

ist kritikfähig
ist beleidigt
ist humorvoll
ist aktiv
ist nicht aktiv
ist angepaßt
ist eigenständig
ist selbständig
ist integrierend
ist lieb und streng
ist zerstreut

ermahnt
ermahnt schon wieder
lehrt und lernt
erklärt und klärt auf

verhält sich zum Schulleiter
verhält sich zu Kollegen
verhält sich zu Schülern
verhält sich zu Eltern
verhält sich zu Organen
verhält sich zu Behörden
verhält sich still

ist Berater
ist Helfer
ist Anlaufstelle
ist Ansprechstelle

hält Elternabende
hält Konferenzen
hält Vorträge
hält Ordnung
hält den Mund
hält, was er verspricht

wird gelobt
wird bestärkt

wird kritisiert
wird verunsichert
wird beschenkt

macht Ausflüge
macht Klassenfahrten
macht Schullandheim-
aufenthalte
macht Elternbesuche
macht Krankenbesuche
macht Hausaufgaben
macht zu viel und zu wenig
macht sich Gedanken
macht sich Sorgen
macht's möglich
macht mit
macht nicht mit
macht Fehler
macht vieles wieder gut

geht zu Bierabenden
geht zu Klassenfesten
geht zu Schulfesten
geht zu Abschlußfeiern

redet mit Eltern
redet über Eltern
redet mit Schülern
redet über Schüler
redet mit Kollegen
redet über Kollegen
redet, redet, redet ...

steht im Mittelpunkt
steht im Interesse
steht im Abseits
steht in der Öffentlichkeit

steht zur Verfügung
steht im Kreuzfeuer
steht im Blickpunkt
steht im Schußfeld
steht allein
steht nicht allein

(Siehe: Reinhold Miller: Lehrer lernen, S. 49 f.)

- Wenn Sie an Ihre Belastungen denken:
  Welche Forderungen können Sie annehmen und bewältigen?
  Welche Forderungen empfinden Sie als Überforderungen, als Zumutung, als untragbar?
  Gibt es Momente, in denen Sie einfach alles hinschmeißen und davonlaufen wollen? Wenn ja: Weil ...

Entspringen die Forderungen und Überforderungen nicht des öfteren dem Wunschdenken derjenigen, die Kinder und Jugendliche gerne anders hätten, damit sie, die Wunsch*denker*, es leichter hätten? (Lesen Sie unter dieser Fragestellung die Erziehungsziele in Bildungsplänen – oder die Verordnungen und Erlasse für Lehrer/innen!)
„Ich bin Dompteuse, Alleinunterhalterin und Psychotherapeutin zugleich“, sagte mir eine Lehrerin, „und das Schlimme dabei ist, daß ich für keinen der drei Berufe ausgebildet bin. Ich habe ‚nur‘ Unterrichten gelernt.“
Unsere *Über*forderungen könnten in diesem einen Satz nicht deutlicher ausgedrückt werden: Ich *muß* Schüler/innen zwingen ... (Dompteuse), ich *muß* sie motivieren ... (Alleinunterhalterin), und ich *muß* sie trösten (Psychotherapeutin). Und die eigene Hilflosigkeit endet mit dem Satz: „Ich habe ‚nur‘ Unterrichten gelernt.“

- *Muß* sie all das?
  Oder *meint* sie, all das tun zu müssen?
  Was *müssen* Sie tun?

Obwohl die Kollegin „nur Unterrichten“ gelernt hat, werden von ihr – und all den anderen Lehrer/innen – weitaus mehr Fähigkeiten erwartet und verlangt. Die Ausbildung bisher war und ist in erster Linie didaktisch-methodisch ausgerichtet und rückt die Stoff- und Wissensvermittlung in den Vordergrund. Inzwischen haben sich Schule, Schüler und die dazugehörigen Bedingungen so sehr verändert, daß didaktische Probleme längst nicht mehr im Mittelpunkt stehen, „weil es häufig in der Schule ganz andere Probleme als didaktische Probleme gibt“. (Bernd Weingärtner, ein Hauptschullehrer, in: Herbert Gudjohns u. a. (Hrsg.): Didaktische Theorie. Hamburg 1986, S. 100)

Die „ganz anderen Probleme“ sind Disziplin-, Erziehungs- und Beziehungsprobleme und liegen in den Bereichen Kommunikation und Interaktion. Lehrer/innen sind überfordert, weil sie *Lehren* und *Unterrichten*, weit weniger aber *Kommunizieren* und *Interagieren* gelernt haben. Die Lernangebote an den Hochschulen und anderen Fortbildungsinstituten beweisen dies hinlänglich und hinken weit hinter den Bedürfnissen der Lehrer/innen hinterher: Würde man Störungs- und Konfliktseminare nach den Bedürfnissen der Lehrer/innen anbieten, so müßte „man“ ja offiziell zugeben, daß Schule eine gestörte und konfliktträchtige Schule ist. Würde man Kommunikationstraining und Selbsterfahrungsmöglichkeiten in den Ausbildungs- und Fortbildungskanon aufnehmen und sich auch hier nach den Wünschen und Bedürfnissen der Lehrer/innen richten, dann müßte „man“ auch hier offiziell zugeben, Lehrer/innen hätten dies nötig und müßten deshalb dafür erst aus- und fortgebildet werden. So aber nimmt „man“ immer noch weitgehend an, Lehrer/innen hätten nur Defizite im Lehren und Unterrichten und wären „geborene Erzieher und Pädagogen“, also von Hause aus kompetent in Kommunikation und Kooperation. Dafür verbringen dann Kolleginnen und Kollegen ihre Ferien in psychosomatischen Kliniken oder agieren ihre nicht verarbeiteten Schwierigkeiten in Form von Aggressionen an den Schüler/innen aus.
Die Überforderung kann abgebaut werden, wenn Lehrer/innen in der Fortbildung nicht nur im *Sach*bereich, sondern auch im *Beziehungs*bereich verstärkt Möglichkeiten bekommen, sich auch dort Kompetenzen zu erwerben. Dies scheint man mancherorts in letzter Zeit auch erkannt zu haben, und man beginnt von staatlicher Seite aus, auch im Kommunikationsfeld vermehrt Angebote zu machen. Ein Beispiel:
Zu Beginn des Schuljahres 1987/88 wurde in Baden-Württemberg an sogenannten „Brennpunktschulen“ (Schulen mit großen Erziehungs- und Disziplinschwierigkeiten) das „Konstanzer Trainingsmodell“ (KTM) eingeführt: „Ein integratives Selbsthilfeprogramm für Lehrkräfte zur Bewältigung von Aggressionen und Störungen im Unterricht“ (Kurt Christian Trennstädt u. a., Bern–Stuttgart 1987). Daß dies von ministerieller Seite aus initiiert und Lehrer/innen ermöglicht wurde, ist höchst erfreulich und sollte Schule ma-

chen! (Vgl. auch 4. Kapitel, 4. Abschnitt: Lehrer-Schüler-Beziehung, S. 223ff.)

Nachfolgende Schwierigkeiten, die Lehrer/innen während eines Streßseminars geäußert haben, zeigen ebenfalls die Probleme, die im Beziehungsbereich bestehen, oder die sich aus der Persönlichkeitsstruktur der Kolleginnen und Kollegen ergeben:

- die Macht meines Gegenübers (Schulleiter) und meine Ohnmacht;
- die Ineffektivität meines Wirkens und die Lernunfähigkeit meiner Schüler/innen;
- der 45-Minuten-Takt und die Zerschneidung des Lernens in Fächer;
- die streitenden Zweitkläßler und die durch nichts zu motivierenden Neuntkläßler;
- der Lärm, die Unruhe, das Dreinreden, das gegenseitige Verletzen;
- der Weg vom Schuleingang bis zum Lehrerzimmer: Wie vor einem neuen Auftritt;
- das Gefühl, ungerecht behandelt zu werden;
- das ständige Gefordertsein und die zu vielen Erwartungen;
- die Unruhe und das Angespanntsein: Wenn ich mehr möchte, als ich kann – Wenn ich mehr muß, als ich mir selbst zutraue;
- der Knoten im Magen vor dem Direktorat;
- die Unwissenheit auf Schülerfragen;
- die Angst, nicht beliebt und anerkannt zu sein;
- die Pausenaufsicht: Ich möchte mich am liebsten verstecken;
- das ständige Wachseinmüssen;
- die Schule als Glashaus: Alle können reinsehen und mitmischen;
- die verschlossenen Klassenzimmertüren, die verschlossenen Kolleginnen und Kollegen ...;
- die Bürokratie, Formalien, Vorschriften, Regelungen;
- die Kluft zwischen Lehrplaninteressen und Schülerinteressen;
- die viel zu geringen Freiräume und die viel zu große Einengung.

- Notieren Sie Ihre Schwierigkeiten ...

Bei der Betrachtung der Belastungen kamen Wünsche hoch, die sich vermehrt auf den zwischenmenschlichen Bereich beziehen:

- einander ernstnehmen;
- offen sein, um Ängste abzubauen;
- blockadenfreier miteinander umgehen;
- anerkannt und akzeptiert werden;
- lebendig bleiben und nicht aufgefressen werden;
- sich wohlfühlen in Schule und Klassenzimmer;
- größere Ruhe in sich selbst finden;
- Kinder und Jugendliche besser verstehen;
- mitmenschliche Umgangsformen finden;
- Konfliktsituationen positiv durchstehen;
- Betroffenheit und Gefühle zeigen;
- Alternativen zum Strafen finden und anwenden;
- mit den Schüler/innen Spaß haben;
- das Selbstwertgefühl stärken;
- noch mehr Geduld aufbringen;
- sich selbst stärken;
- den Frust nicht an den Schüler/innen auslassen;
- im Klassenzimmer keine Angst mehr haben;
- mit Belastungen und Grenzen umgehen;
- sich nicht so kaputt machen lassen;
- sich stärker als Person einbringen;
- entkrampft und sicher im Klassenzimmer sein;
- sich persönlich immer wieder verändern.

Mir wird deutlich, wie groß der Wunsch nach Zufriedenheit und Wohlfühlen bei vielen ist und wie groß das Bestreben, diese Wünsche zu verwirklichen. Wie schwer dies allerdings ist, zeigen weitere Erfahrungen:

- Peters Mutter ist geschieden. Weil er keinen Vater mehr hat, hängt er sehr an mir. Ich kann ihm aber den Vater nicht ersetzen.
- Über die Hälfte der Klasse ist am Montagmorgen außer Rand und Band. Acht Fernsehprogramme vom Wochenende rumoren in ihren Köpfen und Herzen. Ich kann sie nicht beruhigen.

- Die motorische Unruhe, die von Sabine ausgeht, kann ich nicht auffangen. Ich weiß, daß sie zerebral gestört ist: zu wenig, um in die Sonderschule zu gehen, zu viel für mich und die anderen in der Klasse.
- Ich werde mit den Aggressionen von Karl, die sich gegen seine Mitschüler richten, nicht fertig. Ich weiß, daß er unter der Brutalität seines Vaters zu leiden hat. Sein Umsichschlagen ist ein Schrei nach Zuwendung.
- Freitag, 5. Stunde, Musik in einer 9. Klasse, 31 Schüler/innen: Zusammen haben wir eine Schulwoche hinter uns; ich bin müde und habe keine Kraft mehr, gegen deren Interessen den vorgegebenen Stoff „durchzudrücken". Ich stoße nur noch auf Gleichgültigkeit.
- Zum wiederholten Male: derselbe Stoff, dieselben Themen, dieselben Fragen: ... Nur die Schüler/innen wechseln. Ich sehe in der Schule so wenig Erfolg.
- Ich stehe unter dem Druck und den Erwartungen der Eltern, des Schulleiters, der Schulbehörden ...: Ich soll geradebiegen, was andere verbogen haben. Manchmal kann ich nur noch auffangen und aushalten, aber nicht mehr ändern und verändern ...

● Schütteln Sie über so viel Hilflosigkeit, Empfindlichkeit, Borniertheit ... den Kopf?
Fällt es Ihnen leicht oder schwer, sich in die Situationen und Befindlichkeiten Ihrer Kolleginnen und Kollegen hineinzuversetzen?
Angenommen, Sie haben ähnliche Schwierigkeiten: Wie hilfreich sind für Sie folgende Reaktionen: Das darf man nicht so eng sehen. – Das muß man einfach aushalten. – Das sind Berufsrisiken. – Selber schuld, warum hat er den Beruf gewählt? – Andere Berufe haben ähnliche Belastungen.

2. Streßerfahrungen und Änderungen

Unsere Belastungen erleben wir häufig als *gefühlsmäßige* Beeinträchtigungen, meist verbunden mit körperlichen Beschwerden. Des öfteren werden allerdings diese Belastungen rasch „in den Kopf geschoben", und wir reden dann *über*

sie. Dies ist sinnvoll, aber nur ein *Teil* der Bewältigung. Bedeutsam und heilvoll sind ebenso das unmittelbare Wahrnehmen und die unmittelbare Auseinandersetzung: das *Erleben* und das *Nachempfinden*; beides ist notwendig.
Ich möchte Ihnen deshalb eine Übung anbieten, mit der Sie näher und unmittelbarer an Ihre derzeitigen Streßsituationen und Streßempfindungen herankommen. Da normalerweise diese Übung von den Teilnehmer/innen mit geschlossenen Augen durchgeführt wird – Sie jedoch hier Lesende sind –, schlage ich Ihnen folgende Möglichkeiten vor:

● Lesen Sie den nachfolgenden Text abschnittweise, schließen Sie dann die Augen und versuchen Sie, die Anleitungen nachzuvollziehen.
Oder:
Lesen Sie den gesamten Text und versuchen Sie anschließend, die gesamte Übung durchzuführen.
Oder:
Am besten ist es jedoch, wenn Sie die Übung auf eine Cassette sprechen und sie anschließend mit geschlossenen Augen nachvollziehen:

Sorgen Sie dafür, daß Sie jetzt nicht gestört werden (Lärm, Musik, Telefon, Besuche ...). Setzen Sie sich nun bequem auf einen Stuhl, in einen Sessel oder legen Sie sich auf den Boden ...:

– Konzentrieren Sie sich auf Ihren Atem: ausatmen, einatmen ... Atmen Sie ganz bewußt und ganz tief durch die Nase ein ... Sie bestimmen selbst Ihr Atemtempo, und allmählich werden Sie durch das Atmen immer ruhiger. Lassen Sie sich Zeit ...
– Richten Sie Ihre Gedanken und Ihre Vorstellungen auf folgende Situationen: Sie befinden sich auf dem Weg zu Ihrer Schule. Gehen Sie innerlich sehr langsam, sehr bewußt Ihren Schulweg entlang.
Was spüren und empfinden Sie jetzt?
Was kommt Ihnen in den Sinn?
Was spüren Sie körperlich? (Kopf, Herz, Magen ...)
Lassen Sie sich Zeit und nehmen Sie alles wahr, was Sie empfinden.

– Nun stehen Sie vor dem Eingang Ihrer Schule: Wohin richten sich Ihre Gedanken und Gefühle? Ins Lehrerzimmer, ins Rektorat, in ein bestimmtes Klassenzimmer? Lenken Sie Ihre inneren Schritte an den Ort, an dem Sie derzeit Ihre größten Schwierigkeiten, Ihre größten Belastungen haben. Nehmen Sie genau wahr, was Sie empfinden und spüren, fühlen und denken ...
– Nun gehen Sie ganz langsam zu dem Raum, innerlich Schritt für Schritt, in dem Sie derzeit Ihre größten Belastungen erfahren. Auch hier wieder: Was spüren und fühlen Sie auf diesem Weg? Wie nehmen Sie Ihren Körper wahr? Wie reagieren Sie? Welche Gedanken und Wünsche kommen Ihnen in den Sinn?
– Jetzt haben Sie die Türklinke in der Hand. Was würden Sie jetzt am liebsten tun?
– Nun betreten Sie den Raum. Was empfinden Sie jetzt? Was nehmen Sie wahr? Wie fühlen Sie sich körperlich? Was nehmen Sie innerlich wahr? Behalten Sie das gesamte Bild in Ihnen fest, gleichsam wie eine Photographie: Ihre Gefühle, Ihre Körperreaktionen, Ihre Gedanken ...
  Lassen Sie sich Zeit!
– Allmählich konzentrieren Sie sich wieder auf Ihren Atem und auf den Raum, in dem Sie sich befinden. Kommen Sie langsam wieder zurück in diesen Raum ... Öffnen Sie die Augen ...

● Nehmen Sie nun bitte ein Blatt Papier und versuchen Sie, das „Streßbild“, das Sie zuletzt innerlich wahrgenommen haben, also Ihre „innere Photographie“, graphisch darzustellen (zeichnen, malen, skizzieren ... : Ihre Gefühle, Gedanken, körperlichen Symptome ...).
  Lassen Sie sich Zeit!
  Lassen Sie nun Ihr „Bild“ auf sich wirken; machen Sie sich vertraut damit, vertraut mit Ihren Belastungen!
  Wenn Sie Gelegenheit haben: Sprechen Sie mit anderen darüber ...

Einige Bilder und die entsprechenden Erläuterungen, die Kolleginnen und Kollegen dazu gemacht haben, finden Sie auf den folgenden Seiten. Vielleicht hilft es Ihnen, noch stärker an Ihre eigenen Belastungen gedanklich und gefühlsmäßig heranzukommen:

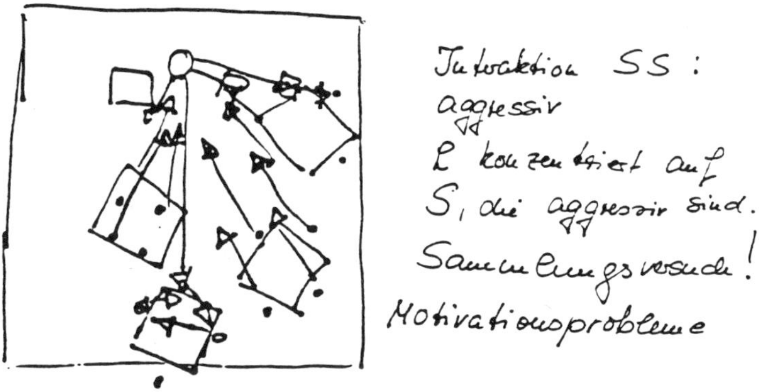

Auf dem Weg ins Klassenzimmer spürte ich einen starken Widerwillen in mir: Ich *wußte*, was auf mich zukommen würde, und die Situationen sind auch nicht neu für mich; aber dennoch merkte ich, wie meine Schritte langsamer wurden und mein Druck im Magen zunahm. Und was ich mir immer wieder überlegt habe und was mir auch auf meinem Weg im Gang wieder hochkam: Ich verspüre diesen Widerwillen und soll dann anschließend unterrichten und ein guter Lehrer sein ...
Ich komme in das Klassenzimmer und sehe nur einen aggressiven Haufen. Mir ist, als könnte ich in das Dickicht einfach nicht eindringen. Hinzu kommt, daß die Schüler mich bestürmen mit gegenseitigen Anschuldigungen und Vorwürfen. Manchmal kann ich zuhören, manchmal blocke ich ab. Diesmal, während dieser Übung, hab ich einfach nicht reagiert, aber ich fühlte mich total an die Wand gedrängt. Komisch, ich ließ es einfach geschehen. Mir war alles egal. Aber meistens versuche ich, sie wieder zu sammeln und für den Unterricht zu motivieren. Das ist furchtbar schwer und kostet mich unheimlich viel Kraft. Ich zweifle dann an mir, meinen Fähigkeiten. Meine ganze Vorbereitung ist oft im Eimer ... Manchmal habe ich eine richtige Wut auf die Schüler ... Aber am meisten belastet mich, wie die Schüler zueinander sind und ich so wenig machen kann ...
Was ich möchte? Am liebsten die Klasse abgeben; aber dann käme ich mir wie ein Feigling vor. Eigentlich möchte ich in

Ruhe mit der Klasse reden, aber bisher konnte ich es noch nicht. Und dann möchte ich unterrichten und endlich mal keine oder zumindest viel weniger Aggressionen erleben. Das macht mir am meisten zu schaffen ...

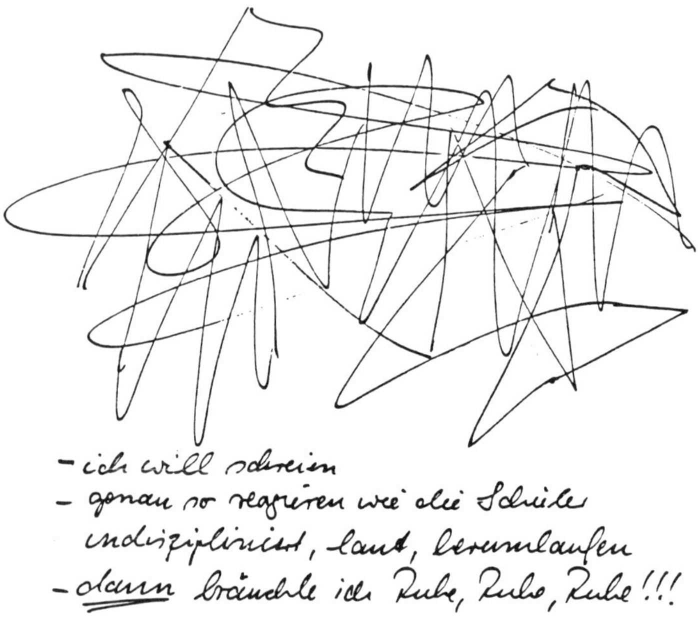

Also, den Weg zum Klassenzimmer habe ich als brutal empfunden. Das fing schon im Lehrerzimmer an. Ich rauchte noch eine Zigarette, und als es läutete, blieb ich einfach noch sitzen. Jede Minute, die verstreicht, muß ich nicht im Klassenzimmer sein. Schon beim Aufstehen spürte ich wackelige Beine. Auf dem Gang dann war ich ganz alleine, niemand begegnete mir, ich fühlte mich unheimlich allein. Als ich bei der Entspannung so dalag, kamen mir die Tränen ... Als ich vor der Tür war, hatte ich ganz starkes Herzklopfen. Ich hielt die Türklinke lange in der Hand. Und da kam mir der Gedanke: Warum habe ich eigentlich so viel Angst? Im Grunde genommen ist es meine Hilflosigkeit, und die Schüler können sich alles erlauben ... Und dann war ich plötzlich im Klassenzimmer; als ich die Schüler sah, wollte ich gar

nicht mehr unterrichten. Ich hab's ja hier (deutet auf die Zeichnung) geschrieben: Endlich mal auch so sein wie die Schüler in meiner Klasse. Ich weiß auch nicht warum, aber es war so ...
Und dann möchte ich alles hinter mir lassen, möchte weg, weit fort ...

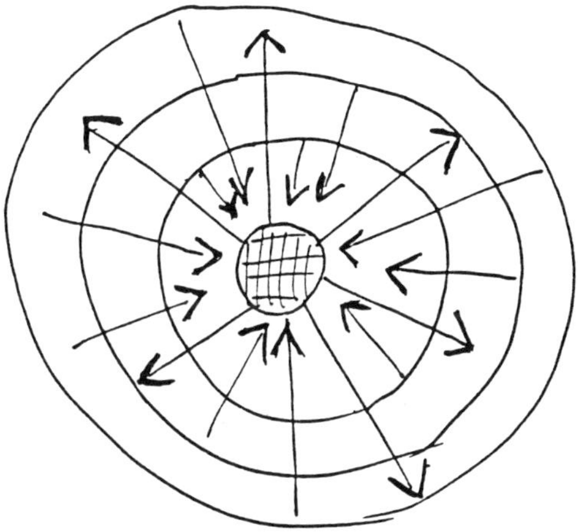

Bei mir war es so, daß ich eigentlich ruhig ins Klassenzimmer ging. Aber als ich die Schüler sah, war's ganz anders. Da spürte ich wieder diesen Druck: Die Schüler bestürmen mich und wollen was von mir, und ich möchte auf die Schüler zugehen. Und diesem Innen- und Außendruck kann ich kaum mehr standhalten. Ich selbst fühle mich nicht schwach oder klein (Innenkreis, schraffiert), aber das, was ich will, und das, was die Schüler wollen, bringe ich nicht in Einklang. Zudem sind die Anforderungen an mich einfach zu hoch.
Körperlich spürte ich diesen Druck als große Anspannung, vor allem in Kopf und Nacken und dann auch im Rücken. Ich wollte mich am liebsten erst entspannen und dann mit dem Unterricht beginnen. Dabei kam mir der Gedanke, daß ich dies ja mal mit den Schülern versuchen könnte ...
Aber jetzt wird mir bewußt, daß ich zuerst mal mit den Schülern reden müßte. Ich trau mich aber nicht, bei mir anzufangen. Mir ist so deutlich geworden (während dieses Kur-

ses, Anm. R. M.), daß ich einfach mal sagen soll, wie mir zumute ist, wenn ich mich so bedrängt fühle, wie ich die Schüler erlebe und was ich gerne hätte. Aber ich bin mir nicht sicher, wie die Klasse dann reagieren wird ...
Jetzt wird mir auch klar, warum ich immer so verspannt bin: weil ich so unter diesem Druck von innen und außen stehe, zwischen den Erwartungen und Forderungen der Schüler und den meinen ...

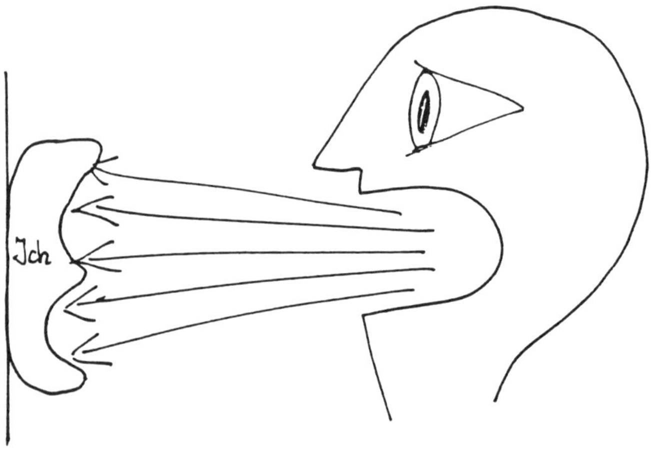

Bei mir war es ganz anders: Als ich das Schulhaus betrat, wollte ich sofort ins Klassenzimmer gehen. Da fühl' ich mich wohl, und die Kinder (Grundschule) freuen sich, wenn ich schon da bin. Und dann wußte ich plötzlich, warum ich immer rasch in mein Klassenzimmer will: Weil ich einem ganz bestimmten Kollegen nicht begegnen will und mich vor den Auseinandersetzungen mit ihm fürchte. Ein paar mal hat's die schon gegeben, und das war für mich immer ganz schlimm.
Ich fühle mich durch die verbalen Attacken an die Wand gedrückt, ausgeliefert und hilflos. Er macht mir laufend nur Vorwürfe, redet minutenlang auf mich ein und läßt mich selbst nicht zu Wort kommen ... Und wenn ich ihm dann doch sagen kann, daß ich hilflos bin, so legt er das sogar noch als Waffe, die ich gegen ihn richte, aus. Ich spüre seine

Pfeile, die mich treffen. Mir ist zum Heulen, und ich spüre dann nur noch Trauer. Am liebsten möchte ich davonlaufen ...

Zur Zeit gehe ich ihm aus dem Weg. Wie lange das so geht, weiß ich nicht. Ich fühle mich überhaupt nicht wohl dabei. Ich komme nicht an ihn heran und schon gar nicht hinter seine Fassade. Am liebsten wäre mir, wenn ich ihm in Ruhe einfach mal alles sagen könnte, was mich bedrückt. Aber ich habe Angst, daß dies bei ihm als Vorwürfe ankommt und er dann wieder kontert ...

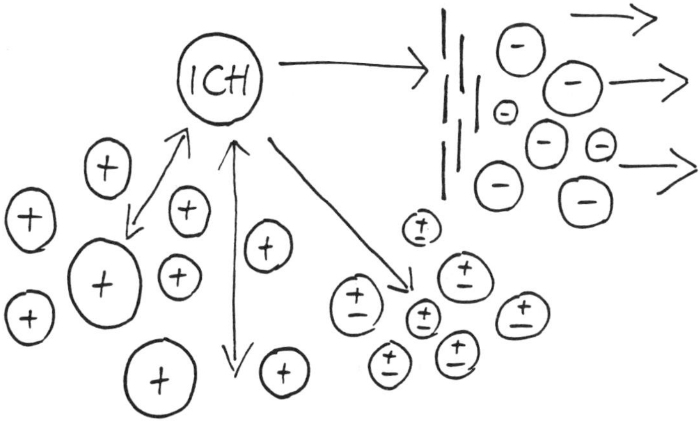

Zu Beginn der Übung wußte ich nicht, in welchen Raum ich mich begeben sollte. Aber dann zog es mich doch ins Lehrerzimmer, und sofort kamen mir die letzten Konferenzen in den Sinn. Dort spüre ich immer die größten Spannungen. Des öfteren bekomme ich Atembeschwerden, und auch vorhin bei der Übung hatte ich ziemlich damit zu tun. Ich spürte, wie die ganze Belastung in mir wieder hochkam.

Ich glaube, ich werde nicht fertig mit dem Kollegium, das mir, dem Schulleiter gegenüber, sehr gespalten ist: Mit einem Teil komme ich recht gut zurecht (+); ich spüre da ein Mitgehen und Verständnis. Einige sind neutral oder mal so, mal so (±). Das macht mir nicht so viel aus. Aber an einen Teil, da komme ich einfach nicht ran. Gott sei Dank sind es nicht so viele. Und trotzdem: Ich spüre Ablehnung und Widerstand. Wir reden auch nicht sehr offen miteinander. Ich weiß, das liegt bestimmt auch an mir. Ich habe einfach das Gefühl: Das ist eine kleine Gruppe (-), die macht nicht mit, verweigert sich sogar manchmal und hat etwas gegen mich. Ich möchte gern, daß es harmonischer in meinem Kollegium zugeht. Ich möchte eine gute Beziehung zu allen. Meist wende ich mich an die, die mitmachen und von denen ich weiß, daß sie mich mögen und akzeptieren. Ich möchte hier lernen, wie ich mit der anderen Gruppe besser zurechtkommen kann.

- Was empfinden Sie jetzt, nachdem Sie diese Beispiele gelesen haben?
  Haben Sie sich irgendwo wiedergefunden?

Mir wurde deutlich, wie sehr Empfindungen und Gefühle mit im Spiel sind:
- starker Widerwille, Gleichgültigkeit, Wut, Angst;
- Hilflosigkeit: total an die Wand gedrängt;
- Zweifel an den eigenen Fähigkeiten;
- Tränen: Ich fühlte mich allein;
- Anspannung zwischen Innen- und Außendruck;
- Furcht vor Auseinandersetzungen;
- „Ich fühle mich ausgeliefert und hilflos";
- „Mir ist zum Heulen; ich spüre Trauer."

Gleichzeitig bewegte sich *in* den Teilnehmern etwas, als sie ganz nahe an ihre Belastungen herankamen: Sie ließen ihre Gefühle zu. Aus dieser starken *Gefühls*erfahrung wird das Problem, werden die Schwierigkeiten und Belastungen sehr intensiv empfunden und dadurch auch klarer erkannt. Daraus erwächst der Wunsch nach Änderung bzw. Veränderung:

Ich möchte:
- mit viel weniger Aggressionen unterrichten;
- Ruhe haben und gelassener sein;
- sagen, wie mir zumute ist;
- mich aussprechen;
- gute Beziehungen zu anderen haben;
- lernen, wie ich besser zurechtkomme;

- Probleme der Schüler/innen erkennen;
- mit gutem Gewissen Zeit für mich haben;
- positive Einstellung den Schüler/innen gegenüber spüren;
- mit den Energien besser haushalten können;
- meinen Privatbereich stärker leben;
- Freiräume im Unterricht schaffen;
- innere Gelöstheit erreichen;
- mehr Schwung und Fröhlichkeit spüren;
- Probleme nicht vor mir herschieben;
- mich besser akzeptieren;
- meine Gefühle noch stärker wahrnehmen;
- spontaner sein können;
- mehr Selbstwertgefühl bekommen;
- mehr Vertrauen zu mir selbst haben;
- mehr Gemeinschaft in der Schule erleben;
- ehrlicher mit mir umgehen können;
- Schüler/innen annehmen können;
- öfter mal nein sagen;
- meine Wünsche ins Gleichgewicht bringen.

Und den vielen Äußerungen wurde immer wieder hinzugefügt:

Meine Hinderungen und Behinderungen:
- die Macht der Gewohnheit;
- noch zu wenig Leidensdruck;
- meine Bequemlichkeit;
- Anpassung aus Angst ...;
- alte Lernmuster;
- gewohnte Fremdbestimmtheit;
- Kind bleiben wollen;
- vertraut mit Altem;
- noch zu geringe Änderungsbereitschaft.

Das heißt also:

a) Bisher ergab sich folgender Prozeß:

Wahrnehmen der Belastung/ des Problems → Wahrnehmen der Gefühle/ der körperlichen Beeinträchtigung → Einsicht zur Änderung

b) Und der weitere Weg könnte sein:

Mut zur Änderung → Suche nach Änderungsmöglichkeiten → Realisierung/ Revidierung

- Wenn Sie die Übung nachvollzogen haben oder auf andere Weise sich Ihrem derzeitigen Problem genähert haben: An welchem Punkt des Prozesses befinden Sie sich?
  Haben Sie das Gefühl / den Eindruck, daß sich „etwas bei Ihnen bewegt“ oder daß Sie (vielleicht schon länger) „auf der Stelle treten“? Was hindert Sie weiterzugehen, sich von der Stelle zu bewegen?

3. Erlebnisse und Empfindungen

Es ist von Bedeutung, mit welchen Empfindungen wir in der Schule leben. In unseren Beziehungen kommen sie dort immer wieder, offen oder verdeckt, zum Ausdruck. Dabei ist es wichtig, Zusammenhänge zwischen den Erlebnissen und den daraus erwachsenden Empfindungen herzustellen; z.B.:

- Welche Empfindungen haben Sie
  am Montagmorgen, am Freitagmittag, während einer Konferenz, in der Pause, vor einer Klassenarbeit, nach der Zeugnisausgabe, während der Pausenaufsicht, im Leistungskurs, am Ende eines 9. Schuljahres ...?

Der Zusammenhang zwischen den Erlebnissen und den daraus resultierenden Empfindungen wird deutlich, wenn Sie folgende Äußerungen von Lehrer/innen (Konzentrat von über 50 Befragten) lesen:

- Verhaltensgestörte Schüler, die mir das Leben schwer machen: Die Ursachen liegen so tief, daß ich kaum etwas ändern kann. Aber ich halte die Dauerstörer kaum mehr aus. Strenge und Strafmaßnahmen verdeutlichen lediglich meine eigene Hilflosigkeit.
- Die Ausländerkinder erschweren meinen Unterricht. Ich weiß gar nicht, was ich alles machen soll, um mit ihnen fertig zu werden. Ich bin ratlos.
- Ich gebe fachfremden Unterricht. Der Schulleiter meinte: „Springen Sie einfach ins Wasser. Das mußten wir auch!“ Da kommt mir die Wut hoch ...
- Die unangemeldeten Besuche des Schulrats liegen mir im Magen. Seitdem er mir mitteilte, daß er käme (bereits vor vier Wochen), kann ich kaum mehr schlafen.
- Die Disziplinarmaßnahmen helfen kaum, noch dazu, wenn ich lediglich ein Strafrepertoire drauf hab'. Ich bin manchmal verzweifelt.
- Den Hausmeister erlebe ich als Hemmschuh, auf keinen Fall aber als Mitarbeiter. Der blockiert mich, wo er nur kann, bei meinen Tätigkeiten. Ich ärgere mich über mich selbst, daß ich ihm gegenüber nicht stärker bin.
- In den viel zu großen Klassen renne ich wie ein Tiger herum; ich komme mir richtig blöd vor.
- Ich habe gedacht, die Machtlosigkeit des Lehrers vor den Eltern sei ein Klischee. Jetzt erlebe ich sie hautnah am eigenen Leibe.
- Ich gebe in 22 verschiedenen Klassen (Berufsschule) Unterricht. Soll ich noch mehr dazu sagen?
- Die Isolation bei uns Lehrern ist erschreckend. Außer Bierabenden läuft bei uns nichts. Pädagogische Gespräche sind Utopie. Jeder versteckt sich in seinem Klassenzimmer.
- Mein Sprung ins kalte Wasser: Ohne Vorbereitung eine 1. Klasse. Ich lebe fast nur noch von Beruhigungsmitteln.
- Den Leistungsdruck der Eltern der 4. Klasse empfinde ich als unmenschlich. Die Erwartungen an ihre Kinder und an mich sind einfach zu hoch.

– Die Elternabende sind mir ein Horror: Die, die kommen, bräuchten sie nicht, und die, die nicht kommen, bräuchte ich.
– Zusammenarbeit Elternhaus – Schule: gleich null! Dabei hätte ich so viele Ideen und Vorschläge.

Und die Gefühle:
– innerlich aufgewühlt, unruhig, nervös,
– ärgerlich und zornig auf mich und die Schüler/innen,
– hilflos, traurig, resignierend,
– von einer Mauer umgeben, verkrampft,
– ungeduldig, unbeherrscht.

Verbunden mit den Symptomen:
– nasse Hände, Herzklopfen, glühender Kopf, Zittern,
– Heiserkeit, dünne Stimme, Sprechversagen,
– Magenbeschwerden, Herzbeschwerden,
– Kreislaufschwierigkeiten ...

● Erinnern Sie sich noch an Ihre Anfänge als Lehrer/in? Was hat sich in der Zwischenzeit bei Ihnen getan? (Größere Sicherheit, Routine, Resignation, Gleichgültigkeit, Abgeklärtheit, Bestätigung, Niedergeschlagenheit ...)
Würden Sie jetzt, nach so vielen Jahren, wieder den Lehrerberuf ergreifen?
Finden Sie einen Satz, der heute für Sie stimmt: „Ich würde wieder Lehrer/in werden, weil ...“

Mich hat immer wieder die Frage interessiert, inwieweit Lehrer/innen bei der Beobachtung ihrer Belastungen auch ihre seelischen Vorgänge (und die ihrer Schüler/innen) wahrnehmen.
Ich habe deshalb Kolleginnen und Kollegen aus dem GHS-Bereich befragt und 52 Rückmeldungen bekommen. (Auch wenn diese Zahl nicht sehr groß ist, so habe ich daraus doch einige Erkenntnisse gewinnen können.) Ich habe die Befragten gebeten, über ihre Selbstbeobachtung während des Unterrichts zu berichten. Jede/jeder von ihnen hat sich etwa 3–4 Stunden beobachtet. Die Zahlen in den Spalten geben die Anzahl der jeweiligen Unterrichtsstunden an:

Art der Beobachtung	nicht	etwas	ziemlich	sehr	Std.
Ich habe mein Augenmerk auf meine eigenen Tätigkeiten gerichtet.	14	86	54	6	160
Ich habe mein Augenmerk auf seelische Vorgänge in mir gerichtet.	64	76	16	8	164
Ich habe mein Augenmerk auf Tätigkeiten meiner Schüler gerichtet.	0	12	86	64	162
Ich habe mein Augenmerk auf seelische Vorgänge meiner Schüler gerichtet.	16	94	42	10	162

Als Lehrende und Spezialisten für Didaktik und Methodik richten Lehrer/innen ihr Augenmerk weitaus stärker auf die *unterrichtlichen Tätigkeiten* als auf seelische Vorgänge, seien es die eigenen oder die der Schüler/innen. Dadurch nehmen sie allerdings auch ihre Belastungen reduziert wahr, weil nur die Tätigkeiten und weniger die damit verbundenen Gefühle erfahren werden. Aber gerade auf die kommt es bei der Bewältigung von Belastungen an.

- Wenn Sie Ihren eigenen Unterricht reflektieren: Worauf richten *Sie* Ihr Augenmerk?
  Wenn Sie aus dem Unterricht gehen und die einzelnen Stunden Revue passieren lassen: Woran denken Sie?
  Was bewegt Sie noch?
  Was geht Ihnen immer wieder durch den Kopf, was berührt Ihr Herz?

Eine Befragung über Empfindungen im Unterricht, diesmal wesentlich differenzierter, war ebenfalls aufschlußreich:
54 Lehrer/innen (Durchschnittsalter: 38,9 Jahre; im Schuldienst: 16,3 Jahre) aus dem GHS-Bereich, die bei mir an Lehrgängen zum Thema „Lehrerverhalten und Disziplinschwierigkeiten" teilgenommen hatten, äußerten ihre Wahrnehmungen. Die meisten Lehrer/innen waren bereit und dafür offen, die Lehrer-Schüler-Beziehung zu klären und zu

verbessern. Unter diesem Gesichtspunkt sind einige der nachfolgenden Aussagen verständlicher, z. B. 5, 6, 7, 19, 20 – aber auch 18!

Aussagen	sehr	mittel	etwas	kaum
1) Ich empfinde Unterrichten als sehr anstrengend.	17	12	21	4
2) Es gibt Tage, an denen ich mich richtig auf meine Schüler freue.	26	21	5	2
3) Ich habe Schwierigkeiten, den Stoff mit den Schülern durchzuarbeiten.	7	10	28	9
4) Ich lasse mich im Unterricht leicht stören.	6	9	20	19
5) Manche Unterrichtsstunden müßten bei mir ganz anders verlaufen.	26	13	10	5
6) Ich unterrichte gerne.	37	11	4	2
7) Mich belastet es, wenn ich mit Schülern nicht zurecht-komme.	42	11	1	0
8) Es ist mir unangenehm, wenn mich ein Schüler auf einen Fehler hinweist.	2	3	29	20
9) Manchmal habe ich etwas Angst vor den Schülern.	4	11	16	23
10) Mein körperliches Befinden ist sehr abhängig davon, wie der Unterricht läuft.	10	9	29	6
11) Manchen Ansprüchen der Schüler fühle ich mich nicht gewachsen.	18	7	20	9
12) Ich sehne häufig das Ende des Unterrichts herbei.	2	11	24	17

Aussagen	sehr	mittel	etwas	kaum
13) Nach der Schule fühle ich mich erschöpft und abgespannt.	20	8	19	7
14) Bei der Gruppenarbeit befürchte ich, den Überblick zu verlieren.	36	14	3	1
15) Ich zeige meinen Schülern, wie ich mich fühle.	29	8	11	6
16) Es belastet mich, mehrere Stunden hintereinander zu unterrichten.	7	11	27	9
17) Oft gehen mir außerhalb der Schule Gedanken über meinen Unterricht durch den Kopf.	32	17	3	2
18) Es gibt Schüler, die mich maßlos reizen.	18	21	9	6
19) Ich denke viel öfters an die Feiertage und Ferien als an die Schultage.	3	5	37	9
20) Die Vorbereitung für die Schule zögere ich häufig hinaus.	3	2	43	6

Reflexion:

Zu 1: Etwa die Hälfte empfindet Unterrichten als anstrengend. Es wird in erster Linie nicht darum gehen können, Unterricht weniger anstrengend zu erleben, sondern mit weniger Beeinträchtigungen zu unterrichten.

Zu 2: Die meisten freuen sich auf die Schüler! Vergleichen Sie bitte diese Aussage mit der Antwort Nr. 18.

Zu 3: Weniger als ein Drittel hat Schwierigkeiten, den Stoff mit den Schülern durchzuarbeiten: Auch hier wieder die Erkenntnis, daß die Probleme mehr im Beziehungsbereich liegen.

Zu 4: Über zwei Drittel lassen sich im Unterricht nicht stören. (Spricht das für oder gegen die Lehrer?)
Zu 5: Über zwei Drittel wollen unterrichtlich etwas ändern. Sie sind also offen und reflektieren ihren eigenen Unterricht.
Zu 6 Fast alle unterrichten gerne. Vergleichen Sie bitte diese Aussage mit Antwort Nr. 18.
Zu 7: Deswegen (?) belastet es (fast) alle Lehrer, wenn sie mit den Schülern nicht zurechtkommen.
Zu 8: Die meisten sind offen für Kritik. (Vergleichen Sie diese Aussage mit der Antwort Nr. 5!)
Zu 9: Weniger als ein Drittel hat manchmal Angst vor Schülern.
Zu 10: Etwa ein Drittel sieht Zusammenhänge zwischen dem Unterricht und dem körperlichen Empfinden.
Zu 11: Fast die Hälfte sieht sich manchen Ansprüchen der Schüler nicht gewachsen. Vermutlich ist auch hier teilweise der Grund für Überforderung zu sehen.
Zu 12: Weniger als ein Viertel sehnt häufig das Unterrichtsende herbei. Belastungen werden also durchaus akzeptiert.
Zu 13: Etwa zwei Drittel fühlen sich nach der Schule erschöpft und abgespannt. Und es stellt sich auch hier wieder die Frage: Welche Möglichkeiten gibt es, sich zu entspannen und sich zu erholen?
Zu 14: Die meisten behalten bei der Gruppenarbeit der Schüler den Überblick, d.h., sie können auch bei komplexeren Interaktionen entsprechend handeln.
Zu 15: Über zwei Drittel zeigen den Schülern, wie sie sich fühlen; sie sind also in der Lage, Gefühle wahrzunehmen und diese als wichtig zu erachten.
Zu 16: Ein Drittel belastet es, wenn mehrere Stunden hintereinander unterrichtet werden muß. (Wichtig: Kurze Entspannungsübungen zwischen den einzelnen Stunden!)
Zu 17: Den meisten gehen auch außerhalb der Schulzeit Schulgedanken durch den Kopf. Es ist also sehr schwer abzuschalten, und „Ferien von der Schule“ gibt es selten.
Zu 18: Für über zwei Drittel der Lehrer gibt es Schüler, die sie maßlos reizen. (Sehen Sie auch Antwort 6!)
Zu 19: An die Feiertage denken nicht sehr viele. (Ist es also eine Unterstellung, Lehrer würden nur immer an Ferien denken?)
Zu 20: Die Vorbereitung für die Schule wird nur von wenigen hinausgezögert.

- Wie hätten Sie die Aussagen angekreuzt?
  Welche Erkenntnisse gewinnen Sie aus den Befragungen?

Wichtig war mir auch zu erfahren, ob Zusammenhänge zwischen bestimmten Ereignissen in der Schule, dem Empfinden und der seelisch-körperlichen Belastung bestehen.
Meine Aufgabe lautete:
Bitte notieren Sie Ereignisse, die Sie am heutigen / gestrigen Schultag am meisten beeinträchtigt haben. Geben Sie an, was Sie fühlten und wie sehr Sie seelisch-körperlich belastet wurden:

Das Ereignis:	Mein Gefühl	Meine seelisch-körperliche Belastung
Kinobesuch mit der Klasse	hohe Verantwortung	sehr stark
Völlige Unaufmerksamkeit	Hilflosigkeit	stark
Eine Schülerin motzt ständig.	Enttäuschung/ Frust	stark
Störende Schüler brachten mich zum Brüllen.	Enttäuschung über mich selbst/ Traurigkeit	sehr stark
Schüler stehlen Geräte (Fach Technik).	Enttäuschung	stark
Unruhe in der 1. Klasse	Verständnis	stark (weil ich die Unruhe aushalten wollte/ ausgehalten habe)
Beschwerde einer Mutter (mit der Note nicht einverstanden)	Überrraschung, Ärger, Zweifel	mittel (Ich war mir teilweise sicher, teilweise unsicher.)
Ein Schüler lügt mich mehrmals an.	Wut, Zorn (Ich *wußte*, daß er log.): Ich brüllte ihn an.	sehr stark
Ungerechtfertigte Anschuldigungen eines Kollegen	Enttäuschung, Hilflosigkeit, Trauer	sehr stark (Tränen)
Rüge des Schulleiters	Schuld (Ich fühlte mich wie ein böses Kind.)	sehr stark

Gerade die letzten Ausführungen zeigen, daß es nicht genügt, beim Ereignis (1) bzw. bei der Störung stehenzubleiben, sondern daß die Wahrnehmung zur eigenen Person und zu *der* Belastung hinführen muß, die *in mir selbst* spürbar wird, d. h. zu den Gefühlen (2), den körperlichen Symptomen (3) und zum eigentlichen Problem (4):

(1)	(2)	(3)	(4)
Ein Schüler lügt mich an.	Wut, Zorn, Enttäuschung	Herzklopfen: Ich bin enttäuscht worden.	Wie gehe ich mit meiner Erfahrung um?

Ferner fällt mir auf, daß Kolleginnen und Kollegen häufig ihre Belastungen als „Verhalten anderer" beschreiben und ihr Augenmerk auf *deren* Tätigkeiten und auf *deren* Verhalten richten, anstatt ihr eigenes Verhalten und ihre eigenen Reaktionen wahrzunehmen, z. B.:

Nicht:
- Mich belastet, daß die *Schüler* so laut sind.
- Ich mag nicht, daß die *Schüler* so aggressiv zueinander sind.
- Mich stört, daß *Schüler* nicht zuhören.

Sondern:
- Mich belastet, daß *ich* nicht zu Wort komme.
- *Ich* werde mit Aggressionen so schlecht fertig. *Ich* sehne mich nach Harmonie.
- *Ich* möchte gehört und ernstgenommen werden.

Wenn Sie nichts über sich sagen, können Sie bei sich auch nichts wahrnehmen und dadurch auch nichts ändern. Sagen Sie jedoch über andere etwas aus, richtet sich Ihr Blick auf „die anderen" – und schon wieder laufen Sie Gefahr, bei anderen etwas ändern zu wollen!

- Wenn Sie an Ihre Aussagen denken: Sind es mehr Äußerungen über sich selbst oder über andere?
  Bei Belastungen: Springen Sie sehr schnell „zu den anderen" hinüber oder können Sie bei sich selbst bleiben, sich selbst wahrnehmen, Kontakt mit sich selbst aufnehmen?

Besonders deutlich wurde mir dies in einem Gespräch mit einem Kollegen, das mir noch sehr in Erinnerung ist:
Sehr aufgeregt und „hochexplosiv“ kam er zu mir: „Also, den Tilmann schmeiß ich bald aus dem Unterricht. Der macht, was er will. Zuerst bastelt er ungeniert Papierflieger, dann wirft er sie auch noch zum Fenster raus. Er steht auf, wann er will, geht herum, wie es ihm gerade einfällt. Der kümmert sich überhaupt nicht um mich. Die Hausaufgaben hat er schon seit Tagen nicht. Ich habe den Eindruck, daß es für den das Fach und mich überhaupt nicht gibt ...“ In weiteren Gesprächen hörte ich dann *seine* Belastungen heraus:

– Ich werde von Tilmann nicht akzeptiert. Ich bin Luft für ihn.
– Ich weiß nicht mehr weiter; ich bin hilflos.
– Ich zweifle an meinen eigenen Fähigkeiten.
– Ich gehe nicht mehr gerne in diese Klasse.
– Mein Magen krampft sich zusammen.
– Ich möchte am liebsten davonlaufen.

Erst ganz allmählich ergab sich bei dem Kollegen eine Änderung, weil *er* zur Sprache kam mit *seinen* Belastungen. Er richtete den Blick vermehrt auf sich selbst und weniger auf Tilmann: Was hat dessen Verhalten *mit mir* zu tun?
Letztlich geht es also darum, zu den eigenen seelischen Vorgängen zu gelangen. Denn *sie* sind die Motivation für Veränderungen. Die Frage: „Welche Belastungen *habe* ich?“ ist zwar wichtig, bedeutsamer aber ist die Frage: „Wie *erlebe* ich die Belastung? Was hat sie mit mir zu tun?“ Und wenn sie etwas mit mir zu tun hat, dann kann ich auch beginnen, etwas/mich zu ändern.

● Vielleicht haben Sie Ihre Belastungen folgendermaßen formuliert:
Mich belastet es sehr, wenn Schüler/innen:
a) überhaupt nicht aufpassen,
b) ständig zu spät kommen,
c) dauernd dreinreden,
d) keine Lust haben mitzuarbeiten,
e) Kollegin X kein Wort mehr mit mir redet.

- Versuchen Sie, stärker in Ihre Aussagen „hineinzuhören“ und über sich selbst etwas mitzuteilen, z. B.:

  a) Ich fühle mich nicht beachtet, wenn Schüler/innen nicht aufpassen.
  b) Ich kann mich nicht auf den Unterricht konzentrieren, wenn ...

  c) ______________________________

  d) ______________________________

  e) ______________________________

- Notieren Sie Ihre Belastungen und dazu Ihre Empfindungen und körperlichen Reaktionen.
  Notieren Sie Ihre Änderungswünsche als *Ihre* Wünsche, z. B.:
  - Ich möchte selbstbewußter werden.
  - Ich möchte auch unter Belastungen vermehrt ruhig bleiben.
  - Ich möchte innerlich stabiler und unabhängiger werden.
  - Ich möchte – trotz der Unlust der Schüler – meine Freude beibehalten.
  - Ich möchte mehr auf mich hören als auf andere.

Das heißt also: Ich kann etwas/mich ändern und muß nicht (mehr) warten, bis sich etwas ändert oder bis andere sich ändern!

4. Beeinträchtigungen und Wirkungen

Um stärker den seelisch-körperlichen Beeinträchtigungen nachzuspüren, führte ich im Schuljahr 1986/87 bei 106 GHS-Lehrer/innen in Baden-Württemberg eine Befragung durch, in der ich mögliche belastende Bereiche vorgab und nach dem Stärkegrad der seelisch-körperlichen Beeinträchtigung und deren Folgen fragte. (Durchschnittsalter der Befragten: 40,3 Jahre; im Schuldienst: 17,3 Jahre):
„In folgenden Bereichen fühle ich mich vorwiegend/durchgängig seelisch-körperlich belastet bzw. beeinträchtigt:

Bereiche	Stärkegrad der Belastung			
	nicht	etwas	stark	sehr stark
1. Unterrichtsvorbereitung				
– Stofferarbeitung	42	44	15	5
– didaktische Planung	25	48	32	1
– Ideenbeschaffung	18	44	32	12
2. Unterrichtsdurchführung				
– Stoffvermittlung	32	57	14	3
– Interaktion	23	49	27	7
– Motivation der Schüler	7	43	42	14
– Störungen der Schüler	6	42	47	11
3. Schulsituation				
– Ort, Raum, Klasse	53	34	15	4
– Medien, Materialien	45	43	17	1
– Umfeld	31	40	29	6
4. Beziehungen				
– zum Schulleiter	54	29	20	3
– zu Kolleginnen/Kollegen	47	41	13	5
– zu Eltern	60	39	7	0
– zum Schulamt	61	30	10	5

Eine gleichzeitige Befragung von 53 „Junglehrern" (also genau der Hälfte), die etwa eineinhalb Jahre im Schuldienst waren, ergab in drei Bereichen Abweichungen:

- Bei der Unterrichtsvorbereitung hatten sie mit der didaktischen Planung kaum Schwierigkeiten, jedoch erheblich mehr Belastungen bei der Ideenbeschaffung.
- Bei der Unterrichtsdurchführung waren die Belastungen innerhalb der Interaktionen wesentlich geringer, im Bereich „Unterrichtsstörungen" wesentlich höher.
- Generell waren die Beziehungen zum Schulleiter, zu Kolleginnen und Kollegen, zu den Eltern und zum Schulamt noch etwas belastungsfreier als bei den „Normallehrer/innen".

Aus beiden Befragungen lese ich heraus, daß es zwar einige Belastungsschwerpunkte gibt (Ideenbeschaffung, Motivati-

on, Störungen der Schüler und in gewissem Grad auch das Umfeld), aber daß Schule *insgesamt* ein Ort der Belastung und Beeinträchtigung ist. Nicht so sehr Einzelprobleme sind es, die zu schaffen machen, sondern die *Vernetzung* von Unterrichten und Erziehen, wobei auch hier wiederum deutlich wird, daß die Beeinträchtigungen stärker im Beziehungs- als im Sachbereich liegen.
Und sie wirken sich aus! Als Symptome, Begleiterscheinungen und Störungen gaben die Lehrer/innen an:

- Nervosität, Gereiztheit, Unruhe, Hektik, „immer auf Achse";
- Mattigkeit, Müdigkeit, Erschöpfung, Niedergeschlagenheit;
- Schlafstörungen, negative Schulträume, wirre Träume;
- Leere, Ausgebranntsein, „Ferienreife schon nach wenigen Wochen";
- Verspannungen, Verkrampfungen, Angst, Nervosität, Unausgeglichenheit;
- Magenbeschwerden, Magenschleimhautentzündung, Magengeschwür;
- Unlust, Lustlosigkeit, Frust, Unzufriedenheit, Resignation;
- Aggressionen, Wutausbrüche, schlechte Laune, Mißmut;
- Kopfschmerzen, höhere Krankheitsanfälligkeit, Infektionskrankheiten;
- Herzattacken, Herzbeschwerden, Herzanfälle, Herzstechen;
- Kreuzschmerzen, Kreislaufbeschwerden, Atembeschwerden;
- Suchtverhalten (verstärktes Essen, Trinken, Rauchen);
- Konzentrationsschwierigkeiten, Vergeßlichkeit;
- Depressionen, Schweißausbrüche, Beklemmungen;
- Problembeschäftigung auch nach der Schule, nicht „abschalten können";
- negative Auswirkungen auf die eigene Familie, auf den Partner;
- Unwohlsein, Gewichtsabnahme, Gewichtszunahme;
- Hin- und Hergerissensein als Schulleiter: Dauerspannungen.

Ein Lehrer stellte, als Bemerkung, die Frage:
„Warum habe *ich* diese Belastung (Schlafstörung)? Warum zeige *ich* diese Reaktionen und andere nicht? Ich möchte den Zusammenhang zwischen meinen Belastungen und meinen seelisch-körperlichen Reaktionen wissen!“
Damit hat er den Kern der „Sache“ getroffen und das Wesentliche erkannt:

- Bestimmte Ereignisse, Erlebnisse, Situationen, Konstellationen, Begegnungen, Menschen ... sind *für mich* Beeinträchtigungen/Belastungen; für andere Menschen sind sie es nicht oder sie haben andere Belastungen.
- Der Blick richtet sich also auf die eigenen Beschwerden und nicht auf den Vergleich mit anderen; d.h. also: Ich *darf* (meine) Belastungen haben.
- Meine Beeinträchtigungen zeigen Wirkungen. Ich spüre sie seelisch-körperlich. Andere Menschen erleben sie anders, haben andere Symptome; d.h. also: Ich *darf* (meine) Reaktionen haben.
- Entscheidend ist, was ich mit den Belastungen und deren Wirkungen mache, und wie ich mit ihnen umgehe.

● Welche Belastungen haben Sie? Welche seelisch-körperlichen Symptome nehmen Sie bei sich wahr?
Entdecken Sie „Immer-Wenn-Zusammenhänge“? Z.B.:
  - Immer, wenn ich Pausenaufsicht habe, bekomme ich Beklemmungen.
  - Immer, wenn ich eine Konferenz leiten muß, spüre ich Verkrampfungen im Magen.
  - Immer, wenn ich aggressive Schüler erlebe, werde ich selbst aggressiv – und hinterher ärgere ich mich!
  - Immer, wenn ...

● Versuchen Sie, wieder Ihre „Kette“ wahrzunehmen, nämlich:
Ein Ereignis/eine Situation – Ihre Belastung – Ihre seelisch-körperliche Reaktion – Ihr Wunsch. Z.B.:

a) das Ereignis: Sonntagabend. Ich denke an die Schule, an den Montagvormittag, an meine drei Stunden in der 9a.

b) meine Belastung: Werde ich das alles schaffen? Wie komme ich zurecht? Was mache ich mit der Unlust und dem Desinteresse der Schüler?

c) meine Reaktion: Unbehagen, ja fast Gelähmtsein ... Druck im Magen, Übelkeit ... Ich kann nichts essen.

d) mein Wunsch: Am liebsten würde ich zum Hörer greifen und mich krankmelden. Ich möchte aussteigen, weglaufen, alles hinter mir lassen ...

● Bevor Sie weiterlesen: Welche Gedanken und Empfindungen sind Ihnen beim Lesen dieser ersten vier Abschnitte gekommen: Forderungen, Überforderungen, Streßerfahrungen, Erlebnisse, Beeinträchtigungen, Wirkungen, Reaktionen ...?
Haben Sie bereits Einsichten gewonnen oder sogar schon Konsequenzen ins Auge gefaßt: Eigentlich müßte ich ...

Oder:
- Bin ich froh, daß es mir besser geht.
- Wie gut, daß es anderen auch so geht wie mir.
- Beim nächsten Mal wähle ich einen anderen Beruf.
- Ich werde meine Hobbys verstärken.
- Jetzt erst recht! Ich werde weiterlesen. Vielleicht ist mir zu helfen oder besser noch: Vielleicht kann ich mir selbst helfen!

5. Einsichten und Konsequenzen

Ich kann mir vorstellen, daß einige Kolleginnen und Kollegen oder Außenstehende („schulfremde Personen") müde lächeln, nachdem sie die zurückliegenden Seiten gelesen haben: Jammernde Lehrer/innen, das kennen wir ja zur Genüge; Lehrer/innen halten keine Belastungen aus; woanders ist es noch wesentlich schlimmer; das gehört doch zum Lehrerberuf; damit muß sich der Lehrer abfinden; dafür werden sie doch bezahlt; und übrigens haben sie lange Ferien ... usw. (Vgl. auch Stern Nr. 16, vom 14. April 1988, S. 30ff.: „Nur im Jammern sind sie große Klasse!")

So verständlich diese Aussagen sind, so sinnvoll, gerechtfertigt und notwendig ist es, die subjektiven Belastungen, Beschwerden und Beeinträchtigungen wahrzunehmen und zu äußern. Denn erst dann kann ein konstruktiver Lernprozeß einsetzen, und erst dann sind Änderungen und Veränderungen möglich:

- Ich versuche, so intensiv wie möglich, mich selbst wahrzunehmen: Meine Gedanken, meine Gefühle und Empfindungen, meine körperlichen Reaktionen und Beeinträchtigungen, meine Beschwerden.
- Es ist mir inzwischen möglich, meine Wahrnehmungen anzunehmen, zu akzeptieren und sie nicht zu bewerten oder gar abzuqualifizieren, besonders was meine Gefühle betrifft: „Sich der Wahrheit über sich selbst zu stellen und sie ohne Angst oder Abwehr zu akzeptieren, ist für den psychischen Heilungsprozeß das Wesentliche ... *Gefühle lügen nicht.* Sie sind einfach da." (Montague Ullman/Nan Zimmerman: Mit Träumen arbeiten. Stuttgart 1986, S. 16)
  Ein Freund hat mir einmal erzählt: „Ich mußte einen Vortrag halten, war sehr aufgeregt und zugleich ärgerlich, daß ich in der Stimme und mit meinen Händen zitterte. Innerlich klopfte ich mir auf die Finger und beschimpfte meine Zitterstimme ... Im nachhinein wurde mir bewußt, daß ich sehr lieblos mit meinem eigenen Körper umgegangen bin. Inzwischen schimpfe ich nicht mehr auf Hände und Stimme, sondern höre in mich hinein, was sie mir sagen wollen und was das für mich bedeutet."
- Ich habe gelernt, daß die Belastungen *meine* Belastungen und die Symptome *meine* Symptome sind. Ich möchte mit ihnen, d.h. *mit mir*, liebevoller umgehen können. Ich höre inzwischen kaum mehr auf Sätze wie: „Das geht doch nicht ... Das kannst du doch nicht tun ... Das gehört sich nicht ... Das mußt du eben aushalten ... Bist du aber empfindlich ... Sei doch nicht so ..."
- Ziel ist für mich nach wie vor, die Stabilität und Belastungsfähigkeit zu erhöhen, um besser mit den Realitäten in der Schule umgehen zu können. Und dabei möchte ich mich möglichst umfassend wohlfühlen.

- Die Aussagen der Lehrer/innen auf den vorangegangenen Seiten zum Thema Belastungen bedeuten nicht, eine belastungsfreie Schule zu wollen oder beeinträchtigungsfrei in ihr zu leben. Es geht vielmehr darum, mit den akzeptierten Belastungen besser zurechtzukommen und ein Verhalten zu lernen, das im Vorfeld bereits weniger Belastungen hervorbringt.
- Mir wird immer deutlicher, daß ich für mein eigenes Wohlbefinden selbst zuständig bin und es nicht von anderen abhängig machen kann, z. B.:
  Die Schüler/innen sind schuld, daß ich Schlafstörungen habe.
  Die Schulleiterin ist schuld, daß ich mit Unlust in die Schule gehe.
  Der Kollege ist schuld, daß ich mich in der Schule nicht wohlfühle.
- Schuldsuche und Schuldzuweisungen sind nicht geeignet, um das Lernziel „sich wohlfühlen" zu erreichen. Besser ist die Suche nach den eigenen Anteilen, den eigenen Möglichkeiten und nach Änderungen in meinem eigenen Verhalten.

Zum Thema Änderung habe ich, erstaunt über seinen Ausflug in andere Bereiche, beim „Jazz-Papst" J. E. Berendt folgende Sätze gelesen:
„Wir können die Welt nicht ändern, wenn wir uns nicht selbst ändern ... Aus jahrhundertelanger Erfahrung und Beobachtung wissen wir: Missionierungen – so nannte man ja lange genug die Versuche, andere Menschen zu ändern – schlagen auf den zurück, der sie unternimmt."
Und: „Es müßte offensichtlich sein: Jeder einzelne von uns braucht sehr viel geringere Energie, sich selbst zu ändern als die ganze Gesellschaft ... Wenn *wir* uns ändern, dann ändert sich auch die Gesellschaft. Man beachte das Wörtchen ‚sich': Nicht *wir* werden sie ändern, sie wird ‚sich' ändern, wenn wir *uns* ändern." (Joachim-Ernst Berendt: Das Dritte Ohr. Reinbek 1985, S. 266f. und S. 269)
J. E. Berendt spricht sehr deutlich aus, wie sinnlos es ist, andere zu verändern, und wie hilfreich, sich zu verändern. Aus diesen Erkenntnissen ergeben sich für mich Fragen, die ich bei Ruth Cohn entdeckt habe:

Was mache ich mit *mir*, wenn der andere nicht so ist, wie ich ihn haben will?
Was mache ich mit *mir*, wenn die Sache nicht so ist, wie ich sie haben möchte?
Was mache ich mit *mir*, wenn die Situation nicht so ist, wie ich sie haben möchte?
Also: Wie setze ich Prioritäten in *meiner* Verantwortung?

Daß ich etwas mit mir beginnen und tun muß und nicht am und beim anderen, zeigen die nachfolgenden drei Beispiele:

Beispiel K.

Ich: K. ist ein Kollege von mir. Er wirkt auf mich, als würde er nur aus Kopf und Argumenten bestehen. Er redet und redet, er diskutiert und diskutiert. Sein Lebensraum scheint die Theorie zu sein. Die Hauptsache, er kann in Sätzen brillieren. Wenn er in Konferenzen zu reden beginnt, dann muß ich schon die Luft anhalten. Ich spüre ihn nicht und komme nicht an ihn heran ...
Er: M. ist ein Kollege von mir. Wenn es mir in Diskussionen um objektive Tatbestände geht, so weicht er immer aus und bringt seine Subjektivität ein. Der will mir wohl ausweichen. Und wenn er dann noch von Ganzheitlichkeit und Gefühlen spricht, dann ist mir das völlig unverständlich. In der Schule geht es doch um ganz andere Dinge ...
Von K. habe ich gelernt: Er ist so, und je mehr ich über seine Lebensgeschichte weiß, umso deutlicher wird mir, daß er gar nicht anders kann als *so* zu sein. Ich kann ihn inzwischen viel stärker in seiner Art und in seiner Verantwortlichkeit sein lassen. Ich kratze und schnitze nicht mehr an ihm herum mit dem Wunsch, er möge in mein Puzzle passen. Manchmal spüre ich Traurigkeit in mir, wenn ich ihn erlebe. Er ist mir weiter weg als die anderen. Ich sehe auch, wie manches durch ihn zerstört wird. Dann versuche ich auszugleichen oder zu vermitteln, aber mehr nicht. Ich spüre hier die Grenzen einer kollegialen Beziehung, spüre die Grenzen meiner Wünsche. Ich kann sie annehmen. Und ich bin inzwischen fähig geworden, mich in bestimmten Situationen zurückzuziehen. Ich fühle mich zwar immer noch nicht sehr

wohl dabei, aber mein Verständnis und meine Einsicht sind größer geworden. Ich verspüre keine Abneigung mehr. Das ist schon sehr viel.
Und beeindruckt hat mich folgende Frage: „Bin ich meiner selbst sicher genug, um ihm sein Anders-Sein zu erlauben? Kann ich es ihm zugestehen zu sein, was er ist ... Kann ich ihm die Freiheit geben, er selbst zu sein?“ (Carl Rogers: Entwicklung der Persönlichkeit. Stuttgart 1976, S. 67)

Beispiel T.

Ich: Er nervt mich. Es gibt keinen langsameren Schüler als ihn. Bis er nur sein Heft aus der Mappe genommen hat ..., zu schreiben beginnt ... Dabei ist er genau und gewissenhaft. Ich weiß gar nicht, wie er so langsam sein kann. Ich war da früher als Schüler ganz anders ... Ich rede ihm gut zu, ich ermahne ihn, bedränge ihn, mal laut, mal leise. Manchmal habe ich Geduld, manchmal verliere ich sie ...
Er: Er nervt mich. Es gibt keinen hektischeren Lehrer als ihn. Dauernd bedrängt er mich. Dabei mache ich doch alles so genau. Ich brauche eben meine Zeit. Ich hasse nun mal alle Hektik, alles Schnelle. Langsam geht es doch auch und gar nicht mal so schlecht. Ich versteh' nicht, warum er alles so rasch haben möchte. Laß mich in Ruhe und laß mich machen ...
Von T. habe ich gelernt: Er ist so, und ich bin so. Beide Lebensweisen, beide „Tempi“, sind für jeden in Ordnung. Z.B. wirkt seine Langsamkeit auf andere beruhigend, meine Lebendigkeit auf andere stimulierend. Erst im Miteinander ergeben sich Probleme. Ich kann jetzt seine Ruhe, seine Langsamkeit besser akzeptieren. Ich stelle mich mehr auf ihn ein und bin letztlich für ihn hilfreicher. Mich befällt keine Unruhe mehr, wenn ich ihn vor seiner Bank sitzen sehe, langsam und bedächtig ...

Beispiel M.

Ich: M. ist mein Magen. Er läßt mich kaum in Ruhe. Dauernd meldet er sich und stört mich. Manchmal weiß ich gar nicht, was ich ihm zu essen geben soll. Er macht mir Kum-

mer. Und beim Arzt tut er so, als sei nie etwas gewesen. Kaum gehe ich aber wieder in die Schule, fängt er wieder an zu bohren.
Er: R. ist mein Partner. Er läßt mich kaum in Ruhe. Dauernd will er etwas von mir. Mal macht er das, dann wieder das; ich komme überhaupt nicht zur Ruhe. Ich kann kaum etwas aufnehmen. Es nützt auch nichts, wenn ich mich melde und bohre. Er hört gar nicht, daß ich ihm etwas mitteilen möchte ...
Von M. habe ich gelernt: Er will mir etwas sagen, und ich höre inzwischen mehr auf ihn. Ich spreche mit ihm. Er gehört zu mir und ist mir zum Freund geworden. Er hat zwar eine sehr deutliche Art, mir zu sagen, wann ich ihn überfordere, aber letztlich ist das sehr heilsam für mich. Ich nehme sein Unbehagen wahr und habe mich auf ihn eingestellt. Seine Mitteilungen sind mir wichtig geworden.

- Versuchen Sie, Ihr jeweiliges Gegenüber, das Ihnen Schwierigkeiten bereitet, zu Ihrem „inneren Gesprächspartner" zu machen.
  Versuchen Sie, die Positionen zu wechseln und die Sichtweisen zu ändern: Ich bin mein Gegenüber ...

- Wenn Sie Schwierigkeiten haben, teilen Sie etwas von sich mit und nicht über andere.

– Also nicht:
  a) Kollege K. redet dauernd auf mich ein. Mir ist er viel zu „kopfig".
  b) T. ist mir viel zu langsam. Bis der zu schreiben beginnt ...
  c) Mein Magen gibt überhaupt keine Ruhe; ich kann noch so viele Tabletten nehmen ...
– Sondern:
  a) Beim Kollegen K. komme ich selbst kaum zu Wort. Das ärgert mich. Ich hätte auch gerne etwas zu sagen. Ich bin neidisch auf ihn, weil ich mich nicht so gut ausdrücken kann. Und dennoch: Ich möchte ihm näher kommen ...
  b) Ich möchte bei T. mehr erreichen. Ich bin ungeduldig mit ihm. Ich zwinge ihm mein Lerntempo auf. Ich

habe große Schwierigkeiten mit Menschen, die langsamer sind als ich.

c) Ich habe zur Zeit sehr viel zu tun. Ich komme kaum zur Ruhe. Ich fühle mich gehetzt. Ich verstehe, daß mein Magen rebelliert ...

Mit den oben genannten Beispielen will ich Sie auf das „Programm“ der nächsten drei Kapitel aufmerksam machen:

a) Was mache ich mit *mir*, um *mich* wohlzufühlen?
b) Was mache ich mit *mir*, um mich *im Kollegium* wohlzufühlen?
c) Was mache ich mit *mir*, um mich *im Klassenzimmer* wohlzufühlen?

Wenn ich die Fragen an mich stelle, so heißt das nicht, daß die anderen Menschen nicht zur Sprache kommen. Es verändern sich aber Schwerpunkt und Sichtweisen: Letztlich kann ich nur für mich verantwortlich sein und nicht in die Verantwortung des anderen eingreifen.

2. Kapitel: Sich selbst wohlfühlen*

> Das Universum schert sich einen Dreck ... um das Wohlergehen von Moskitos, Ratten, Läusen, Hunden, Menschen, Pferden, Pantoffeltierchen, Bäumen, Pilzen oder anderen Formen biologischer Energie.
>
> H. P. Lovekraft

„Sich in der Schule wohlfühlen. Dazu gehört: Gern hingehen, gern in seiner Klasse sein, mit anderen zusammen viel erleben, sich in Anspruch genommen sehen durch Mitschüler und Lehrer, Interessantes zu finden, seine Gefühle äußern zu dürfen, das sagen zu können, was man meint." (Hans Günther Homfeldt/Heiner Volkers: Sich in der Schule wohlfühlen, in: Westermanns Pädagogische Beiträge 1985/7, 8, S. 321)

Wenn wir Schüler/innen fragen würden, ob sie sich in der Schule wohlfühlen, so würden diejenigen, die mit nein antworten, vermutlich den Grund in ihren Lehrer/innen sehen, und diese würden entsprechend auf die Schüler/innen deuten.

Es entmutigt mich nicht, wenn andere sich nicht um mein Wohlergehen bemühen oder gar mich als Ursache für ihr eigenes Unbehagen nennen und auch nicht, daß sich „das Universum einen Dreck um uns kümmert": Wenn *mir* mein Wohlergehen wichtig ist, dann kümmere *ich* mich darum! Das Wohlfühlen in der Schule beginnt also bei mir selbst. Ich sehe zunächst auf mich. Vor Jahren hätte mich das noch erschreckt, weil ich es mit Egoismus gleichgesetzt hätte. Heute wird mir bewußt, daß *mein* Wohlfühlen geradezu die Voraussetzung ist, anderen Wohlfühlen zu ermöglichen und sich selbst mit anderen wohlzufühlen.

Belastungen kann ich erst aushalten, wenn ich mich um mich gekümmert habe; wenn ich stark geworden bin; wenn ich Zutrauen zu mir habe. Beziehungen werden befriedigen-

* Ich bin Eckehard Rechlin, Diplompsychologe in Hamburg, für seine Gespräche mit mir zu diesem Kapitel sehr dankbar.

der erfahren, wenn sie von der Autonomie jedes einzelnen getragen werden, anstatt durch Abhängigkeiten belastet zu werden.
So geht es in diesem Kapitel darum, sich selbst zu entdecken, sich wahrzunehmen, zu akzeptieren und Wege zu finden, sich wohlzufühlen. Die eigene gute Laune überträgt sich auf andere, während ich andere anknurre, weil ich mich selbst nicht ausstehen kann.
Deshalb: Der Weg zu den anderen beginnt bei mir!

1. Einfühlung, Akzeptanz, Echtheit

In meinem Lebensmosaik gibt es viele bunte Steine. Drei besonders farbige und für mich wichtige habe ich bei Carl Rogers gefunden: Einfühlung, Akzeptanz/Wertschätzung und Echtheit/Wahrhaftigkeit (Kongruenz). Ich habe längere Zeit gebraucht, bis ich herausgefunden habe, daß diese Verhaltensweisen nicht nur für den Therapeuten im Umgang mit dem Klienten wichtig sind, sondern daß sie in erster Linie etwas mit mir zu tun haben und für mich selbst von großer Bedeutung sind.
Ich habe gelernt, daß ich mein eigener „Therapeut“ bin, wenn ich für mich selbst einfühlend, akzeptierend-wertschätzend und echt bin. Früher waren mir Sätze von anderen wichtiger als meine eigenen, und ich habe Erfahrungen anderer übernommen, ohne auf meine eigenen zu hören. Für mich selbst blieben kaum Einfühlung, Akzeptanz und Echtheit übrig:

- Es haben mir vorschnell andere gesagt, was für mich gut ist, und andere haben mir gesagt, was für mich von Bedeutung ist.
- Ich habe mir die „Echtheit“ der anderen zu eigen gemacht (oder zu eigen machen müssen), ohne nach meiner eigenen Echtheit fragen zu können: Was für andere echt und „stimmig“ war, mußte für mich ebenso sein.
- Ich habe andere akzeptiert oder akzeptieren müssen, ohne vorher mich zu akzeptieren. Die anderen waren wichtiger als ich selbst.

Allmählich habe ich erfahren, daß Einfühlung, Akzeptanz und Echtheit zusammengehören. Inzwischen sind sie mir zu lieben Freunden geworden, ohne die ich nicht mehr leben möchte, auch wenn ich sie auf meinem Lebensweg zuweilen zu wenig beachte und manchmal „links liegen lasse". Ohne sie würde ich mich weit weniger wohlfühlen:

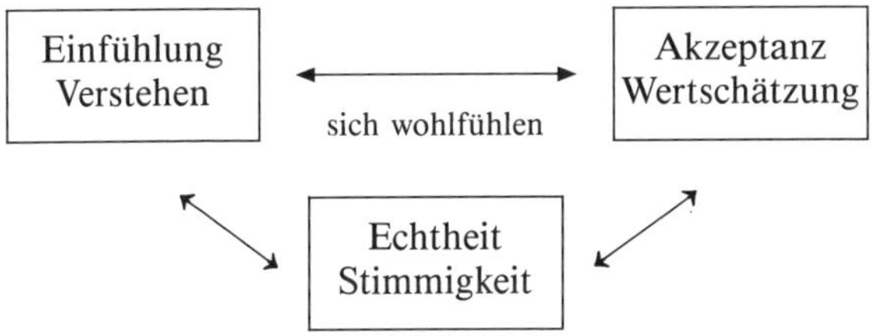

Je mehr ich ein Gefühl für mich selbst bekomme, desto näher komme ich mir und desto wohler fühle ich mich, auch wenn der „Weg nach innen" anfangs noch von großer Unsicherheit und Ängsten begleitet war. (Was wird da alles noch Unangenehmes herauskommen?)
Ich habe keine Angst mehr vor dem, was ich innen entdecken werde. Ich habe gelernt zu akzeptieren, was in mir ist. Ich habe aufgehört, meine Gefühle zu bewerten und meinen Gedanken „auf die Finger zu klopfen". Das, was in mir ist, *ist*, mag ich es drehen und wenden wie ich will. Ich habe aufgehört, an mir herumzuschnitzen und herumzunörgeln. Seitdem fühle ich mich wohler.
Das, was ich in mir entdecke, kann ich annehmen, und weil ich zu mir selbst stehe, empfinde ich mich auch als echt und stimmig. Ich verstecke mich nicht mehr und fühle mich freier, da ich versuche, ohne Fassaden zu leben.
So erlebe ich meinen eigenen Prozeß viel stärker und lebendiger als früher. Und: Es gibt noch vieles zu entdecken!
Ohne Einfühlung, Wertschätzung und Echtheit für sich selbst zu leben, kostet viel Energie. Einige Lehrer/innenaussagen bekräftigen dies:
„Ich bin in einer Schule und werde von den Schülern, dem Kollegium und den Eltern als engagierte Lehrkraft sehr geschätzt. Ich komme mit allen gut aus. Dies aber nur, weil niemand von meinem Innenleben etwas weiß. Ich lebe mit einer Fassade, mit einer Maske, die ich nur zu Hause, wenn

ich allein bin, abnehme. Dann kann es geschehen, daß ich stundenlang weine, am Sinn meines Lebens zweifle und mich immer wieder frage, warum ich eigentlich so ungeliebt leben muß. Ich lebe ständig in einem Zwiespalt." (Eine Lehrerin in: Reinhard und Annemarie Tausch: Wege zu uns. Reinbek 1983, S. 12f.)

„Ich habe immer über meine eigenen Gefühle hinweg gelebt und kaum auf sie geachtet. Ich war trainiert zu tun, was der Kopf sagt. Was ich fühlte, nahm ich nicht wahr, und wenn ich jemals etwas fühlte, so akzeptierte ich dies nicht. Gefühle waren mir viel zu suspekt und unsicher. Ich vertraute nur meinem geschulten Kopf." (Lehrerin)

„Am meisten Kraft verbrauchte ich, weil ich anders lebte als ich eigentlich wollte. Aus Angst, nicht akzeptiert zu werden, verhielt ich mich so, wie es die anderen wollten: Immer unecht, immer Fassade. Schließlich hatte ich auch dafür keine Kraft mehr." (Lehrer)

Einfühlung in mich selbst bedeutet:
- Empfindungen und Gefühle erspüren;
- körperliche Reaktionen wahrnehmen;
- Unsicherheiten und Ängsten nachgehen;
- den eigenen Empfindungen nachgehen;
- mir nicht sagen lassen, was ich empfinden darf;
- im „inneren Dialog" mit den Gefühlen sein;
- Gefühle als Mitteilung verstehen;
- Gefühle nicht bagatellisieren.

Akzeptanz/Wertschätzung für mich selbst bedeutet:
- mich als wertvoll und liebenswert empfinden;
- Gefühle und Empfindungen annehmen;
- Gefühle und Empfindungen nicht bewerten;
- eigenen Erfahrungen Raum geben;
- den eigenen Gefühlen vertrauen;
- mich fordern, aber nicht überfordern;
- eigene Grenzen wahrnehmen und akzeptieren;
- für mich selbst gut sorgen.

Echtheit/Stimmigkeit für mich selbst bedeutet:
- zu den Empfindungen und Gefühlen stehen;
- mich nicht anders äußern als ich empfinde;

- Inneres und Äußeres in Übereinstimmung bringen;
- Fühlen, Denken und Handeln in Einklang bringen;
- Gefühl und Verstand miteinander sprechen lassen;
- „Kopf und Bauch" in Balance bringen;
- eigene Überzeugungen nicht „dem anderen zulieb" verkaufen;
- ohne Fassaden leben;
- mich nicht selbst erpressen und austricksen.

Ich fühle mich wohl:
- bei mir sein können, mich „rund" fühlen;
- mit mir im reinen sein;
- mich empfinden, spüren, wahrnehmen;
- mich annehmen und sein lassen;
- mich nicht verstellen müssen;
- keine Mauern haben müssen;
- mich akzeptieren, mich selbst mögen.

● Wann fühlen Sie sich wohl?
Kümmern Sie sich um Ihr eigenes Wohlbefinden oder verharren Sie lieber im „Wartestand", bis ...?

Bei vielen Menschen ist die Fähigkeit zur eigenen Einfühlung, zur Wertschätzung und Echtheit entweder nicht entwickelt und gefördert worden oder gar abhanden gekommen und verlernt worden. Meist sind die Wurzeln dafür in der Kindheit zu suchen. Folgende Erfahrungen mit anderen Menschen haben sich dabei blockierend für die Entwicklung und Förderung ausgewirkt:

Mangelnde Einfühlung anderer:
- Ach, du mit deinen Gefühlen!
- Sei doch nicht so empfindlich!
- Hör endlich auf zu weinen! Du gehst mir auf die Nerven!
- Reiß dich zusammen und sei nicht so zimperlich!
- Schämst du dich denn nicht? Was sagen denn da die anderen?
- Gefühle sind hier nicht gefragt. Hier geht es um Fakten.
- Denk nicht immer an deinen Magen! Es wird schon wieder.

– Wo kämen wir da hin, wenn wir uns auf Gefühle verlassen würden.
– Es ist mir völlig gleichgültig, was du jetzt empfindest.

Mangelnde Wertschätzung/Akzeptanz anderer:
– Also, so geht das nicht, wie du das machst.
– Ich finde das unmöglich, wie du dich heute benommen hast.
– Du glaubst doch selbst nicht, daß das richtig war.
– Heute hast du dich aber ganz schön blamiert.
– Wo kämen wir da hin, wenn das jeder so machen würde?
– Mama mag dich nur, wenn du ...
– Du bist eine Null und ein Versager.

Verhinderung von Echtheit durch andere:
– Du machst jetzt sofort, was ich gesagt habe!
– Sei brav, sonst darfst du nicht mehr ...!
– Reiß dich heute abend zusammen, sonst ...!
– Deine Meinung ist hier nicht gefragt.
– Hör auf die anderen, das macht einen besseren Eindruck!
– Ich weiß doch, was gut für dich ist.
– Sag ja nicht, was du denkst! Sonst gibt es Ärger.
– Du weißt genau, daß man das nicht tut.

Ich wünsche mir, daß unseren Kindern die Fähigkeit zur Einfühlung, Wertschätzung und Echtheit erhalten bleiben kann bzw. daß sie entwickelt und gefördert wird. Vielleicht hat man dazu früher „Natürlichkeit“ gesagt. Jedenfalls habe ich sie bei unserem Nachbarjungen sehr häufig erlebt, und ich spüre sie immer wieder:
Elmar, damals vier Jahre alt, klingelt. Ich öffne die Tür. In der Hand hält er einen Wiesenblumenstrauß. Er streckt ihn mir entgegen und sagt: „Den schenke ich dir!“ Er sieht mein überraschtes und freudiges Gesicht, steckt die Hände in seine Hosentaschen und sagt: „So, und jetzt schenkst du mir auch was!“
Auch wenn tausend Mütter und Väter sagen würden, so etwas gehöre sich nicht: Ich war glücklich über so viel Echtheit und Natürlichkeit!

● Haben Sie sich auch mitgefreut?

Zum Thema „Einfühlung, Akzeptanz und Echtheit“ hat mir immer wieder Carl Rogers Wesentliches gesagt:
„In meinen Beziehungen zu Menschen habe ich herausgefunden, daß es auf lange Sicht nicht hilft, so zu tun, als wäre ich jemand, der ich nicht bin ... Es erwies sich als nicht hilfreich oder wirksam, in meinen Beziehungen zu anderen Leuten eine Fassade aufrechtzuerhalten, an der Oberfläche anders zu reagieren, als ich darunter empfinde ... Mir scheint, ich erreiche mehr, wenn ich mir selbst zustimmend zuhören kann, wenn ich ganz ich selbst sein kann. Ich glaube, ich habe im Laufe der Jahre gelernt, mir selbst angemessener zuzuhören ... Ich spüre, daß ich den Umständen gerechter werde, wenn ich mir erlaube, so zu sein wie ich bin.“ (Entwicklung der Persönlichkeit. Stuttgart 1976, S. 32f.)

Um es noch einmal „auf den Punkt zu bringen“: Für mein eigenes Wohlfühlen sind wichtig:

- Einfühlung: Ich spüre, was *in mir* vorgeht und was Personen, Ereignisse und Dinge in mir auslösen. Ich möchte mich selbst besser verstehen, meine Gedanken, Gefühle, Handlungen, und ich möchte mein Inneres wahrnehmen, um mein Wohlfühlen zu fördern und mein Unbehagen zu reduzieren.
- Akzeptanz: Ich möchte annehmen, was ich *in mir* erspürt habe, und nicht verdrängen. Es gehört zu mir, und ich kann nur ändern, was ich innerlich wirklich auch angenommen habe. Ich möchte liebevoll zu mir sein und auch meine Schattenseiten streicheln. (Ich glaube, die haben es am nötigsten!) Ich mag mich und alles, was in mir ist und zu mir gehört. Erst dann kommt in mir selbst ein förderlicher Veränderungsprozeß in Gang.
- Echtheit: Es nützt nichts, „so zu tun als wäre ich jemand anders“. Ich möchte nicht in dem Gespaltensein leben, hier so zu sein und da anders, mich verstellen und auf der Hut sein zu müssen, nicht anzuecken und aufzufallen. Mich zu verstellen („um einen guten Eindruck zu hinterlassen“), ist mir viel zu anstrengend.

So steht die Beantwortung folgender Frage im Zentrum: Wie erlange ich (mehr) Einfühlungsvermögen, Wertschätzung und Echtheit mir gegenüber?

Ich bin immer wieder erstaunt, wenn ich von Kolleginnen und Kollegen höre, welche Schwierigkeiten sie haben, um die oben genannten Verhaltensweisen bei sich zu entdecken:

Einfühlung:

– Eigentlich spüre ich jetzt gar nichts. Ich merke, wie sehr ich überlege. Normalerweise müßte mir jetzt zum Heulen zumute sein ...
– Gefühle habe ich mir bisher nicht leisten können. Ich bin auch gar nicht danach gefragt worden.
– Ich habe Kopfschmerzen. Das ist alles, Aber, was ich empfinde, das weiß ich gar nicht.
– Ich ging meinen Empfindungen nach ... Aber viel stärker kam die Frage hoch, ob ich denn das empfinden dürfe ...

Akzeptanz/Wertschätzung:

– Ganz erschreckend war für mich jetzt, wie sehr ich mich selbst bewerte und oft kleinmache ...
– Ich habe mich unheimlich schwer getan, Positives in mir zu entdecken. Mir fielen nur Negativsätze ein.
– Ich weiß viel mehr, was ich nicht kann, als das, was ich kann. Und wenn mir mal was gelingt, kann ich es selbst kaum glauben.
– Eigentlich vertraue ich mir am wenigsten. Ich glaube, es gibt niemanden, der sich so sehr hinterfragt wie ich mich selbst.
– Ich kann mich doch nicht so akzeptieren wie ich bin. Ich entdecke da viel zu viel, was ich ändern und anders haben möchte ...

Echtheit/Stimmigkeit:

– Ich habe einfach Angst, nicht mehr akzeptiert zu werden, wenn ich das sage, was ich fühle ...
– Ich stimme mit mir schon lange nicht mehr überein, und ich habe das Gefühl, den Kontakt mit mir selbst schon lange verloren zu haben.
– Am liebsten würde ich in bestimmten Situationen einfach losschreien. Aber dann beherrsche ich mich und überlege, was die anderen von mir dann wohl denken würden ...

– Ich habe den Eindruck, daß ich in der Schule ein ganz anderer Mensch bin als zu Hause. Und ich merke, wie sehr mich das Anstrengung kostet, immer anders sein zu müssen.

Alle diese Aussagen vertiefen bei mir den Eindruck: Keine Möglichkeiten, keine Zeit zum Wohlfühlen, keinen „Mut zum Ich" und immer wieder Angst, von anderen abgelehnt und nicht akzeptiert zu werden.
Um (wieder) einfühlend, wertschätzend und echt für sich selbst zu werden, bedarf es eines „Bodens", auf dem diese Eigenschaften und Verhaltensweisen wachsen und gedeihen können. Es sind Menschen, die dies ermöglichen: Wo andere einfühlsam sind, wo andere mich wertschätzen und wo andere mir gegenüber echt sind, da bekomme auch ich wieder Mut und Vertrauen zu mir. Da beginne ich, mich selbst wahrzunehmen ohne Ängste, da fange ich an, mich selbst zu schätzen und zu mögen, und ich werde nicht genötigt, mich zu verstellen. Ich werde also nach solchen Möglichkeiten, nach solchen Menschen und Lebensräumen suchen, um diesen fruchtbaren Boden zu haben. Und ich werde mich entscheiden, ob mir die anderen wichtiger sind als ich mir selbst. Um Ihnen dies zu verdeutlichen, lade ich Sie ein, folgendes Gespräch mitzuerleben:

- Sie sind mein Gesprächspartner, und ich bin Ihre „innere Welt", also gleichsam Ihre Gedanken, Ihre Empfindungen, Ihre Phantasien ...:

Sie: Mir geht's eigentlich ganz gut. Ich kann nicht klagen.
Ich: Mir nicht. Seit Tagen klopfe ich bei dir schon an.
Sie: Ach, du meinst meine Kopfschmerzen? Das liegt am Wetter. Es wird schon wieder besser werden. Seit gestern nehme ich ja auch Tabletten.
Ich: Mir bleibt ja nichts anderes übrig, als mich so stark zu melden. Du hörst nicht auf mich. Ich habe den Eindruck, daß dir die anderen wichtiger sind als ich.
Sie: ???
Ich: Ich fühle mich nicht wohl, wenn du anders sprichst, als ich es dir sage. Bin ich dir so wenig wert?

Sie: Ich kann dich doch nicht ständig zu Wort kommen lassen. Es geht doch um ganz andere Dinge. Ich muß doch sachlich bleiben.

Ich: Ich möchte dir die Sachen nicht streitig machen, sondern dir nur sagen, daß es mich auch gibt ...

Sie: Na, wenn schon. Was denken denn die anderen von mir? Da kann ich ja gleich einpacken.

Ich: Genau das meine ich: Du akzeptierst die anderen mehr als mich. Wo bleibe ich denn?

Sie: Ja, bist du denn so wichtig? Das war mir überhaupt nicht bewußt. Ich dachte immer, was die anderen sagen ...

Ich: Wer ist dir innerlich näher: Ich oder die anderen ...?

- Sie können natürlich das Gespräch beliebig lange fortsetzen ...

Entscheidend ist der letzte Satz: Meine Gefühle, mein Erleben, meine Wertschätzung, mein Übereinstimmen, sie alle stehen mir näher als alles andere (ob ich es wahrhaben will oder nicht!). Ich möchte wieder anfangen, dem näher zu kommen, was mir wirklich am nächsten ist.

- Sie haben auf den vorangegangenen Seiten sehr viel über Einfühlung, Wertschätzung, Echtheit gelesen:
  Wie vertraut sind Ihnen diese Begriffe geworden?
  Welche Widerstände, Unsicherheiten ... spüren Sie in sich?
  Was hindert Sie, einfühlend in sich selbst, wertschätzend für sich und echt zu sein?
  Wer hindert Sie besonders daran?

- Erspüren Sie Zusammenhänge zwischen den oben genannten Eigenschaften und Ihrem Wohlbefinden:
  – Wenn ich einfühlend bin, dann ...
  – Wenn ich akzeptierend bin, dann ...
  – Wenn ich echt bin, dann ...

  Aber auch: Was belastet Sie, wenn Sie einfühlend, akzeptierend, echt sind?
  Was mögen Sie an sich selbst?

Exkurs: Humanistische Psychologie

Sie haben einige Male den Namen Carl Rogers gelesen, der vor allem durch seine klientenzentrierte Gesprächspsychotherapie bekannt wurde. Da er zu den Vertretern der sogenannten Humanistischen Psychologie gehört, ist es für Sie vielleicht wichtig, einige wesentliche Grundzüge darüber zu wissen. Ich entnehme sie dem Buch: Lehrer ohne Maske (Hrsg.: Herbert Gudjohns/Gerd-Bodo Reinert. Königstein/Ts. 1981).

Dort fand ich folgenden Aufsatz:
Gerhard Portele: Der Weg ist das Ziel – Lehrerpersönlichkeit im Lichte der humanistischen Psychologie. S. 224 ff. Ich zitiere einige Sätze daraus:

„Die humanistische Psychologie geht vom ganzen Menschen aus, Kognition, Emotion und Körper bilden ein *Ganzes*."
„Der Mensch ist ein *selbstreflexives Lebewesen* ... Er ist nicht allein ein Lebewesen, das auf Reize re-agiert, er agiert intentional."
Der Mensch hat „eine *Selbstverwirklichungstendenz*"; er kann wollen, entscheiden, wählen ... er ist verantwortlich.
„Die humanistische Psychologie ist *erfahrungsorientiert*", sie legt mehr Wert auf Erfahrungswissen als auf Begriffssysteme.
„Der Mensch ist etwas *Dynamisches, Wachsendes.* Ziel der Selbstverwirklichung ist nicht, etwas zu sein, sondern zu werden: Der Weg ist das Ziel."
„Die Beziehung der Menschen untereinander soll *gleich* und partnerschaftlich sein. Jeder wird ernst genommen."
Ein Weg von der Fremderziehung zur Selbsterziehung, weg von der Fremdbestimmung zur Selbstbestimmung und Autonomie! Am besten drückt dies wiederum Carl Rogers aus:
„*Erfahrung* ist für mich die höchste Autorität. Der Prüfstein für Gültigkeit ist meine eigene Erfahrung. Keine Idee eines anderen und keine meiner eigenen Ideen ist so maßgeblich wie meine Erfahrung. Ich muß immer wieder zur Erfahrung zurückkehren, um der Wahrheit, wie sie sich mir als Prozeß des Werdens darstellt, ein Stück näher zu kommen." (Entwicklung der Persönlichkeit, S. 39)

2. Umgang mit eigenen Gefühlen

Wenn es einem Menschen gut geht, so sagt er nicht: „Ich *denke* mich wohl", sondern: „Ich *fühle* mich wohl." Das Wohlsein und Wohlfühlen, das Wohlergehen und Wohlbefinden liegen also hauptsächlich im Gefühlsbereich. Umso verwunderlicher ist es, daß dieser Bereich in der Schule vernachlässigt wird und zu kurz kommt. Dabei kann es gar nicht wichtig genug sein, auf die Gefühle zu achten und entsprechend (liebevoll!) mit ihnen umzugehen.
Gefühle können mißachtet, gar nicht oder zu wenig beachtet werden:

– Eine Kollegin, 18 Monate im Schuldienst, wird entlassen. Ihre Ausbildung ist beendet; sie bekommt keine Anstellung mehr. Am letzten Schultag wird sie im Kollegium verabschiedet. Der Schulleiter findet sehr anerkennende Worte für sie und überreicht ihr zum Schluß einen Abschiedsstrauß. Die Kollegin ist sehr bewegt und kämpft sichtbar mit ihren Tränen. (Beachten Sie bitte die Sprache: Sie *kämpft* mit einem eigenen Gefühl!) Als sie spürt, daß sie zu weinen beginnt, steht sie rasch auf und geht auf die Toilette, allein mit ihren Tränen. Ein betroffenes Kollegium bleibt zurück ...

● Wären Sie auch rausgelaufen oder hätten Sie im Lehrerzimmer geweint?

  Wie sehr hätten Sie mit Ihren Tränen gekämpft? (Gewonnen oder verloren?) Hätten Sie sich Ihrer Tränen geschämt? (Was hätten Ihre Tränen dazu gesagt?)

  Was hätten Sie als Kollegin/Kollege gemacht? Spontan ...? Überlegt ...?

  Wären Sie auch rausgelaufen, wenn Sie hätten *lachen* müssen? (Lachen als Gefühl wird in der Öffentlichkeit akzeptiert, Weinen als Gefühl wirkt peinlich und berührt komisch. Komisch, nicht?)

– Während einer Lehrerkonferenz entsteht eine hitzige Debatte. Sachliches und Persönliches kommen zur Sprache.

Der Schulleiter äußert sich: „Aber, bitte, meine Damen und Herren, wir wollen doch hier sachlich bleiben." Ihm entgeht, daß *Personen* sich äußern, daß also immer auch *Persönliches* „im Spiel ist" und daß immer auch Gefühle beteiligt sind. Es „gehört sich allerdings nicht", daß sie geäußert, daß sie mitgeteilt werden, denn dies wäre unsachlich. (Und der Schulleiter bemerkt auch gar nicht, daß sein Herzstechen, das er beim Nachhauseweg verspürt, etwas mit der „sachlichen Diskussion" zu tun haben könnte.)

- Wie gut sind Sie im Verdrängen von Gefühlen?
  Was bezahlen Sie dafür?
  Wie häufig streiten sich Ihr Kopf und Bauch?

Wie lieblos wir doch mit unseren Gefühlen umgehen:
- Wir bekämpfen sie und kämpfen mit ihnen.
- Wir schämen uns ihrer, und sie sind uns peinlich.
- Wir würgen sie ab und verdrängen sie.
- Wir ziehen die Sachen vor und stellen die Gefühle zurück.
- Wir beschimpfen Sie als „Gefühlsduselei" und nehmen sie nicht ernst.
- Wir begatellisieren sie und drängen sie an den Rand.

Und doch sind sie da und lassen sich nicht verdrängen:
- Ich habe eine Wut auf dich.
- Ich bin ganz außer mir.
- Am liebsten möchte ich um mich schlagen.
- Ich könnte schreien vor Zorn.
- Ich bin ganz gelähmt und bin zu nichts mehr fähig ...
- Aufgeregt kommt ein Kollege ins Lehrerzimmer: „Denen habe ich's aber gezeigt!", und er beschreibt eine harte Auseinandersetzung in einer 10. Klasse. „Die hab' ich ablaufen lassen; die werden noch lange an mich denken"!
  – Gezeigt hat er ihnen den, ach so starken, Mann, den Sieger. Verheimlicht aber hat er ihnen seine Gefühle, seine Ängste und Unsicherheiten, sein Verletztsein und seine Verletzlichkeit ...
  Verpaßte Chancen: Die Schüler hätten erfahren, daß sie jemanden verletzt haben, und der Lehrer hätte sich nicht

verstellen müssen. Die eigenen Gefühle hat der Lehrer versteckt, und über die Gefühle der Schüler blieb er Sieger. Die versteckten und die besiegten Gefühle werden sich wieder melden!

- Wohin verstecken Sie Ihre Gefühle?
  Wann zeigen Sie „Stärke“, obwohl Sie sich „schwach“ fühlen?
  Haben Sie gelernt, daß „Gefühle zeigen“ gleichzusetzen ist mit „Schwäche zeigen“?
  Gibt es für Sie eine Einteilung der Gefühle in schwache (z. B. Traurigkeit, Angst) und starke (z. B. Liebe, Freude)?

Von Reinhard Tausch habe ich bedeutsame Aussagen erhalten zum Thema „Förderlicher Umgang mit beeinträchtigenden Gefühlen“ (Vortrag auf der Pädagogischen Woche in Düsseldorf. Manuskript, April 1986):
„Menschen, die sehr offen für ihr Fühlen sind oder es durch Erziehung oder bestimmte Psychotherapieerfahrungen werden, erleben einen großen gefühlsmäßigen Reichtum. Auf der anderen Seite spüren sie aber durch das Offensein intensiv auch ihre beeinträchtigenden Gefühle wie Angst, Spannung, Traurigkeit. Sie sind offener, verwundbarer für Verletzungen; sie werden mehr betroffen und beeinträchtigt durch Schwierigkeiten im Beruf, zum Beispiel in der Schule ... Wenn sie zugleich noch offen und ehrlich in der Auseinandersetzung mit sich selbst und anderen sind, dann verbleibt ihnen bei schwierigen Gefühlen und Situationen auch nicht die Möglichkeit, auf auslösende oder beteiligte Personen mit Aggressionen, Rationalisierung, mit Schuldzuweisungen dem Partner, den Schülern oder der Gesellschaft gegenüber zu reagieren oder sich selbst zu belügen. Eine Alternative zur Verletzbarkeit durch Offenheit für das Fühlen ist: Menschen, besonders Männer, *ignorieren* und *unterdrücken* ihr Fühlen. So spüren sie weniger Angst, Unsicherheit, Zweifel, Minderwertigkeit ... Aber häufig zahlen sie einen hohen Preis dafür: Durch das häufige Ignorieren ihres Fühlens erleben sie seltener einen gefühlsmäßigen Reichtum; ihre Verschlossenheit gegenüber ihrem Fühlen können sie auch dann nicht ändern, wenn sie es möchten, etwa im Zusammensein

mit dem Partner oder ihren Kindern. Wenn sie über lange Jahre hindurch sich die Fassade eines kühlen, unberührten Menschen antrainiert haben, dann fühlen sie sich häufig innerlich unlebendig und tot. Sie fühlen sich als funktionierende, aber nicht mehr als fühlende Wesen. Auch kreative Leistungen, schöpferische Einfälle werden selten. Manche suchen die gefühlsmäßige Leere durch Gefühle wie Macht über andere, Prestige, Stolz oder Besitz auszugleichen, oft auf Kosten anderer Menschen.
Können wir offen bleiben, ohne zu sehr von ungünstigen Gefühlen beeinträchtigt zu werden? Können wir trotz Offenheit weniger Ängste und seelische Schmerzen empfinden? Wie werden wir nicht überschwemmt von unangenehmen Gefühlen, ohne unsere Gefühle zu kontrollieren, zu unterdrücken und innerlich zu verarmen? Wie können Gefühle bei unserer Arbeit förderlich statt hinderlich sein?
Für Menschen, die erziehen und/oder unterrichten, ist das eine sehr entscheidende Frage: Viele Lehrer empfinden im Unterricht Anspannung, Mißmut, Ärger, Streß. Wie können Sie mehr Entspanntheit, Spontaneität und freudige Aktivität empfinden? Wie können sie angesichts der Schwierigkeiten sich nicht in Routine und Zynismus verlieren oder in ein Macht- und Dominanzstreben über Schüler ausbrechen? Besonders für Lehrer, die ein partnerschaftliches, nicht-autoritäres Zusammenleben wünschen, ist dies sehr entscheidend ... Ich denke, daß soziale Helfer ihre beruflichen Ideale mehr leben können, wenn sie belastbar sind, mit unangenehmen Gefühlen umgehen und für sich sorgen können ...
Einige Laien und Psychologen raten Menschen, ihren Ärger, Wut und ihre Frustration ‚herauszulassen‘, ‚auszuagieren‘. Aber die Folgen eines solchen Handelns, etwa bei Menschen, denen gegenüber die Aggressionen geäußert werden, sind oft ungünstig: Nicht so sehr für den Höherstehenden, den Vorgesetzten, den Lehrer, den Professor, für Eltern – obwohl es auch für sie beeinträchtigend sein kann; aber für Schüler, Kinder, Studenten. Für die sogenannten ‚Schwächeren‘ in der sozialen Beziehung ist das ‚Herauslassen‘ von Aggressionen meist beeinträchtigend ... Was aber soll ich tun, wenn ich weder meine Gefühle unterdrücken noch sie ausagieren will? Es gibt eine dritte Möglichkeit: Die Gefühle sich selbst gegenüber *zulassen*, insbesondere die tieferen Ge-

fühle, die hinter einer Aggression und Wut stehen, z. B. Gefühle der Hilflosigkeit, Enttäuschung, Ohnmacht. Wenn wir dann einen Teil dieser Gefühle als *unsere* Gefühle ohne Wertung gegenüber anderen äußern können, dann tritt bei uns eine weitere Klärung ein. Meist ist dies aber nur möglich, wenn wir zugleich förderlicher mit unserer Erregung umgehen und bereit sind, uns mit uns selbst auseinanderzusetzen und hilfreiche Einstellungen haben."
Das heißt also: Je mehr ein Mensch sich selbst wahrnimmt und auf seine tieferen Gefühle achtet, also auf die „eigentlichen Gefühle", umso weniger wird er die darüberliegenden Gefühle, wie z. B. Wut, Ärger, Aggression, zum Ausdruck bringen müssen.
Aus dem Schulalltag:
Lehrer/innen berichten immer wieder, sie würden Schüler anschreien und brüllen, wenn sie sich von ihnen provoziert und angegriffen fühlten. Hinterher täte ihnen ihr Ausbruch sehr leid, sie würden sich nicht wohlfühlen und hätten Schuldgefühle („Eigentlich will ich ja gar nicht laut werden, brüllen ..."). Bei der Bearbeitung des Problems zeigt sich dann folgender „Kreislauf":

1. Ich brülle, weil ich angegriffen werde.
2. Weil ich angegriffen werde, fühle ich mich verletzt.
3. Ich bin verletzt und fühle mich hilflos.
4. Ich fühle mich sogar ohnmächtig.
5. Aber das kann ich, das darf ich doch nicht zugeben.
6. Also brülle ich ... (siehe 1.).

Es mag neu oder ungewohnt sein, wenn Sie bei einem „Angriff" der Schüler innerlich innehalten, um sich selbst kurz wahrzunehmen und zum Kern Ihrer Gefühle kommen und dort Ihre momentanen „eigentlichen und wirklichen" Gefühle entdecken, zulassen und mitteilen: Ich fühle mich sehr verletzt, hilflos, ohnmächtig ...
Bestimmt denken Sie jetzt: „Wie werden wohl die Schüler reagieren?" Bei diesem Satz wird mir bewußt, daß Sie hier stärker auf die *Reaktion* Ihrer Schüler achten als auf Ihre eigenen Gefühle. Die Reaktion der Schüler ist Ihnen in diesem Fall wichtiger als die Wahrnehmung und Äußerung Ihrer Gefühle. Aber, auch hier wieder: Was ist Ihnen näher?

- Machen Sie ein Rollenspiel mit mir? Ich bin Ihr Gefühl und rede mit Ihnen (Sie = S; Ich, Ihr Gefühl = G):

S: (brüllend) „Ihr seid wohl nicht ganz bei Trost ...!“
G: Deine Schüler haben mich ganz schön getroffen.
S: Sei still, das kann ich denen doch nicht sagen.
G: Es tut mir aber weh, und dein Brüllen nimmt mir nicht den Schmerz.
S: Daß es dir weh tut, kann ich erst recht nicht sagen.
G: Deswegen tut's mir trotzdem weh!
S: (stur) Dann brüll' ich lieber. Ich geh' da kein Risiko ein.
G: Hörst du mich eigentlich? Hörst du, was ich dir sagen möchte?
S: Ach, hör doch auf.
G: Ich merke, daß du mehr auf deine Schüler hörst als auf mich. Bin ich dir so gleichgültig?
S: Warum? Ich hab' dich ja beachtet. Ich hab' ja gebrüllt.
G: Aber das ist doch nur deine Oberfläche. Ich sitze doch viel tiefer.
S: Ach, sei nicht so empfindlich!
G: Gut, wenn du mich nicht hören willst, dann mußt du eben fühlen. Ich sag's deinem Magen; der meldet sich in den nächsten Tagen lauter als ich ... (Magenschleimhautentzündung!).

Ich habe erfahren, daß ich mich wohler fühle, wenn ich sehr nah bei meinen eigenen Gefühlen sein kann und sie zulasse. Inzwischen stört es mich kaum mehr, wie andere darüber denken. Meine Gefühle sind mir wichtiger als deren Beurteilung durch andere, und ich möchte das Zulassen meiner Gefühle nicht mehr von der Reaktion der anderen abhängig machen, weil mir meine eigenen Gefühle näher stehen als alle anderen Menschen. (Zur Klärung: Gefühle wahrnehmen und innerlich zulassen ist nicht gleichzusetzen mit „Gefühle jetzt sofort ausagieren“ oder sie verbal direkt mitteilen. Ich kann z. B. innerlich traurig sein und dennoch den Unterricht weiterführen ...)
Ein Kollege berichtet:
Durch Mißverständnisse und gegenseitiges blockierendes Verhalten zwischen einem Kollegen und mir gab es eine Auseinandersetzung. Ich entschuldigte mich, und es tat mir leid,

wie ich mich verhalten hatte. Der Kollege war (noch) nicht in der Lage, mit mir angemessen zu reden, und setzte seine Angriffe fort. Es gelang ihm nicht, auch mich zu verstehen. So nahm ich seine verbalen Attacken stillschweigend an, gelähmt, irgend etwas zu sagen. Schließlich stand ich auf, verließ das Zimmer und setzte mich auf eine Bank in den Schulhof: Ich war sehr traurig, aber zugleich auch ruhig. Ich spürte, wie ich meine Traurigkeit annehmen konnte und Zeit für sie hatte. (Daß eine Kollegin, die mich bemerkte und sich zu mir setzte, meine Tränen nicht komisch fand und meine Traurigkeit akzeptierte, war noch zusätzlich beruhigend und wohltuend.)

- Wie geht es Ihnen, wenn Sie das lesen?
  Geben Sie Ihren Gefühlen eine Chance, sich bemerkbar zu machen?

Vor einigen Jahren erlebte ich folgendes:
Seit Wochen kam ich mit einer 9. Klasse nicht zurecht. (Fachlehrer in Musik, 32 Schüler/innen, Freitag, 6. Stunde) Den Beginn des Unterrichts schob ich immer länger hinaus, die Pausen im Lehrerzimmer wurden immer größer. Eines Tages stand ich wieder vor der Klassenzimmertür, klopfenden Herzens. Ich wartete minutenlang, hörte das Schreien und Toben. Am meisten machte mir die Lustlosigkeit der Schüler/innen zu schaffen. Mahnen und strafen wollte ich nicht. Endlich ging ich ins Klassenzimmer, innerlich sehr aufgewühlt. Es dauerte Minuten, bis ich mich bemerkbar machen konnte und bis es einigermaßen ruhig wurde. Ich begann den Unterricht nicht, sondern sagte sinngemäß:
Ich möchte euch sagen, was ich auf dem Weg hierher ins Klassenzimmer erlebte und was ich dabei dachte und fühlte. Ich stand jetzt minutenlang vor der Tür und wollte nicht zu euch. Ich bin ziemlich hilflos, weil ich nicht weiß, was ich noch alles machen soll, damit ihr mehr Lust am Unterricht habt. Am meisten macht mir eure Interesselosigkeit zu schaffen. Ich würde gern mit euch darüber reden ...
Die Schüler/innen hörten mir zu; es war ganz still im Klassenzimmer. Ich hatte den Eindruck, daß noch nie ein Lehrer so offen mit ihnen gesprochen hatte. Ich spürte, wie mir bei meinen Sätzen die Knie schlotterten. Aber ich war froh und

erleichtert zugleich, endlich den Mut gefaßt und mitgeteilt zu haben, was mich bedrückte. Ich konnte echt und ohne Vorwürfe sprechen. Aus dieser Situation ergaben sich mehrere fruchtbare Gespräche. Der Knoten war geplatzt, und das gegenseitige Verhältnis wurde zusehends besser. Der entscheidende Punkt war, daß ich begann, zu meinen Gefühlen zu stehen und sie zu äußern, ohne anzuklagen.
Der liebevolle Umgang mit den eigenen Gefühlen ist so wichtig, um sich selbst wohlzufühlen.

- Ich nehme Gefühle wahr, lasse sie zu und teile sie, wenn möglich, mit.
- Ich meide Situationen, in denen meine Gefühle *zu* stark belastet werden.
- Ich suche vermehrt Menschen auf, mit denen ich mich wohlfühlen kann.
- Ich meide, so weit dies möglich ist, Personen, die meine Gefühle mißachten oder verletzen. (Ich muß nicht mit jedem Menschen „Nähe“ leben.)
- Ich strukturiere Sachen/Situationen um, die meine Gefühle belasten, z. B. Klassenzimmer anders gestalten, Unterricht anders planen ...
- Ich suche nach Möglichkeiten körperlicher Entspannung ...

Als der Mann merkte, daß er ganz allein und einsam war, goß er sich Whisky in ein Glas und begann zu trinken. „Ich will nicht ertränkt werden“, sagte seine Traurigkeit zu ihm, „ich will, daß du mit mir redest.“

- Wie fühlen Sie sich jetzt nach dem Lesen der vorangegangenen Seiten?
  Wie groß ist für Sic das Risiko, anderen (Schüler/innen!?) Ihre Gefühle mitzuteilen?
  Wie sicher fühlen Sie sich dabei, Ihre Empfindungen auch sprachlich entsprechend zu vermitteln?

Vielleicht sagen Sie: Gefühle sind Privatsache. Dann bitte ich Sie, sich an Situationen zu erinnern, in denen Sie Ihre „Gefühlsprivatsache“ dennoch mitgeteilt haben, wenngleich auch „verdeckt“ oder versteckt:

- Sie haben andere ironisch behandelt. (Ihr Gefühl: Eigentlich bin ich ja unterlegen – aber zulassen kann ich das nicht.)
- Sie haben andere angebrüllt. (Ihr Gefühl: Eigentlich bin ich verletzt und hilflos – aber zugeben kann ich das nicht.)
- Sie machen ein Pokerface. (Ihr Gefühl: Es muß doch niemand wissen, daß ich mich in die Enge gedrängt fühle.)
- Sie reagieren beleidigt. (Ihr Gefühl: Eigentlich hast du recht. Ich müßte dir zustimmen. Aber das kann ich doch unmöglich zugeben. Da fühle ich mich ja unterlegen.)

Sie sehen, unser Alltag steckt voller Gefühle, und unsere Entscheidungen sind weit mehr von Gefühlen beeinflußt, als wir wahrnehmen und wahrhaben wollen:

- Herr Miller, haben wir heute Schulchor? (Sachliche Frage; Gefühl dahinter: Ich freue mich drauf – oder:Ich habe eigentlich keine Lust.)
- Wie lange dauert heute die Konferenz? (Sachliche Frage; Gefühl: Langeweile, Frustration ...)
- Was hast du denn im Diktat für eine Note? (Sachliche Frage; Gefühl: Ich habe Angst. Du wirst doch nicht schon wieder eine schlechte Note heimgebracht haben!?)
- Zieh' den Wintermantel an! (Sachlicher Befehl; Gefühl: Sorge, du könntest dich erkälten.)

● Hinter welchen Fragen verstecken Sie Ihr Gefühl?

- „Sag mal, warum trägst du eigentlich diesen Pullover?"

  Gefühl? ____________________

- „Was, du kennst die Kommaregeln nicht?!"

  Gefühl? ____________________

  Sie sehen während der letzten Stunde dauernd auf die Uhr.

  Gefühl? ____________________

  Wie gehen Sie mit Ihren „inneren Problemen", ihren Gefühlen um?

Vielleicht so: Ich denke darüber nach. Manchmal bekomme ich heraus, warum ich das Problem habe, aber es ändert sich dadurch nichts. Beim nächsten Mal würde ich den gleichen Fehler wieder machen. Oft aber fahre ich mich mit meinen Gedanken und Empfindungen auch fest. Ich komme nicht weiter, gerate ins Grübeln, und am Ende geht es mir noch schlechter. Durch Nachdenken und Grübeln verändere ich nichts.

Oder so:
Ich lasse meine Gefühle heraus. Dadurch verschaffe ich mir Erleichterung, wenn auch manchmal auf Kosten anderer. Vorübergehend tut mir die Entlastung gut, aber irgendwie gerate ich immer wieder in ähnliche Situationen. Ich glaube, ich habe mich richtig in meine Gefühle verrannt. Auch wenn ich sie immer wieder herauslasse, verändere ich mich dadurch nicht.

Oder so:
Ich nehme anscheinend gar nicht richtig wahr, wenn ich ein Problem habe und was ich dabei empfinde. Später, wie aus heiterem Himmel, stelle ich fest, daß ich Magendrücken und Kopfschmerzen habe, daß ich schlechte Laune bekomme oder müde, ängstlich, aggressiv werde, ohne zu wissen, warum. Es ist frustrierend, daß ich keinen echten Zugang zu mir selbst bekomme und daher auch keine Chance, mich wirklich zu verändern. (Aus einem Focusing-Informationstext von H. Askitis, Hamburg)

- Erspüren Sie Ihr „Kerngefühl“: Was steht „wirklich“ hinter Ihrer Aggression, Ihrer Wut, Ihrem Brüllen, Ihrem Beleidigtsein, Ihrer Ausrede, Ihrer Abwehr?

Ein Beispiel:
- Ein Schüler lügt mich an.
- Wut steigt in mir hoch. (Was fällt denn dem ein!)
- Eigentlich aber empfinde ich:
  Enttäuschung: Das hätte ich nicht erwartet.
  Hilflosigkeit: Was soll ich denn jetzt tun?
  Traurigkeit: Warum sagt er mir nicht die Wahrheit?
  Mitleid: Was bringt ihn so in Bedrängnis?

- Überlegen Sie: Was hat Ihnen in der letzten Zeit alles zu schaffen gemacht? Waren es Sachen oder Gefühle? Was ist die Ursache, wie sind die Wirkungen?

3. Quellen der Kraft

Der Satz „Das hat mich aber jetzt Kraft *gekostet*“ ist uns wesentlich geläufiger als der Satz „Ich habe Kraft *bekommen*“. Ich möchte, um mich wohlzufühlen, nicht „in den roten Zahlen der Kraft“ leben (also nicht mehr ausgeben als ich habe) und den *Quellen* meiner Kraft näher sein als dem Versiegen. Unser Leben kostet wirklich Kraft. Wo sind deshalb die Quellen, aus denen wir Kraft schöpfen? Und mehr noch: Spüren wir diese Quellen genug auf und erhalten wir sie?

- Wo sind Ihre Quellen der Kraft?
  Woraus schöpfen Sie?
  Was macht Sie lebensfähig und lebendig?
  Wie gehen Sie mit Ihrer Energie um?

Ich möchte Ihnen eine Phantasiereise anbieten, auf der Sie die Quellen *Ihrer* Kraft erspüren können. Da normalerweise diese Übung* von den Teilnehmer/innen mit geschlossenen Augen durchgeführt wird – Sie jedoch hier Lesende sind –, schlage ich Ihnen folgende Möglichkeiten vor:

- Sie lesen den Text in kleinen Abschnitten und versuchen dann, die Anleitungen mit geschlossenen Augen nachzuvollziehen.
  Oder:
  Sie sprechen den Text auf eine Cassette – mit den entsprechenden Pausen – und hören ihn dann anschließend mit geschlossenen Augen an.

Sorgen Sie dafür, daß Sie jetzt nicht gestört werden. (Lärm, Musik, Telefon, Besuche ...) Setzen Sie sich nun bequem

* Ich danke Regina Weingartz, Diplompsychologin in Hamburg, für Anregungen und Anleitungen zu dieser Übung.

auf einen Stuhl, in einen Sessel oder legen Sie sich auf den Boden ...:

– Konzentrieren Sie sich jetzt auf Ihren Atem: einatmen, ausatmen ... Atmen Sie ganz bewußt und ganz tief. Sie bestimmen selbst Ihr Atemtempo, und allmählich werden Sie durch das Atmen immer ruhiger. Lassen Sie sich Zeit ...
  Entspannen Sie sich! (Siehe 4. Abschnitt S. 248 ff.).
  Und nun begeben Sie sich auf eine Phantasiereise ...

Sie stehen auf einem hohen Berg und sehen in die Weite ...
Langsam blicken Sie nach unten und sehen eine lange Treppe, und Sie beginnen, nach unten zu steigen. Lassen Sie sich Zeit ...
Nun stehen Sie am Ende der Treppe und sehen vor sich eine Tür, an der ein Schild angebracht ist; auf dem steht das Wort

Ich

Schreiben Sie dazu Ihren Namen ...
Öffnen Sie die Tür. Sie sehen sich in einem großen Raum. Schließen Sie hinter sich die Tür. Sie sind ganz allein in diesem Raum. Sehen Sie sich nun in aller Ruhe um und entdecken Sie alles,

– was Sie selbst sind,
– was Sie können,
– was Sie tun,
– was Sie leisten.

Sehen Sie genau hin und lassen Sie sich Zeit. Geben Sie Ihrer Phantasie, Ihren Ideen, Ihren Gedanken und Gefühlen breiten Raum. Es gibt nur Sie mit Ihrem Ich ...
Zum Schluß sehen Sie sich noch einmal um, gehen dann zur Tür, öffnen sie und verlassen den Raum. Behutsam schließen Sie die Tür hinter sich.

Sie gehen jetzt einige Schritte weiter und sehen eine zweite Tür, an der ein Schild angebracht ist; auf dem steht das Wort

Natur

Öffen Sie die Tür. Sie sehen sich in einem großen Raum. Schließen Sie hinter sich die Tür. Sie sind ganz allein in diesem Raum. Sehen Sie sich nun in aller Ruhe um und entdecken Sie alles,

– was für Sie Natur bedeutet,
– was Sie bisher erlebt haben,
– was für Sie befriedigend war.

Sehen Sie genau hin und lassen Sie sich Zeit. Geben Sie Ihrer Phantasie, Ihren Vorstellungen, Ihren Erfahrungen, Gedanken und Gefühlen breiten Raum. Es gibt nur Sie in der Natur ...
Zum Schluß sehen Sie sich noch einmal um, gehen dann zur Tür, öffnen sie und verlassen den Raum. Behutsam schließen Sie die Tür hinter sich.
Sie gehen jetzt einige Schritte weiter und sehen eine dritte Tür, an der ein Schild angebracht ist; auf dem steht das Wort

Kunst

Öffnen Sie die Tür. Sie sehen sich in einem großen Raum. Schließen Sie hinter sich die Tür. Sie sind ganz allein in diesem Raum. Sehen Sie sich nun in aller Ruhe um und entdecken Sie alles,

– was für Sie Kunst bedeutet,
– was für Sie wichtig ist,
– was Sie erlebt haben,
– was Sie noch erleben möchten.
– Tanz, Musik, Malerei, Bildhauerei, Theater, Bücher ...

Sehen Sie genau hin und lassen Sie sich Zeit. Geben Sie Ihrer Phantasie, Ihren Vorstellungen, Ihren Erfahrungen, Gedanken und Gefühlen breiten Raum. Es gibt nur Sie und Ihre Kunst ...
Zum Schluß sehen Sie sich noch einmal um, gehen dann zur Tür, öffnen sie und verlassen den Raum. Behutsam schließen Sie die Tür hinter sich.
Sie gehen jetzt einige Schritte weiter und sehen eine vierte Tür, an der ein Schild angebracht ist; auf dem steht das Wort

Religion

Öffnen Sie die Tür. Sie sehen sich in einem großen Raum. Schließen Sie hinter sich die Tür. Sie sind ganz allein in diesem Raum. Sehen Sie sich nun in aller Ruhe um und entdecken Sie,

- was für Sie Religion bedeutet,
- was Sie mit dem Namen Gott verbinden,
- welche religiösen Vorstellungen Sie sonst haben ...

Geben Sie Ihren Vorstellungen, Ihren Erfahrungen, Gedanken und Gefühlen breiten Raum. Es gibt nur Sie und Ihre religiösen Erfahrungen ...
Zum Schluß sehen Sie sich noch einmal um, gehen dann zur Tür, öffnen sie und verlassen den Raum. Behutsam schließen Sie die Tür hinter sich.
Sie gehen jetzt einige Schritte weiter und sehen eine fünfte Tür, an der ein Schild angebracht ist; auf dem steht das Wort

Menschen

Öffnen Sie die Tür. Sie sehen sich in einem großen Raum. Schließen Sie hinter sich die Tür. Sehen Sie sich nun in aller Ruhe um und entdecken Sie alle Menschen, die Ihnen nahe sind und die Sie mögen:

- Partner, Freunde, Bekannte,
- Kinder,
- Kolleginnen und Kollegen ...

Betrachten Sie die Menschen, verweilen Sie bei ihnen, sprechen Sie mit ihnen und geben Sie Ihren Gefühlen breiten Raum ...
Zum Schluß sehen Sie sich noch einmal um, gehen dann zur Tür, öffnen sie und verlassen den Raum. Behutsam schließen Sie die Tür hinter sich.
Sie gehen jetzt einige Schritte weiter und sehen eine sechste Tür, an der ein Schild angebracht ist; auf dem steht das Wort

Erfahrungen

Öffnen Sie die Tür. Sie sehen sich in einem großen Raum. Schließen Sie hinter sich die Tür. Sie sind ganz allein in diesem Raum. Sehen Sie sich nun in aller Ruhe um und entdecken Sie alle Erfahrungen, die für Sie bisher wichtig und förderlich waren. Nehmen Sie Ihre Erfahrungen wahr

- mit sich selbst,
- mit Menschen,
- in bestimmten Situationen.

Verweilen Sie bei Ihren Erfahrungen und geben Sie ihnen breiten Raum ...
Zum Schluß sehen Sie sich noch einmal um, gehen dann zur Tür, öffnen sie und verlassen den Raum. Behutsam schließen Sie die Tür hinter sich.
Gehen Sie langsam wieder die Treppe nach oben. Lassen Sie sich Zeit ...
Jetzt stehen Sie wieder ganz oben auf dem Berg. Sie sehen in die Weite und fühlen sich frei und voller Kraft für Ihr jetziges Leben, für alles, was auf Sie zukommt ...
Konzentrieren Sie sich jetzt wieder auf Ihren Körper, auf Ihren Atem. Allmählich kehren Sie in diesen Raum zurück und öffnen die Augen ...

- Gehen Sie der Wirkung dieser Phantasiereise nach ...
  Wie fühlen Sie sich jetzt, wie erleben Sie sich? ...
  Was war ungewohnt, neu, komisch, befremdend ...?
  Sprechen Sie mit anderen über Ihre Erfahrungen ...!

Viele Menschen haben den Kontakt zu sich selbst verloren und spüren nicht mehr oder nur noch selten, welche Kraft *in ihnen* steckt oder aus welchen Quellen sie ihre Kraft schöpfen. Die Kraft schwindet und die Quelle versiegt ... Nun beginnen sie, über ihr Kraftpotential zu leben, aus dem Trockenen ...

Mit Lehrer/innen an den Quellen der Kraft:

- Ich habe heute nachmittag meinen Unterricht für morgen vorbereitet. Ich habe das Gefühl, etwas Sinnvolles getan zu haben. Wie es morgen aussehen wird, weiß ich nicht. Aber diese zwei Stunden jetzt waren für mich wichtig. Ich fühle mich sicher und ruhig.
- Ich bin gestern drei Stunden spazierengegangen. Ich konnte abschalten und habe mich wieder stärker wahrgenommen. Ich bin mir vertrauter geworden.
- Ich freue mich auf den morgigen Theaterabend. Mal sehen, wie die Inszenierung von K. ist.
- Das Gespräch heute vormittag mit S. hat mich sehr ermutigt. Wir konnten uns beide sehr gut verständlich machen.
- Ich bin froh, daß ich mich in der letzten Zeit nicht mehr so sehr vereinnahmen lasse. Ich merke das an den freieren Flächen in meinem Terminkalender. Ich werde ruhiger.
- Ich werde älter. Meine Äste schlagen nicht mehr so sehr aus, aber meine Wurzeln werden tiefer.
- Ich muß nicht mehr für alles zuständig und verantwortlich sein. Ich muß nicht mehr alles wissen, alles können, an allem beteiligt sein. Es geht auch ohne mich. Ich bekomme wieder mehr Luft und damit Kraft.
- Ich sehe Kinder im Schulhof: Sie lachen unbekümmert, sie springen befreit umher, sie denken an sich, sie reden miteinander und sie streiten, sie halten sich die Hände, sie spielen, sie essen und trinken, sie besinnen sich und

überlegen, sie sind allein und mit anderen ... mitten drin bin ich, lebendig im pulsierenden Leben, direkt an der Quelle.

Ich meide Trockenheit und Wüste:
- Nach einer Schultheateraufführung kam ein Kollege auf mich zu und meinte als einzige Bemerkung: „Die Schüler hätten aber auch deutlicher sprechen können."
- Eine Kollegin las einen Artikel von mir in einer Zeitschrift und sagte zu mir: „Auf Seite 3 haben Sie zwei Kommafehler gemacht."
- Während einer lebendigen Unterrichtsstunde steckte ein Kollege seinen Kopf ins Klassenzimmer und meinte lediglich: „Ist's bei dir immer so laut?"

Ich freue mich über Quellen und Oasen:
- Nach einer Unterrichtsstunde, in der eine Lehrerin zu Gast war, meinte sie hinterher zu mir: „Ich wäre am liebsten heute Schülerin gewesen. So sehr hat mir der Unterricht Spaß gemacht."
- Anruf eines Kollegen: „Du, dein Buch beschäftigt mich sehr. Ich bin zwar nicht mit allem einverstanden, aber du hast eine Menge bei mir ausgelöst."
- Am Ende eines Pädagogischen Tages, der mit einer Entspannungsübung für Lehrer endete, sagte mir der Schulleiter: „Danke für diese Übung; jetzt sind sogar meine Kopfschmerzen vergangen."
- Montag- und Dienstmorgen, wenn ich zur ersten Unterrichtsstunde komme: Kinder laufen auf mich zu und winken, ich drück' sie an mich, winke zurück, rede mit ihnen, wir nehmen uns Zeit füreinander ...

Ich gehe zu den Quellen der Kraft und zu meinen Oasen, dahin, wo ich spüre, daß es mir gut geht und ich mich wohlfühle, wo ich *Ich* sein kann. Ich meide Stellen der Trockenheit und Orte, die meine Quellen zum Versiegen bringen können, da, wo es unecht zugeht und laut, unehrlich, versteckt und überheblich, kalt, statt warm, abweisend, statt herzlich. Und die Kraft *in mir* ermöglicht es mir dann, Belastungen auf mich zu nehmen, auszuhalten und mich dem zu öffnen, was auf mich zukommt und dem ich mich nicht entziehen kann.

- Wo sind Ihre Oasen?
  Welchen Trockenheiten könnten Sie sich entziehen?

4. Streß und Entspannung

In Kursen, in denen Entspannungsmöglichkeiten kennengelernt und eingeübt werden, schilderten Kolleginnen und Kollegen ihre Streßsituationen. Ich habe einige wichtige Aussagen zusammengefaßt:

- Ich bin durch meine tagtägliche Arbeit und durch mein Umfeld vielen Spannungen ausgesetzt, die sich auch in meinem Körper manifestieren.
- Ich bin von allen Seiten gefordert, Leistungen bringen zu müssen – und diesen Leistungsdruck gebe ich auch an die Schüler/innen weiter.
- Der Begriff „Leistung" hängt wie ein Damoklesschwert über mir; ich leide unter dem von außen und von mir selbst geforderten Perfektionismus.
- Ich komme kaum mehr zur Ruhe vor lauter ...

Deshalb möchte ich:
- vom Leistungsdruck abrücken und Zunahme an Gelassenheit erfahren;
- einmal mit gutem Gewissen versagen und Fehler machen dürfen;
- entspannen und loslassen können;
- mir selbst, dem Schulleiter und den Eltern, den Kolleginnen und Kollegen und den Schüler/innen gelassener begegnen;
- Vertrauen zu mir und anderen entwickeln können.

Es wird deutlich: Entspannung kann nicht als Mittel dienen, weiterhin schadlos in Fehlhaltungen zu bleiben (z. B. Beibehaltung des Leistungsdrucks und Entspannungsübung als Droge). Es soll sich dabei immer auch etwas ändern (z. B. Vermeidung von Streßsituationen, Änderung von Einstellungen). Entspannungsübungen dienen letztlich dazu, sich von belastenden Situationen zu erholen und sich auf Schwieriges einzustellen; beides fördert die seelische Gesundheit.

Entspannungsangebote (z.B. auf dem Psychomarkt und in der Literatur) sind derzeit kaum mehr überschaubar. Ich versuche deshalb in diesem Abschnitt, die Thematik auf einige wesentliche Punkte einzugrenzen:

a) Informationen über Streß,
b) Darstellung einiger wichtiger Entspannungsmethoden,
c) Konkretisierung einer Entspannungsübung.

a) Informationen über Streß

„Beim Streß muß bekanntlich zwischen dem gesundheitsdienlichen, leistungsfördernden Streß, dem Eustreß, und dem gesundheitsgefährdenden Streß, dem Disstreß, unterschieden werden. Aus Eustreß wird Disstreß, wenn Streßbelastungen zu schwer sind, zu lange anhalten, zu wenig durch Muskelbetätigung und andere Ausdruckshandlungen umgesetzt und nicht genügend von Erholungsphasen abgelöst werden. Streßbelastungen sind jedoch nicht automatische Folge äußerer Stressoren. Ähnlich wie wir das bei den Abwehrvorgängen des Organismus kennengelernt haben, findet auch hier ein Gegeneinander und bisweilen ein Zusammenwirken von Faktoren aus der Außenwelt sowie Faktoren aus der seelischen Innenwelt statt.
Subjektive Bedingungen, die streßbegünstigend wirken, sind mangelnde Belastbarkeit; übermäßiges Sichaufputschen, indem man Streßspannungen sucht; Wirkkräfte, welche an der Widerstandskraft zehren, wie zum Beispiel Unzufriedenheit; Ungeduld als Antrieb, der Überspannungen hervorruft; mangelnde Fähigkeit, mit unterschiedlichem Kraftaufwand zu arbeiten (je nach Wesentlichem und Prioritäten); einseitig aktive Lebenseinstellung; eingeschränkte Fähigkeit, durch sinnvoll gestaltete Erholungszeiten neue Reserven zu bilden.“ (Rudolf Affemann, S. 20)
In unserem Alltag stehen wir also des öfteren unter einseitiger Dauerbelastung, und unser vegetatives Nervensystem, das das innere Gleichgewicht im Organismus regelt, gerät aus der Balance. Die Folgen dieser Fehlsteuerung können sich als körperliche oder seelische Beeinträchtigung des

Wohlbefindens äußern – und, wenn sie andauern, zu ernsten gesundheitlichen Schäden führen.

- Welche Streßerfahrungen haben Sie bisher gemacht bzw. machen müssen?
  Welchen Streßerfahrungen können Sie nachspüren?
  Wie haben Sie diese Streßsituationen erlebt?

– Sind Sie vielleicht zu oft tätig, ohne sich auszuruhen, oder geistig zu sehr aktiv, ohne den Körper genügend zu fordern: effektiv wie ein Hochleistungspräzisionsautomat, dabei aber innerlich zunehmend ausgehöhlt und leergebrannt?
– Oder: Hören Sie bereits die Streßsignale, körperlich und seelisch, aber Sie stecken in einem Teufelskreis, aus dem Sie nur schwer herauskommen: Arbeitsüberlastung, Außendruck und Gefordertsein, Leistungs- und Zeitdruck ...?
– Oder: Haben Sie bereits (mehrfach?) ein Entspannungstraining mitgemacht, üben aber – trotz einiger Erfolge – nicht weiter, weil die Zeit Sie wieder eingeholt hat ...?

Allerdings: Sie sind jetzt schon einen Schritt weitergekommen, weil Sie sich Zeit *nehmen*, diese Zeilen zu lesen. Ich ermutige Sie, noch einen nächsten Schritt zu tun:

Arbeiten Sie an Ihrem „Streßtagesrückblick“:

Ich habe heute als streßsteigernd erlebt:	Ich habe heute als streßmindernd erlebt:
______________________	______________________
______________________	______________________
Mein heutiger *Beitrag* zur Streßsteigerung:	Mein heutiger *Beitrag* zur Streßminderung:
______________________	______________________
______________________	______________________

Ich habe heute für mich gesorgt, indem ich...

____

____

Ich *hätte* heute noch mehr für mich sorgen können:

____

____

Ich werde morgen für mich sorgen, indem ich...

____

____

b) Entspannungsmöglichkeiten

Einfache Entspannung

Sie haben nicht immer Zeit oder Gelegenheit, längere Entspannungsübungen zu machen oder gar Kurse zu besuchen, in denen Sie klassische Entspannungsmethoden kennenlernen und einüben. Dennoch wollen Sie aus dem Streß zu größerer innerer Ruhe und Entspannung gelangen. Für einfache Übungen brauchen Sie keinen Trainer; es genügt, wenn Sie sich auf vier Bereiche konzentrieren:
(1) auf die Entspannung der Muskeln,
(2) auf die Atmung,
(3) auf angenehme Vorstellungen und Gedanken,
(4) auf die Verwendung von Signalwörtern (ruhig, gelassen bleiben ...).
(Vgl. Peter F. Schlottke/Diethelm Wahl: Streß und Entspannung im Unterricht. München 1983, S. 60)

- Innehalten und Atmen:
  Konzentrieren Sie sich bewußt einige Minuten auf Ihren Atem und atmen Sie immer tiefer ein und aus. Versuchen Sie, zu längeren und ruhigeren Atemphasen zu kommen und finden Sie Ihren eigenen Rhythmus, um in Ruhe und Entspannung zu kommen.
- Körperentspannung:
  Konzentrieren Sie sich wieder auf Ihren Atem und erspü-

ren Sie dabei Ihren Körper nach Spannungen: Sie können sowohl vom Kopf ausgehen und zu den Füßen gelangen als auch umgekehrt: „Spüre deinen Körper und entspanne dich; du kommst immer mehr zur Ruhe: dein Kopf, dein Oberkörper, dein Rücken, dein Bauch, deine Arme und Beine, deine Füße ..."

– Entspannung mit Musik:
  Konzentrieren Sie sich wieder auf Ihren Atem und auf die Entspannung Ihres Körpers. Diesmal begleitet Sie Musik dabei. Suchen Sie Musik, in der Sie am stärksten in Entspannung kommen. Überlassen Sie sich Ihren eigenen Ideen und Phantasien. Sie sind Ihr eigener „Meister".

Tiefmuskelentspannung

Die „progressive Muskelentspannung" (nach Edmund Jacobson) ist ein nicht-hypnotisches Entspannungsverfahren: Sie spannen und entspannen in einer bestimmten Reihenfolge 16 Muskelgruppen (von der Stirn bis zu den Füßen). Dies ist ein einfacher und direkter Weg, Ihren Körper zu beruhigen. Sie lernen, Ihren Körper ganz oder in Teilen, mit offenen oder geschlossenen Augen zu entspannen. (Wenn Sie geübt sind, kann Ihnen dies bereits innerhalb einer Minute gelingen.) Gleichzeitig werden Sie bewußter für Spannungsgefühle in Ihrem Körper, und Sie können bei Bedarf früher auf Streßauslöser reagieren. Es empfiehlt sich, zum Kennenlernen und Einüben einen entsprechenden Kurs zu besuchen.

Literaturempfehlung

Douglas A. Bernstein/Thomas D. Borcovec: Entspannungstraining. Handbuch der progressiven Muskelentspannung. München 1987/4 (Pfeiffer-Verlag)

Focusing

Focusing, entwickelt von Eugene Gendlin, ist im personenzentrierten Ansatz und der klientenzentrierten Psychotherapie von C. Rogers beheimatet. In Ergänzung zur Gesprächstherapie ist im Focusing vor allem das körperliche und imaginative Erleben und das nichtverbale Ausdrücken dieses Erlebens bedeutsam. Focusing wird in einem Zustand innerer Ruhe und Gelassenheit geübt. Hierzu erlernen Sie als erstes, sich einen inneren Freiraum zu verschaffen, indem Sie vorübergehend alles beiseite stellen, was Ihre Aufmerksamkeit üblicherweise gefangennimmt: Alltagssorgen, Unerledigtes, Gedanken- und Gefühlsfragmente. Diesen inneren Freiraum erfahren Sie direkt in Ihrem Körper: Sie *fühlen* sich erleichtert, werden ruhiger und können sich besser nach innen konzentrieren. Dadurch gelangen Sie zu einem tieferen Verständnis Ihres Selbst und finden neue Antworten auf Ihre inneren Fragen. Und Antworten, die „stimmen", werden von einem spürbaren Gefühl der körperlichen Erleichterung begleitet.

Ich kann mit Focusing
- mich wirksam entspannen;
- mein Wohlbefinden steigern und innere Ruhe finden;
- meine inneren Kräfte erspüren und steigern;
- meine Kreativität bewußt entfalten;
- klarer verstehen und erfühlen, was für mich wichtig ist;
- innerlich „Inventur machen";
- mich innerlich wirklich verändern;
- einen Zugang zu psychosomatischen Symptomen finden;
- Blockierungen überwinden und „wieder in Fluß kommen";
- den Prozeß meines inneren Wachstums fördern;

Voraussetzung allerdings: Ich muß mich einlassen ...
(Aus einem Focusing-Informationstext von H. Askitis, Hamburg)

Literaturempfehlung:

Eugene T. Gendlin: Focusing. Technik der Selbsthilfe bei der Lösung persönlicher Probleme. Salzburg 1978 (Otto Müller Verlag)
Martin Siems: Dein Körper weiß die Antwort. Focusing als Methode der Selbsterfahrung. Reinbek 1986 (Rowohlt-Verlag)

Autogenes Training

Es ist vermutlich die bekannteste Entspannungsmethode, die jedoch schwerlich selbst, aber mit Hilfe von Fachleuten erlernbar ist. Ziel ist eine Selbstentspannung durch konzentriertes Üben bestimmter Schritte:

(1) Die Schwereübung dient der Entspannung der Willkürmuskulatur (Arme, Beine, Körper), was als angenehm empfunden wird.

(2) Die Wärmeübung dient der Entspannung der Gefäßmuskulatur. Durch die Weitstellung der Gefäße kommt es zu einer besseren Durchblutung der Arme und Beine.

(3) Die Atem- und Herzübung dient der Beobachtung (Atmung ruhig, Herz ruhig); die Hinwendung auf diese biologisch gesteuerten, gleichmäßigen Rhythmen bewirkt eine zusätzliche Entspannung.

(4) Die Sonnengeflechtsübung ist die sogenannte „Bauchübung" und dient der Entspannung der nicht zu steuernden Bauchorgane, besonders des Magens und des Darms.

(5) Die Stirnkühleübung dient der Eingrenzung der durch das Training hervorgerufenen Entspannung auf den Körper; der „Kopf bleibt frei" (einen kühlen Kopf bewahren!).

Dies sind die Schritte der sogenannten „Grundstufe"; sie genügt im allgemeinen, um zu wirksamen und förderlichen Entspannungen zu kommen. Auch hier empfiehlt es sich, einen entsprechenden Kurs zu besuchen, um die Methode kennenzulernen und die einzelnen Schritte einzuüben. (Vgl. auch: Hartmut Kraft: Autogenes Training, in: Theodor Seifert/Angela Waiblinger, Hrsg.: Therapie und Selbsterfahrung. Stuttgart 1986, S. 51 ff.)

Literaturempfehlung

Hartmut Kraft: Autogenes Training – Methodik und Didaktik. Stuttgart 1982 (Hippokrates-Verlag)

Hannes Lindemann: Überleben im Streß. Autogenes Training. München 1980 (Heyne-Verlag)

Johann Heinrich Schultz: Das autogene Training. Konzentrative Selbstentspannung. Stuttgart 1982/17 (Thieme-Verlag)
Bernt Hoffmann: Kleines Handbuch des Autogenen Trainings. München 1977 (DTV-Verlag)

Meditative Selbsterfahrung und Meditation

Meditative Entspannung beruhigt Ihre Gedanken und verbessert Ihre Konzentrationsfähigkeit. In einem meditativ-entspannten Zustand lernen Sie, Frieden mit sich selbst zu schließen und sich so anzunehmen, wie Sie sind: Solange Sie gegen sich selbst kämpfen, binden Sie Energien, ohne sie zu nutzen. Meditation ist so ein Weg zur seelischen Gesundheit und Ganzheit, und sie leistet einen guten Beitrag zur Psychohygiene. (Manche Menschen bleiben auf dieser Stufe allerdings nicht stehen und gehen den weiteren Weg zur spirituellen Selbsterfahrung.)
Allen Meditationsarten ist die Einübung in die Stille gemeinsam, und zwar auf der Basis dreier Faktoren:

(1) Die rechte Haltung: Durch den Sitz auf dem Boden richtet sich die Wirbelsäule *auf*, um sich gleichsam nach einem „Oben" *aus*zurichten.
(2) Der rechte Atem: Atem ist die Grundbewegung des Lebens im Wechsel von Spannung und Entspannung. Das Atmen geschieht allmählich von selbst: „Es" atmet. Indem man sich dem Atem überläßt, wird die eigene Aktivität zurückgenommen und das „Geschehenlassen" in den Vordergrund gerückt.
(3) Die rechte Spannung: Wer in der angedeuteten Weise sitzt und atmet, verwirklicht dadurch schon die gelöste Spannung: gelassen in sich ruhend. (Vgl. auch Albrecht Strebel: Meditation, in: Theodor Seifert/Angela Waiblinger ... S. 211 ff.)

Literaturempfehlung:

Karlfried Graf Dürckheim: Meditieren – wozu und wie. Freiburg 1976 (Herder-Verlag)
Lutz Schwäbisch/Martin Siems: Selbstentfaltung durch Meditation. Reinbek 1976 (Rowohlt-Verlag)

Hatha-Yoga

Hatha-Yoga sind Körperübungen, die sehr langsam, bewußt und mit Achtsamkeit (besonders auf den Atem) durchgeführt werden. Der Wechsel von Dehnung und Entspannung bei den Körperbewegungen fördert die innere Ruhe, Ausgeglichenheit und Harmonie. Es handelt sich also nicht um ein Training der körperlichen Leistungsfähigkeit, sondern um Übungen, die uns helfen, zu einer entspannteren, angstfreieren und dadurch meditativeren Haltung im Alltag zu finden. Yoga bedeutet Einheit von Körper, Seele und Geist.
Bei den Körperbewegungen ist die Achtsamkeit auf den Atem sehr bedeutsam. Wir leben häufig in einer Beziehungslosigkeit zu unserem Atem, wir atmen nur im Brustraum oder haben nur eine nervöse Kurzatmung. Dabei ist der Atem Leben für uns, und er kann uns in unserem Alltag eine Ruhebasis geben, wenn wir lernen, ihn bewußt wahrzunehmen. Außerdem hat der Atem Einfluß auf unser seelisches Wohlbefinden.

Wirkungen des Hatha-Yoga:

- Es kommt zu einer Dehnung der Muskeln und somit zu einer muskulären Entspannung.
- Die Organe werden vermehrt durchblutet und somit besser mit Sauerstoff versorgt.
- Es kommt zu einer inneren und äußeren Massage der Organe, besonders auch der Verdauungsorgane.
- Durch die vertiefte und regelmäßige Atmung kommt es zu einer vermehrten Sauerstoffaufnahme, was die Blutreinigung verstärkt.
- Durch die Körperübungen werden die Wirbelsäule gestärkt und von dort her die Nerven beeinflußt.
- Durch die intensive Atmung werden tiefere Schichten des Selbst angesprochen; dadurch werden die Selbstheilungskräfte freigelegt, die jeder Mensch in sich birgt.

Literaturempfehlung:

André van Lysebeth: Yoga. Für die Menschen von heute. München 1982 (Mosaik-Verlag)

Die Erfahrungen zeigen mir, daß die meisten Menschen *eine* Sichtweise haben. Phantasie entwickeln, Phantasiereisen unternehmen und Sichtwechsel vorzunehmen sind deshalb Chancen, aus dieser *Einseitigkeit* herauszukommen.
Sich in Phantasien zu begeben, muß nicht eine Flucht aus dem Alltag sein, sondern kann Möglichkeiten eröffnen, sich zu entspannen und zu erholen, um gerade wieder für den Alltag Kräfte frei zu machen.
Der Phantasiereise gehen Atem- und Körperentspannungsübungen voraus. In diesem erreichten entspannten und ruhigen Zustand werden Räume und Phantasien frei:
Stellen Sie sich nun selbst in einer Umgebung vor, in der Sie gerne sind und die für Sie sehr schön ist: ein Strand, ein Gebirge, eine Wiese ...
Sie sehen sich selbst dort. Die Sonne scheint warm. Sie sehen Farben, hören Laute, nehmen Gerüche wahr ...
Sie sehen und hören genau, Sie empfinden sehr intensiv, Sie spüren sich selbst sehr gelöst. Verweilen Sie an dem Ort, an dem Sie sich wohlfühlen ...
Solche Phantasien sind gleichsam Erholungsorte und „seelische Kurorte“, in denen Sie wieder auftanken. Und hinzu kommt: „Wenn wir uns bewußt werden, daß wir laufend mit unseren Vorstellungen unsere Wirklichkeit schaffen, können wir beginnen, willentlich, durch unsere Vorstellung, Bilder von Schönheit, Harmonie und Erfolg zu schaffen.“ (Deborah Rozman: Mit Kindern meditieren. Frankfurt 1986, S. 13). Wir kommen von den Reisen in die Phantasie zurück mit einer Fülle von Bildern, die es uns ermöglichen, in unserer Alltagswirklichkeit zufriedener und mit Wohlbefinden weiterzuleben.

Literaturempfehlung:

Jeanne Achterberg: Die heilende Kraft der Imagination. Bern-München-Wien 1987 (Schatz-Verlag)
Robert Masters/Jean Houston: Phantasiereisen. München 1984 (Kösel-Verlag)
Deborah Rozman: Mit Kindern meditieren. Frankfurt 1986 (Fischer-Verlag)

c) Entspannungsübung

Sie haben jetzt so viel *über* Entspannungsmöglichkeiten und -methoden gelesen, daß Sie vermutlich ganz *gespannt* sind, selbst eine Übung durchzuführen:

- Lesen Sie den nachfolgenden Text* abschnittweise, schließen Sie dann jeweils die Augen und versuchen Sie, die Anleitungen nachzuvollziehen.
  Oder:
  Sie sprechen den Text auf eine Cassette (mit entsprechenden Pausen) und hören ihn anschließend mit geschlossenen Augen an.

Sorgen Sie dafür, daß Sie jetzt nicht gestört werden (Lärm, Musik, Telefon, Besuche, Türglocke ...). Ich hoffe, Sie fühlen sich durch das nachfolgende DU nicht gestört; ich möchte dadurch den persönlichen Charakter der Übung betonen und Sie (Dich!) direkter ansprechen:
Lege dich ganz bequem hin, Beine nebeneinander, Arme seitlich an den Körper gelegt – und schließe deine Augen. Löse die Verspannungen aus deinem Körper: Entspanne die Beine, die Arme, die Schulter- und Nackenmuskulatur und die Gesichtsmuskeln und gib dich ganz dem Gefühl der Ruhe hin, dem Gefühl dazuliegen, nichts zu wollen, nichts zu sollen, nichts zu müssen. Laß einfach geschehen, was von selbst geschieht. Du läßt los von all dem, was dich bisher noch beschäftigt hat, du läßt los von den Themen des Tages, du läßt dich fallen, tiefer und immer tiefer in eine vollkommene Ruhe, eine Ruhe, die nicht von außen kommt, sondern die du in dir findest ...
Du spürst die Unterlage, die dich trägt, spürst das Getragenwerden, brauchst nichts zu tun. Es trägt dich, es geschieht. Du spürst deinen Körper, spürst, daß er da ist, spürst ihn mit seinem Gewicht, seiner Schwere. Du bist ganz ruhig, und all das Außen um dich herum wird immer unwichtiger, gleichgültiger. Das Außen zieht sich immer mehr von dir zurück. Du lauschst in dich hinein: Loslassen von allen Vorstellun-

* Ich danke Marlies Lohmann, Diplompsychologin in Hamburg, die diesen Text verfaßt hat.

gen, Meinungen, Absichten, Erwartungen ... Loslassen von allem Wollen und Wünschen ... sich nicht mehr wehren, sträuben ... sich fallen lassen und geschehen lassen, einverstanden sein mit dem, was ist. Und so gleitest du ganz von selbst tiefer und immer tiefer in eine vollkommene Ruhe, ganz von selbst, ohne dein Zutun. Erlebe, wie es geschieht, wenn du geschehen läßt ...

Lenke nun dein Bewußtsein auf deinen Atem. Atme tief ein und aus ... Sage dir im stillen, immer, wenn du ausatmest, das Wort: Entspanne ...

Konzentriere dich nun auf dein Gesicht und spüre die Spannung dort. Stelle dir jede Spannung in deinem Körper bildlich vor als ein straff gezogenes Seil, das immer lockerer wird: Es wird ein schlaffes, lockeres Seil.

Spüre nun, wie sich deine Stirn entspannt und wie ein kühler Windhauch deine Stirn kühlt; wie dein Gesicht und deine Augen weicher werden und wie die Spannung sich immer mehr löst. Dein Gesicht wird ganz entspannt, und deine Augen ruhen locker in den Augenhöhlen.

Spüre, wie sich die Entspannung wie eine weiche Welle über deinen Körper ausbreitet und sich so deinem ganzen Körper mitteilt: Sie teilt sich deinem Kiefer mit, und deine Lippen, dein Mund sind leicht geöffnet.

Deine Schultern sind weich und warm. Der Rücken liegt entspannt auf dem Boden. Ober- und Unterarme sind schwer, ganz schwer ... Die Hände liegen locker, schwer und warm auf dem Boden.

Brust, Bauch und Unterleib strömen Wärme aus. Ober- und Unterschenkel, Waden und Füße liegen entspannt, schwer und ganz warm am Boden. Die Spannung löst sich aus jedem Körperteil.

Und während dein Körper immer schwerer wird, wird dein Atem ganz von selbst immer freier, leichter, rhythmischer. Es atmet dich ganz von selbst, und du läßt es geschehen. Du lauschst auf das Ein- und Ausströmen des Atems, ohne etwas an Atem zu verändern, ohne etwas aktiv zu tun. Du erlebst nur bewußt, was geschieht, wenn du es geschehen läßt. Es atmet dich.

Spüre in die Entspannung hinein, fühle dich wohl und genieße die Ruhe, den Frieden und den wohligen Zustand, in dem du dich befindest. Alles andere wird unendlich gleichgültig.

Die Gedanken des Tages werden gleichgültig und unwichtig; es macht nichts, wenn sie noch auf dich einströmen, denn du hältst sie nicht fest, du läßt sie vorbeiziehen.
Nichts denken, nichts wollen, nichts müssen, nichts herbeiführen, nur geschehen lassen. Du fühlst dich wohl, ganz entspannt, ganz ruhig ...
Und nun konzentrierst du dich wieder auf deinen Körper, spürst deinen Atem ... und kommst allmählich wieder mit deinen Gedanken und Empfindungen in diesen Raum zurück ... Öffne deine Augen!

- Welche Wirkung hat für Sie diese Entspannungsübung? Was fällt Ihnen an dieser Übung noch schwer? Schildern Sie einem Dritten Ihre Eindrückc?

Entspannung kann also gelernt werden und im Alltag förderlich sein. Sie führt zur größeren inneren Ruhe und Ausgeglichenheit, zur Zunahme an Gelassenheit und zur Erhöhung der Lebensqualität: sich wohlfühlen durch Entspannung.
Es darf aber nicht der Eindruck entstehen, mit Entspannungstechniken könnten alle Probleme gelöst werden, wie z.B. persönliche Krisen, massive Konflikte oder psychosomatische Störungen. In solchen Fällen sind psychologische Berater und Therapeuten zu Rate zu ziehen. (Vgl. auch Peter F. Schlottke/Diethelm Wahl ... S. 52ff.)
Wenn Sie über die genannten Entspannungsmöglichkeiten hinaus noch weitere Informationen erhalten wollen, so empfehle ich Ihnen folgendes Buch: Theodor Seifert/Angela Waiblinger: Therapie und Selbsterfahrung – Einblick in die wichtigsten Methoden. Stuttgart 1986 (Kreuz-Verlag). Es werden 50 verschiedene therapeutische Methoden der Behandlung oder der Selbsterfahrung dargestellt, von der aktiven Imagination bis hin zu Yoga. Vielleicht entdecken Sie die eine oder andere Methode, um besser mit sich und auftretenden Belastungen umzugehen.
Bei allen Übungen, die Sie auswählen und machen, ist zu fragen: „Aus welchem Grund und zu welchem Zweck werden sie faktisch gemacht? Der Sinn ist, sieht man genauer hin, fast durchweg ein praktischer! Der Übende sucht in ihnen die Wiederherstellung von irgendwelchen Schäden, die

sein allzu unruhiges und hartes Leben ihm eingetragen hat. ‚Übungen' sollen dazu helfen, den Menschen wieder gesund, erfolgreich, leistungskräftig, ‚fit' zu machen. Sie sollen ihn befähigen, den Forderungen der Welt reibungslos zu entsprechen, die Angriffe der Welt siegreich abzuschlagen, den Streß ohne Krampf auszuhalten, Hetze und Lärm zu ertragen, ohne krank zu werden, sich von Überforderungen zu erholen usw. Das alles ist sehr natürlich und verständlich und kann auch nützlich sein, vorausgesetzt, daß das Geübtsein im Entspannen nicht – wie es einmal ein Übender ausdrückte – ‚doch wichtig sei', damit man sich dann wieder den Rest des Tages weiter verspannen kann, ‚ohne krank zu werden'. Dann freilich reihen sich Entspannungsübungen nahtlos ein in das Ganze all jener Mittel, die bisweilen der Sinn moderner Industrieerzeugnisse zu sein scheinen: In immer größerem Ausmaß Mittel herzustellen, die den Menschen befähigen, schmerzlos in seiner Fehlhaltung zu bleiben. Dann wird das Ganze teuflisch! Leiden wird zur Rechtfertigung von Fehlwegen." (Karlfried Graf Dürckheim: Vom doppelten Ursprung des Menschen. Freiburg 1973, S. 237)

- Was ist *Ihr* eigentliches Ziel?
  Mit welchen der genannten Übungen haben Sie sich bereits vertraut gemacht bzw. mit welchen könnten Sie sich „anfreunden"? (Warum mit diesen und nicht mit anderen?)
  Was spricht Sie bei einer bestimmten Übung besonders an?

- Nehmen Sie sich Zeit und notieren Sie:

Meine derzeitigen Belastungen, Spannungen / Streßsituationen:	Meine Möglichkeiten der Entspannung:
______________	______________
______________	______________
______________	______________

Meine Änderungen, um Streßsituationen zu vermindern:	Meine Hilfen dazu:
– Ich werde ...	______________________
______________________	______________________

- Meine Erfahrungen mit Entspannungsmethoden/Entspannungsübungen:

Übung (z. B.):	*Erfahrung (z. B.):*
Muskelentspannung	– Zwar etwas anstrengend, aber dennoch entspannend; – Werde entsprechende Literatur lesen; – Werde Kurs besuchen ...
Übung:	*Erfahrung:*
______________________	______________________
______________________	______________________

5. Seelisch gesund sein

- Fühlen Sie sich seelisch wohl?
  Was sind für Sie die wichtigsten Merkmale seelischer Gesundheit?
  Was meinen Sie zu folgender Aussage:

„Eine Person ist dann psychisch gesund, wenn sie in der Lage ist, das eigene Leben für sich selbst befriedigend und sozial verantwortlich und autonom zu gestalten, Belastungen zu bewältigen und – soweit es die somatischen und ökologischen Bedingungen zulassen – psychisches Wohlbefinden zu erleben.“ (Egon Stephan, zitiert in: Ute Krippendorf/Su-

sanne Plöhn: Entwicklung eines Inventars zur Erfassung psychischer Gesundheit. Unveröffentlichte Diplomarbeit. Hamburg 1985, S. 103)
Auch dieser Versuch zu objektivieren und zu definieren kann über subjektive Befindlichkeiten nicht hinwegsehen:

- das eigene Leben für sich selbst *befriedigend* zu gestalten:
  - Was ist für Sie „befriedigende Lebensgestaltung"?

- das eigene Leben sozial verantwortlich zu gestalten:
  - Was sind Ihre Erfahrungen von „sozial-verantwortlich"?

- Belastungen bewältigen:
  - Wo sind Ihre subjektiven Grenzen?
    Wer bestimmt den Maßstab des Erträglichen/Unerträglichen?

- psychisches Wohlbefinden erleben:
  - Was bedeutet das für Sie?
    Können Sie Ihr Wohlbefinden beschreiben?

Wie hilfreich ist es also, das subjektive Wohlbefinden mit Definitionen seelischer Gesundheit zu vergleichen? Kann dadurch nicht eine Verunsicherung des einzelnen eintreten? Muß ich von anderen – mittels objektiver Merkmale – erfahren, ob ich seelisch gesund bin? (Anmerkung: Mit dieser Frage möchte ich keinesfalls gegen die wissenschaftliche Psychologie polemisieren!)
Auf der anderen Seite aber kann mich ein Vergleich auch stabilisieren und mein Bewußtsein erweitern, eventuell mich sogar motivieren, (noch) mehr für mein eigenes Wohlbefinden zu tun.
Ich möchte Ihnen deshalb 19 Merkmalsbereiche psychischer Gesundheit vorstellen, die ich bei Ute Krippendorf ... S. 33ff. gefunden habe:

- Verwirklichung der eigenen Potentiale
- Liebesfähigkeit
- Kontakt mit der Realität
- Fähigkeit zur Bedürfnisbefriedigung

- Widerstandsfähigkeit
- Homöostase („Fließgleichgewicht")
- Optimismus
- Autonomie
- Selbstauseinandersetzung
- Bejahung der eigenen Persönlichkeit
- Natürlichkeit
- Offenheit für Erfahrungen
- Sinnfindung
- Bedürfnis nach Privatheit
- Willensstärke
- Soziale Kompetenz
- Einsatz für andere
- Toleranzbereitschaft
- Bejahung des eigenen Körpers

Diese Auflistung in Merkmale ist der Versuch, seelische Gesundheit „von außen" meßbar, nicht aber „von innen" fühlbar zu machen.

● Wieviele Merkmale können Sie auf sich vereinen?
Sollten es nur wenige sein: Fühlen Sie sich dennoch seelisch gesund?
Halten Sie einige Merkmale für überflüssig?
Wie geht es Ihnen mit folgenden Merkmalen ...:
z. B. Autonomie, Optimismus ...?

In ihrer Untersuchung haben die beiden Autorinnen diese 19 Merkmale in sieben Bereiche zusammengefaßt. Vielleicht behagt Ihnen diese Straffung mehr:

- Autonomie
- Willensstärke
- Lebensbejahung
- Natürlichkeit
- Selbstreflexion
- Soziale Integration
- Sinnfindung

● Sie dürften also seelisch gesund sein, wenn Sie die oben genannten Merkmale aufweisen!?

Weit wichtiger als diese Feststellung ist allerdings die Frage, wie Personen zu diesen Fähigkeiten gelangen und sie erhalten können. Dabei ist an einen lebenslangen Prozeß gedacht, nicht an einen für immer erreichten Zustand: „Das gute Leben ist ein Prozeß, kein Daseins-Zustand. Es ist eine Richtung, kein Ziel." (Carl Rogers: Die Entwicklung der Persönlichkeit ... S. 186)
Das gute Leben ist auch seelisches Gesundsein, und seeli-

sches Gesundsein hat sehr viel mit *ganzheitlichem* Leben zu tun. Die „Einheit Mensch“ fühlt sich zerrissen in „Kopf“ und „Herz“ und „Hand“ (um mit Pestalozzi zu sprechen) und empfindet sich kaum mehr als Einheit von „Kopf-Herz-Hand“. Wie soll sich das Wohlfühlen einstellen? (Vgl. auch: Reinhold Miller: Die Theorie sitzt im Kopf, wo sitzt die Praxis? in: Lehren und Lernen. 1987/2, S. 66ff.)

- Kopf: Was muß ich wissen?
- Herz: Was nehme ich wahr, was fühle ich?
- Hand: Was führe ich aus, was tätige ich?

Schule ist heute mehr denn je zum Trainingsplatz für Köpfe und weit weniger für Menschen in ihrer Gesamtheit geworden. Lehrer/innen werden immer noch einseitig „trainiert“, und Herz und Hand verkümmern. Sie erfahren sich somit auch kaum als ganzheitlich Tätige. Unter welchen Belastungen stehen Kolleginnen und Kollegen und wie unwohl fühlen sie sich, wenn sie folgende Erfahrungen wiedergeben:

- Eine Englischlehrerin: „Gefühle kommen in meiner Klasse nicht vor. Ich unterrichte ja nur das Fach Englisch.“
  Betonung der Sache, Ausklammerung der Gefühle, Angst vor Nähe, Reduzierung der Erfahrung auf bloßes Wissen und Reflektieren.
- Ein Kollege: „Wenn Sie mit der Klasse nicht zurechtkommen, dann ist das Ihr Problem. Ich komme mit ihr glänzend zurecht.“
  Ablehnung eines anderen, Mißachtung seiner Schwierigkeiten, Negierung seines Seelenzustandes.
- Ein weinender Schüler, der eine schlechte Note bekommen hat, wird „getröstet“: „Hör auf zu weinen. Das wird schon wieder. Im übrigen bist du selbst schuld daran. Hättest du mehr gelernt.“
  Übergehen der Gefühlslage, sofortiger „Sprung“ zur Sache, Angst vor Empfindungen.

In allen drei Fällen kann schwerlich Wohlbefinden entstehen, weil nur ein Teil der Person angesprochen und angenommen wurde.

„Ich fühle mich wohl, ich fühle mich rund, ich fühle mich zufrieden und ausgeglichen" heißt: Ich nehme mich als Person ganzheitlich wahr und kann alle meine Bereiche leben: denken, fühlen, handeln ... Kopf, Herz und Hand sind in Einklang, müssen nicht miteinander streiten. Mein Ziel: Balance dieser drei Bereiche:

- Wenn Sie sich nicht sehr wohl fühlen: Denken Sie bitte an diese drei Bereiche: Hat einer derzeit das Übergewicht? Bevorzugen bzw. vernachlässigen Sie den einen oder den anderen?
  Wie erleben Sie sich, wenn Sie „in Balance" (= ausgeglichen/ausgewogen) sind?

Lehrer/innen können sich schwerlich wohlfühlen, wenn jeweils nur ein Teil wahrgenommen wird oder gelebt werden kann:

- Hier zählt nur die intellektuelle Leistung!
- Grundschullehrerinnen sind ja doch nur biedere Hausmütterchen.
- Gymnasiallehrer sind Fachidioten.
- Mathematiklehrer sind die Intelligenzbolzen der Schule.
- Hauswirtschaftslehrerinnen sind „jetzt für den gemütlichen Teil des Abends zuständig".
- Sachliches schickt sich und „Persönliches hat gefälligst draußen zu bleiben".

Ich fühle mich wohl, wenn ich in meiner Gesamtheit als Person agieren kann wie in nachfolgendem Beispiel:
„Während der Pause habe ich Aufsicht im Schulhof. Marco und Alexi (4. Klasse) streiten sich, zunächst verbal, dann auch mit Fäusten. Alexi kommt heulend zu mir, Marco wütend hinterher: Klagen, Anschuldigungen, Angriffe, Verteidigung ... Ich höre zu, schweige, versuche zu verstehen, vermittle kurz, halte mich wieder raus. Körperlich stehe ich zwischen den beiden. Alexi ist froh, daß er nicht angegriffen wird, und auch Marco scheint die Kampfpause zu akzeptieren. Einige Augenblicke später lehnt sich Alexi an mich. Ich nehme ihn in den Arm. Marco schaut mich kurz an. Dann lehnt er sich an meine andere Seite ..."

Kopf: Ich überlege, was mit den beiden los ist und wie ich reagieren soll. In meinem Kopf laufen verschiedene Prozesse ab.
Herz: Ich fühle mich in die beiden ein und fühle mit.
Hand: Ich nehme die beiden in den Arm.

Seelisch gesund sein, ganzheitlich leben, mich wohlfühlen: Noch bin ich vielleicht nicht so weit, aber ich bin auf dem Weg dazu, denn z. B.:

- Ich nehme meine Magenschleimhautentzündung als „leise Mahnung“ wahr.
- Ich deute meine Kopfschmerzen als „Kopflastigkeit“.
- Ich sehe mein Übergewicht als Zeichen von „Hunger nach“...
- Meine innere Unruhe verrät mir: Kopf will dies, Gefühl will das ...!
  (Ich werde wohl eine Entscheidung fällen.)
- Ich erkenne meine Drogen: Rauchen, Trinken. Was fehlt mir wirklich?
- Ich denke an meine übertriebene Reiselust: Wovor flüchte ich? Was suche ich anderswo anstatt in meiner Umgebung?
- Ich spüre meine Ängste: Was will ich nicht wahrhaben? Was tabuisiere ich?

● In welchen Situationen fühlen Sie sich zerrissen, uneinheitlich?
  Welchen Bereich bevorzugen Sie: Kopf, Herz, Hand?

Wenn Ihr Kopf, Ihr Herz, Ihre Hand mit Ihnen reden würden: Was bekämen *Sie* wohl zu hören?

Ich erlebe sehr häufig in Trainingskursen mit Lehrer/innen, daß deren eigenes „Ich muß ...“ sie sehr belastet, sie seelisch beeinträchtigt und sie hindert, sich wohlzufühlen. Sie tun sich schwer, dieses „Ich muß ...“ zu relativieren, abzugeben, loszulassen und nicht mehr für alles zuständig zu sein:

- Ich muß noch diese Arbeit korrigieren.
- Ich kann doch die Schüler/innen nicht alleine lassen.

- Ich muß heute noch nach dem rechten sehen.
- Ich bin doch verantwortlich für ...
- Ich habe doch noch zu tun.
- Ich muß noch Kopf, Herz und Hand in Einklang bringen.

● Wie häufig und stark sind ihre „Müssen"?
Wie hoch ist Ihre Meßlatte?
Wer bestimmt deren Höhe?

Ich lade Sie zu einer Phantasiereise ein mit dem Ziel, sich von den vielen „Ich muß ..." zu lösen und sich dadurch wohler zu fühlen:

● Entspannen Sie sich wieder ... (wie bereits mehrmals schon angesprochen).

Stellen Sie sich nun vor: Jemand sagt zu Ihnen, Sie müßten für die nächste Zeit pausieren und kämen nicht mehr in die Schule ... Stellen Sie sich die Situation vor, die Sie am besten annehmen würden. (Urlaubsjahr, Ausscheiden aus Altersgründen, plötzliche Krankheit ...)

- Sie müssen nun gar nichts mehr tun, was mit Schule zu tun hat.
- Sie sind für nichts mehr zuständig und verantwortlich.
- Sie bereiten keine Klassenarbeiten mehr vor.
- Sie korrigieren keine Arbeiten mehr.
- Sie machen keine Noten mehr.
- Sie müssen sich nicht mehr mit Schüler/innen herumplagen.
- Sie werden nicht mehr kontrolliert.
- Sie müssen nicht mehr vorbereitet sein.
- Sie stehen nicht mehr unter Spannungen.
- Sie ...

Sie stellen sich vor, was Sie bisher alles belastet hat ...
Lassen Sie alles los, was Sie bisher in Atem und Spannung gehalten hat ...
Erspüren Sie Ihren Atem ... Ihr Gefühl ... Ihr Befinden ...
Fühlen Sie sich ganz frei, unbeschwert, erleichtert, gelöst ...

Lassen Sie sich Zeit bei Ihren Vorstellungen und Phantasien ...
Und erst allmählich kehren Sie wieder in Ihr Jetzt zurück ...

- Wenn möglich: Sprechen Sie mit anderen über Ihre Phantasien und Erfahrungen.
  Ist Ihnen dieses *Loslassen* sehr schwer gefallen?
  Was haben Sie als Hinderungsgrund empfunden?
  Was wurde Ihnen weggenommen, was zurückgegeben?
  Was konnten Sie leicht loslassen, was schweren Herzens?

- Welche Erfahrungen haben Sie mit folgenden „Befindlichkeiten" gemacht?
  – sich fallen lassen;
  – loslassen, aufgeben, weggeben;
  – Vertrauen haben, Vertrauen geben;
  – nicht für alles zuständig sein;
  – sich anderen überlassen;
  – für sich sein können ...

(vgl. auch 5. Kapitel, 1. Abschnitt: Im Jetzt leben! S. 258 ff.)

Ich habe einen Text gefunden, von dem ich mir vorstellen kann, daß ihn ein Mensch verfaßt hat, der seelisch gesund war. Ich empfinde sehr viel innere Ruhe dabei, wenn ich ihn lese: *Desiderata*, aus der alten St. Pauls-Kirche. Baltimore v. 1692:
„Gehe ruhig und gelassen durch Lärm und Hast und sei des Friedens eingedenk, den die Stille bergen kann. Stehe, soweit ohne Selbstaufgabe möglich, in freundlicher Beziehung zu allen Menschen. Äußere deine Wahrheit ruhig und klar und höre anderen ruhig zu, auch den Geistlosen und Unwissenden; auch sie haben ihre Geschichte. Meide laute und aggressive Menschen, sie sind eine Qual für den Geist. Wenn du dich mit anderen vergleichst, könntest du bitter werden und dir nichtig vorkommen; denn immer wird es jemanden geben, größer oder geringer als du. Freue dich deiner eigenen Leistungen wie auch deiner Pläne. Bleibe weiter an deinem eigenen Weg interessiert, wie bescheiden auch immer. Er ist ein echter Besitz im wechselnden Glück der Zeiten.
In deinen geschäftlichen Angelegenheiten lasse Vorsicht walten; denn die Welt ist voller Betrug. Aber nichts soll dich

blind machen gegen gleichermaßen vorhandene Rechtschaffenheit. Viele Menschen ringen um hohe Ideale; und überall ist das Leben voll Heldentum. *Sei du selbst*, vor allen Dingen heuchle keine Zuneigung, noch sei zynisch, was die Liebe betrifft; denn auch im Augenblick aller Dürre und Enttäuschung ist sie doch immerwährend wie Gras. Ertrage freundlich gelassen den Ratschluß der Jahre, gib die Dinge der Jugend mit Grazie auf. Stärke die Kraft des Geistes, damit sie dich in plötzlich hereinbrechendem Unglück schütze. Aber erschöpfe dich nicht mit Phantasien. Viele Ängste kommen aus Ermüdung und Einsamkeit.
Neben einer heilsamen Selbstdisziplin sei freundlich mit dir selbst. Du bist Kind Gottes genauso wie die Bäume und Sterne; du hast ein Recht, hier zu sein. Und, ob es dir bewußt ist oder nicht, es besteht kein Zweifel, das Universum entfaltet sich wie vorgesehen. Darum lebe in Frieden mit Gott, was für eine Vorstellung du auch immer von ihm hast. Was auch immer deine Arbeit und dein Sehnen ist, erhalte dir den Frieden mit deiner Seele in der lärmenden Wirrnis des Lebens. Mit all der Schande, der Plackerei und den zerbrochenen Träumen ist es dennoch eine schöne Welt. Strebe behutsam danach, glücklich zu sein."

3. Kapitel: Sich im Kollegium wohlfühlen

Einen Menschen so zu mögen, wie er ist, und auf meine Erwartungen, wie ich ihn haben möchte oder wie er für mich sein sollte, zu verzichten, meinen Wunsch aufzugeben, diesen Menschen nach *meinen* Bedürfnissen zu ändern, dies ist ein überaus schwieriger, aber gewinnbringender Weg zu einer befriedigenden Beziehung.

C. Rogers

Zum Thema „Wie gehen wir miteinander um?“ hörte ich von Kolleginnen und Kollegen immer wieder den Wunsch, wie schön es doch wäre, „wenn man sich im Kollegium besser verstehen und wohlfühlen würde“. Leider sei dies nicht der Fall, weil die anderen ...
Das Wohlfühlen wird also *von anderen* abhängig gemacht, und die Impulse dazu werden *von anderen* erwartet.
Mich bewegt jedoch in diesem Kapitel die Frage, was ich, was jeder einzelne tun kann, was also der *eigene* Beitrag ist, um sich wohlzufühlen: die Suche nach der eigenen Verantwortung und dem eigenen Tun.
Gerade in einem Kollegium, in dem Menschen tagtäglich zusammen sind, werden Nähe und Distanz sehr unterschiedlich erfahren: Nähe sowohl als Gefahr für die eigene Autonomie als auch als Zuwendung und Wärme, Distanz als Schutz vor Vereinnahmung und Verlust von Geborgenheit. Wie wichtig ist hier die richtige Balance und die Erfüllung der unterschiedlichen Bedürfnisse: Wieviel Nähe und Distanz braucht jeder einzelne?
Und schließlich: Fühle ich mich im Kollegium wohl, so überträgt sich dies in die Klassenzimmer hinein zu unseren Schüler/innen ...

1. Umgang mit Vorgesetzten/Untergebenen

- Sie haben soeben diese Überschrift gelesen: Bedenken Sie kurz und notieren Sie, was Ihnen „hochkommt" bzw. was Sie jetzt empfinden.
  Als Vorgesetzter fühle ich mich häufig ...
  Als Untergebener fühle ich mich häufig ...
  Welche Wörter verbinden Sie mit Vorgesetzter und Untergebener?

Ist das zu viel verlangt: Sich wohlfühlen im Umgang mit Vorgesetzten bzw. Untergebenen? Für manche von Ihnen ein Widerspruch?
Lehrer/innen beschleicht ein Unbehagen:

- Heute kommt der Schulrat ins Haus. („Bitte alle pünktlich sein!")
- Morgen bekomme ich Schulbesuch. (Unruhiger Schlaf!)
- Heute nachmittag muß ich ins Schulamt gehen. (Um was wird es sich wohl handeln?)
- Zu meinem Schulleiter habe ich einfach keinen Draht. (Wenn er doch wenigstens ... wäre!)

Schulräte, Schulleiter/innen und Lehrer/innen sind Vorgesetzte und erleben sich durchaus nicht immer „stimmig" zu ihren Untergebenen:

a) Als Schulrat/Schulrätin

bin ich/möchte ich sein:	muß ich aber auch sein:
hilfreich	direktiv
partnerschaftlich	weisungsgebunden
ratgebend	ermahnend
offen	bürokratisch
verständnisvoll	formal

b) Als Schulleiter/in

bin ich/möchte ich sein:	muß ich aber auch sein:
freundlich	direktiv
kollegial	weisungsgebunden

zugänglich	abblockend
verständnisvoll	fordernd
akzeptierend	dominant
entgegenkommend	formal

c) Als Lehrer/in

bin ich/möchte ich sein:	muß ich aber auch sein:
freundlich	dominant
partnerschaftlich	direktiv
verständnisvoll	strafend
helfend	fordernd
akzeptierend	formal

Zwei Seelen wohnen, ach ...

- Wie erleben Sie sich?
  Wie groß kann bei Ihnen die Ambivalenz sein, damit Sie sich (noch) wohlfühlen?

Manches Unbehagen kommt auch aus der Diskrepanz zwischen Wunsch und Wirklichkeit bzw. aus der Erfahrung, anders zu sein und sich zu verhalten als ich eigentlich will:

- Was meinen Sie: Woher kommt diese Diskrepanz?

Ein Beispiel:
Der Rektor einer Schule wurde zum Schulrat ernannt. Im Gespräch mit ihm erfuhr ich seine Motive, warum er sich um die Stelle beworben hatte: „Ich möchte den Kolleginnen und Kollegen Partner sein, echt auf sie zugehen, ihnen helfen und möglichst den Schulrat, der unangenehm ist, vor der Türe lassen."
Im selben Gespräch kamen wir auf ein Thema, bei dem wir unterschiedlicher Meinung waren: „Das ist ein saudummes Geschwätz, was Sie da sagen", meinte er ungehalten zu mir ...
Im Klartext heißt das:

– Ich möchte verstehend sein; aber wenn das zu weit von meiner eigenen Meinung entfernt ist, dann ist das „saudummes Geschwätz".

– Meine Meinung zählt, die Ihre ist falsch.
– Sie sollten Ihre Meinung überdenken ...

Ich habe mir gewünscht, er hätte, seinem eigenen Anspruch entsprechend, verständnisvoller reagiert, nämlich:

– Ich verstehe nicht, was Sie sagen.
– Ich denke hier anders als Sie.
– Mich interessiert Ihre Meinung.
– Ich möchte besser verstehen, was Sie meinen.
– Können Sie mir darüber noch mehr mitteilen ...?

● Hört Toleranz da auf, wo die (unterschiedliche) Meinung des anderen beginnt?
Wo erleben Sie Diskrepanzen bei sich?
Wie erleben Sie sie bei anderen?

Es werden also *Grundeinstellungen* postuliert und bejaht wie z. B. Achtung der Person, Würde des Menschen, Offenheit und Vertrauen, Mitmenschlichkeit, Friedensliebe ... Im *tatsächlichen* Verhalten aber gibt es dann Unstimmigkeiten und Widersprüche, die häufig die Ursache sind, warum sich die Beteiligten nicht mehr verstanden und deshalb unwohl fühlen. Das *konkrete* Tun zu reflektieren ist also sinnvoller als lediglich verbal „edle Grundeinstellungen" zu zitieren! Auf dem Weg von der jeweiligen Grundeinstellung bis hin zur *entsprechenden* konkreten Verhaltensweise gibt es einige hilfreiche „Stationen":
– eigenes Verhalten wahrnehmen;
– für Rückmeldungen anderer offen sein;
– Verhaltensweisen mit den Grundeinstellungen vergleichen;
– ggf. unstimmige Verhaltensweisen abbauen;
– nach stimmigen Verhaltensweisen suchen;
– nach Gründen der Unstimmigkeiten suchen.

● Überdenken Sie Ihre Grundhaltungen und Einstellungen Menschen gegenüber:
Entdecken Sie (manchmal, des öfteren) in Ihrem konkreten Verhalten Widersprüche, Ungereimtheiten, Bruchstellen?

Z. B. ...
Ich bin für die Achtung der Person, aber ...
Ich bin für die Würde des Menschen, aber ...
Ich bin für Offenheit und Vertrauen, aber ...
Ich bin für Friedensliebe, aber ...

Wohlfühlen kann sich auch nicht einstellen, wenn ich
- Karriere machen will und mich so verhalte, wie es andere wollen, damit ich nach oben komme;
- über einen längeren Zeitraum mein Verhalten nicht in Einklang mit meinen wirklichen Überzeugungen, Einstellungen und Verhaltensweisen bringe;
- mich unecht, fassadenhaft und angepaßt verhalte und permanent gegen mich selbst lebe;
- als Fachfrau/Fachmann inkompetent bin und große fachliche Mängel aufweise (Kompetenz gibt Sicherheit und Sicherheit reduziert Ängste.);
- nur meine eigene Position, nicht aber auch die der anderen akzeptiere.

Um sich als Vorgesetzte und Untergebene wohlzufühlen, bedarf es bestimmter Einsichten und konkreter Verhaltensweisen:

a) Akzeptanz der Institution:

- Sie haben sich entschieden, Lehrer/in zu sein, und sich um eine Anstellung beworben. Das schließt mit ein, daß Sie in einer Institution mit all ihren Mängeln, Belastungen, Schwerfälligkeiten ..., aber auch mit all den Hilfen, Stützen, Vorteilen ... arbeiten.
- Es gibt Menschen, die immer noch mit dem Kopf durch die Wand rennen wollen, um institutionell Änderungen herbeizurufen, ohne zu bedenken und zu beachten, wo Grenzen und Unverrückbarkeiten sind: Das Haus steht ..., aber es gibt Möglichkeiten, *in* den Schulen und Klassenzimmern etwas zu ändern. („Mir gefällt das Haus nicht: Entweder ich ziehe aus, oder ich richte es mir, mit anderen, innen gemütlich ein?!“)

- Es gilt, eine Balance zwischen der Akzeptanz der Realitäten und der Suche nach Veränderungs- und Verbesserungsmöglichkeiten zu finden, eine Mitte ohne Überforderung und Resignation.
- Innerhalb der Institution begegnen Sie Menschen. Die förderliche Beziehung zu ihnen ist wichtig, und sie zu leben ist auch innerhalb von Institutionen möglich: Wir sind *Teile* der Institution.

● Welche Assoziationen verbinden Sie mit dem Begriff Institution?
Mit dem Begriff Institution habe ich Unbehagen, weil ...
Kein Problem, weil ...

b) Akzeptanz der Positionen:

- Wenn Personen in ihren Positionen akzeptiert werden, ist die Basis für Kommunikation und Kooperation gegeben, eine wichtige Voraussetzung, um sich überhaupt miteinander wohlzufühlen. Allerdings: Positionen akzeptieren heißt nicht, jegliches Verhalten zu akzeptieren: „Ich akzeptiere Sie als Schulleiter/Schulrat ..., fühle mich aber jetzt durch Ihre Bemerkung verletzt. Ich möchte nicht, daß Sie so mit mir sprechen."
- Wenn an den verschiedenen Positionen und „Rangordnungen" (die es nun mal gibt) „herumgemäkelt" wird, dann werden kaum Vertrauen und förderliche Beziehungen entstehen können: „Der wollte ja nur Karriere machen ... Eigentlich wäre ich ja auch gerne Schulleiterin geworden ... Ich hätte mir jemanden besseren vorstellen können als den/die ... Jetzt bin ich Schulleiter, jetzt werde ich den Spieß mal umdrehen ..."
- Wenn Menschen sich in den unterschiedlichen Positionen akzeptieren, sind sie nicht gezwungen, Machtkämpfe, gleich welcher Richtung, auszutragen. Akzeptanz schafft Vertrauen, und aus gegenseitigem Vertrauen erwächst Wohlbehagen: „Ich akzeptiere A, auch wenn ich manches anders machen würde ... er/sie nicht alle Erwartungen erfüllt ..."

- Akzeptanz der Position des anderen schließt die Akzeptanz der eigenen Position mit ein, verbunden mit dem Selbst-Bewußtsein: Meine Position, meine Tätigkeit ist in Ordnung; ich stehe zu dem, was ich bin und tue: „Ich habe hier meinen Platz ... Ich mäkle nicht an mir herum ... Meine Tätigkeit hat hier Sinn ..."
- Akzeptanz der Positionen heißt auch Akzeptanz der Realität. Es gibt Menschen, die immer noch hadern, daß sie nicht ... geworden sind. Sie sind immer noch unglücklich über ihre verpaßten Chancen. Und weil sie vom Unglücklichsein befangen und gefangen sind, versäumen sie alle weiteren Möglichkeiten, glücklich zu werden und glücklich zu sein: „Schade, daß ich nicht Schulrat geworden bin ... Ich wäre so gerne ... Ich hätte so gerne ... Warum bin ich nicht ...?"

● Sind Sie in Ihrer derzeitigen Position als ... zufrieden?
An welchen Positionen der anderen kratzen Sie (insgeheim) immer noch herum?
Karriere hat für mich folgende Bedeutung: ...

c) Transparenz der Entscheidungen:

- Sie schafft Klarheit in den Beziehungen und Sachen: Ich möchte wissen, woran ich bin, und nicht das Gefühl haben, als Marionette behandelt zu werden, mit der andere machen können, was sie wollen. Wichtig ist hier, die eigene Kompetenz zu verstärken: Wissen haben, Kenntnisse vorweisen, Sachverstand besitzen stärkt die eigene Position und reduziert Abhängigkeiten!
- Wer Entscheidungsprozesse und Entscheidungen verschleiert, setzt sich dem Verdacht aus, eigene Interessen unbedingt durchsetzen zu wollen. Durchsetzungsvermögen kann also kein Kriterium für den offenen Umgang miteinander sein: Wer sich durchsetzen will, braucht dazu Macht (um zu siegen!). Wie gehen Sieger und Verlierer miteinander um?
- Im „Werdeprozeß von Entscheidungen" geht es um Diskussionen, um die Auseinandersetzung von Argumenten und nicht um Verschleierung von Prozessen und um Durchsetzung des (funktional) Stärkeren.

- Sind Weisungen und Verordnungen gegeben, dann sind sie zu akzeptieren, und Durchsetzungsvermögen ist nicht notwendig. Dann geht es darum, den Entstehungsprozeß der jeweiligen Weisung und Verordnung transparent zu machen: Wer steht mit welchen Absichten und Zielen hinter welchen Entscheidungen?
- Ich möchte meine eigenen Kompetenzen verstärken.
  Ich fühle mich wohl, wenn ich weiß, worum es geht.
  Ich fühle mich sicherer, wenn ich weiß, was „man" mit mir vorhat.
  Ich möchte wissen, wer die Entscheidungen getroffen hat.
  Mir ist wichtig, den Sinn der Entscheidungen zu erfahren.
  Ich brauche Einsicht in die Verordnungen.

„Es hat sich gezeigt, daß dort, wo Herrschaft geteilt wird, wo wachstumsfördernde Bedingungen vorhanden sind, vitale, gesunde, bereichernde Beziehungen entstehen." (Carl Rogers: Die Kraft des Guten. Frankfurt 1986, S. 320)

- Als Vorgesetzte: Fühlen Sie sich eingeengt, wenn Sie Ihre Entscheidungen transparent machen (müssen, sollen)?
  Fühlen Sie sich dabei überfordert?
  Denken Sie: Wenn Vertrauen vorhanden ist, bedarf es keiner Transparenz?
- Als Untergebene: Fühlen Sie sich übergangen, wenn Sie vor Tatsachen gestellt werden, die für Sie nicht einsichtig sind?
  Wie wichtig ist für Sie Transparenz?
  Wollen Sie mitentscheiden, Mitverantwortung übernehmen (auch wenn sie belastend ist)?
- Bezug zur Schule: Wie sieht Ihre Transparenz im Klassenzimmer aus? (Als Lehrer/in bin ich im Klassenzimmer Vorgesetzte(r)!)
  Welche Möglichkeiten haben Sie, den Schüler/innen Ihre Verhaltensweisen transparent zu machen?
  Reflektieren Sie als Lehrer/in:
  Welche Verhaltensweisen habe ich dem Schulleiter gegenüber? (*Er* ist mein Vorgesetzter.)
  Welche Verhaltensweisen habe ich den Schüler/innen gegenüber? (*Ich* bin deren Vorgesetzte/r.)

d) Symmetrie der Kommunikation:

- Wenn es schon in den Positionen Unterschiede geben muß und ein Oben und Unten, dann bedeutet dies nicht zwangsläufig asymmetrische Kommunikation: „Es hat sich gezeigt, daß Führungskräfte, die den Mitgliedern ihrer Organisation vertrauen, die ihre Macht teilen und delegieren und die offene persönliche Kommunikation aufrechterhalten, eine bessere Arbeitsmoral und produktivere Organisationen zustandebringen und die Entwicklung neuer Führungskräfte begünstigen." (Carl Rogers: Die Kraft des Guten ..., S. 321)
- Macht teilen, Aufgaben delegieren, Vertrauen geben sind also Verhaltensweisen, die sich förderlich auf die Beziehungen und auf das Wachstum der einzelnen auswirken.
- Menschen werden hier nicht benützt, um – aus eigener Schwäche heraus – auf deren Kosten zu Macht zu gelangen. Macht über andere ist nicht nötig, weil jeder aus sich selbst heraus Macht und Kraft verspürt. Beide Seiten fühlen sich wohl, weil sie sich nicht (mehr) bewußt oder unbewußt bekämpfen.

● Halten Sie symmetrische Kommunikation im Umgang mit Vorgesetzten für utopisch?
Welche Erfahrungen haben Sie bisher gemacht?
Was meinen Sie dazu: Wenn wir keine Angst mehr voreinander haben, so brauchen wir nicht mehr zu bellen und zu beißen?

Ich fühle mich im Umgang mit Vorgesetzten wohl,

- wenn ich das Gefühl habe, daß jeder der beiden Seiten nach den „guten Gründen" des anderen fragt; (Jeder bringt ja *seine* Lebensgeschichte, *seine* Entwicklung, *seine* Erfahrungen mit.)
- wenn ich in der Beziehung Offenheit, Klarheit, Transparenz und Wahrhaftigkeit erfahre;
- wenn ich autonom sein kann und Einsicht in das „institutionelle Regelwerk" bekomme;
- wenn ich erfahre, daß ich nicht manipuliert, sondern ernstgenommen werde.

Ich fühle mich als Vorgesetzter wohl,
- wenn ich in meiner Position akzeptiert werde;
- wenn ich Offenheit, aktive Mitarbeit bei Entscheidungsprozessen und Wahrhaftigkeit erfahre;
- wenn getroffene und vereinbarte Entscheidungen angenommen werden;
- wenn ich nicht das Gefühl vermittelt bekomme, isoliert zu sein.

Als Vorgesetzte und als Untergebene: Vervollständigen Sie diese „Wunschliste".
Wollen *Sie* Einsicht in das „institutionelle Regelwerk" bekommen?
(Ein Freund meinte: Lehrer/innen wollen das meistens gar nicht, obwohl sie Einsicht bekämen!?)

Mich hat beeindruckt, wie ein Schulrat mit seinen Untergebenen spricht. Er schrieb, ein Jahresende zum Anlaß nehmend, an seinen Sprengel:

„... ich spreche von einem lebendigen, offenen Prozeß, in dessen Verlauf Sie wie auch ich uns immer bewußter und tätiger auf das Wesentliche, das Sinnvolle, das wahrhaft Hilfreiche einüben. Wir haben uns freihalten können für Wahrnehmen und Lernen; wir lassen der verführerischen Bequemlichkeit, formal-rechtmäßigen Weisungskompetenz anstelle von Argumenten als Instrument zu benutzen, immer weniger Raum ...
Der Stil meiner Zusammenarbeit mit Ihnen ... und der ihn prägende pädagogische Grundimpuls stammen weit weniger aus einem rational aufgebauten Arbeitskonzept als vielmehr aus meiner ganz individuellen Art. Deshalb ist es undenkbar, dafür überall nur volle Zustimmung zu ernten ... Ich werde nie jemandem das Recht bestreiten, mich als zu nachgiebig, zu wenig durchsetzungsintensiv oder sonstwie zu bezeichnen; ich bin aber auch beim besten Willen nicht imstande, aus einem solchen Urteil eine Rüge herauszuhören ...
Für mich zählt allein, daß wir, was die generelle Offenheit, was die Verläßlichkeit der Zuwendung zueinander oder was die Angemessenheit von Reaktionen und Maßnahmen betrifft, ein erhebliches Stück weitergekommen sind ...

Ich möchte Sie aber mit allem Ernst und aller Dringlichkeit dazu bewegen, Ihren ganzen Mut aufzubieten, um noch tiefer nachzudenken, immer noch sorgsamer zu prüfen und zu differenzieren, ganz klar Unzumutbares und Widersprüchliches als das zu denunzieren, was es ist, und dann, erst dann verantwortlich zu handeln. Sie wissen doch alle aus langer Erfahrung, was allein erzieherisch auf die Länge wirksam ist und was alle, die das komplizierte Beziehungsgeflecht *Schule* zusammenbindet, gleichermaßen befreien kann zu mehr Engagement, Initiative und Phantasie, zu mehr Freude und Beharrlichkeit, zu mehr Solidarität und sozialer Verantwortung, zu mehr Wertsicherheit und zu mehr zivilem Mut: Das ist gewiß nicht weisungsrechtlich einklagbarer blinder Gehorsam, – *das ist nur konkrete vorgelebte exemplarische Menschlichkeit.* Das Höchste. Mehr können Sie nicht tun; aber weniger darf es in unserem Beruf auch nicht sein. Ich werde Ihnen die gleiche Anstrengung nicht schuldig bleiben."

- Wie wirkt dieser Brief auf Sie?
  Was würden Sie gerne Ihren Vorgesetzten, Ihren Untergebenen schreiben?

Ich spüre aus diesem Text
- prinzipielle Offenheit,
- Transparenz des eigenen Tuns,
- Akzeptanz der verschiedenen Sichtweisen,
- Wahrhaftigkeit und Realitätsbezogenheit,
- Betonung einer lebendigen Beziehung anstelle einer „formal-rechtlichen Weisungskompetenz".

Bereits beim Lesen dieses Briefes habe ich mich sehr wohl gefühlt, erst recht dann, als ich die Übereinstimmung des Briefes mit der Person des Schreibers erfahren konnte.

„Ich bin hier nur funktional Vorgesetzter", meinte Herr X., „ansonsten bin ich Mensch wie Sie." Leider erfuhren ihn die anderen nur in seiner Funktion, aber nicht als Menschen.

2. Schulleitung und Kollegium *

Befriedigende Beziehungen zwischen Schulleitung und Kollegium können u. a. nur dann erfahren werden, wenn einige wichtige Einsichten beiden Seiten vertraut sind:

- Die *Leitungs*funktion ist zu akzeptieren und damit auch Grenzen in bezug zu Nähe und Distanz, zu Integration und Führungsrolle, wobei der Schulleiter seine Leitungsfunktion „auflockern“ kann: Kolleginnen und Kollegen beteiligen und in Entscheidungsprozesse hereinnehmen; bestimmte Aufgaben delegieren.
- Der Schulleiter ist Vorgesetzter *und* Kollege. Diese Doppelrolle bringt häufig Konflikte mit sich: Loyalität dem „Dienstherrn“ gegenüber – Solidarität mit dem Kollegium ...
- Lehrer/innen müssen ihre eigene Einstellung zu Autoritäten überprüfen: Der Schulleiter als weisungsberechtigte Person auf der einen Seite, Kolleginnen und Kollegen als autonome Menschen auf der anderen Seite.
- Bedeutsam ist der Austausch der verschiedenen Erfahrungen, Vorstellungen und Sichtweisen und auch hier die Frage nach den „guten Gründen“ der Handlungsweisen der Beteiligten.
- Schulleiter als autoritäre, unnahbare Alleinentscheider blockieren die Beziehung zum Kollegium genauso wie Schulleiter, die allen alles rechtmachen wollen (um z. B. nicht abgelehnt zu werden).
- Lehrer/innen blockieren ihre Beziehung zum Schulleiter durch überzogene, unrealistische Forderungen oder durch zu geringe kollegiale Unterstützung oder gar durch Ablehnung.

Nicht hilfreich sind Schuldzuweisungen und Äußerungen wie z. B.:

* Vgl. auch: Lehrer lernen, S. 303–306

Schulleiter	*Kollegium/Lehrer*
– Ich muß immer alles alleine machen und bekomme keinerlei Hilfen.	– Autoritär wie er ist, macht er doch immer, was er will. Ihm ist nicht zu helfen.
– Ich gebe mir die größte Mühe und mache es dann doch keinem recht.	– Mal sagt er so, mal so; wir wissen allmählich nicht mehr, woran wir sind.
– Dauernd muß ich auf Pünktlichkeit hinweisen und bestehen.	– Er kritisiert uns pauschal wegen der Unpünktlichkeit einiger.
– Ich versuche, möglichst gerecht den Stundenplan zu gestalten.	– Schon wieder hat er mich bei der Stundenplangestaltung benachteiligt.

Wenn sich Einstellungen und Sätze dieser Art häufen und gegenseitig nicht geklärt werden, kann sich Wohlfühlen kaum breitmachen, ja mehr noch, es besteht die Gefahr, daß sich die Fronten verhärten:

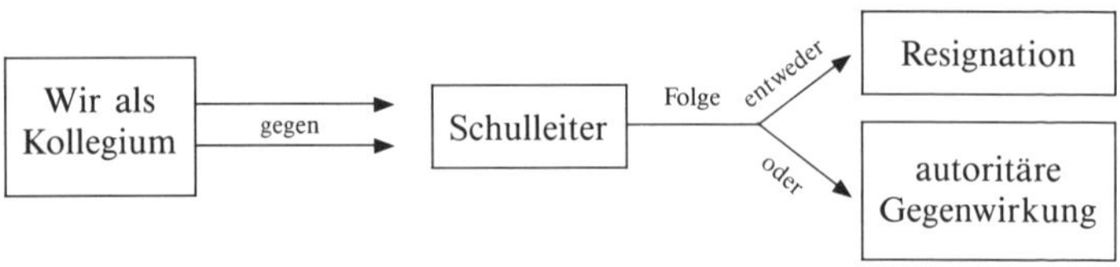

Eine Verhärtung der Fronten ist auch dann zu erwarten, wenn die Schulleitung mehr und mehr in Kontrollfunktionen gedrängt wird. In Gesprächen zu diesem Thema hörte ich immer wieder folgende Äußerungen:

Schulleiter:
– Es fällt mir schwer, Kollegin A. zu beurteilen. Ich weiß jetzt schon, daß sie wochenlang kein Wort mehr mit mir reden wird. Das belastet mich. (Daß ein Schulleiter „dies halt aushalten müsse“, verbessert weder das Gefühl, noch ändert es die Situation!)

- Heute beurteile ich einige meiner Kollegen, und morgen soll ich ein Schulfest mit ihnen gestalten. Das schaffe ich nie!
- Je mehr ich Kontrolleur und Beurteiler werden muß, desto mehr entferne ich mich vom Kollegium.
- Eigentlich traue ich mir Beurteilungen meiner Kollegen zu, aber die Reaktion einiger erschwert mir die Arbeit.

Lehrer/in:
- Ich fühle mich eingeengt und längst nicht mehr so frei, seitdem ich weiß, daß mich meine Schulleiterin beurteilen kann.
- Im Kollegium spüre ich schon jetzt weniger Offenheit und in zunehmendem Maße Mißtrauen: Wie schneiden wir bei der Beurteilung gegenseitig ab?
- Ich habe ein gutes Verhältnis zum Schulleiter. Aber wie verhalten sich diejenigen meiner Kollegen, die sich nach einer Beurteilung benachteiligt fühlen? Wie sieht dann unser gemeinsamer Alltag aus?
- Wir sind doch kein Wirtschaftsunternehmen, eingeteilt in verschiedene Stockwerke, in denen Beurteiler keinen Kontakt zu den Beurteilten haben!

● Was empfinden Sie bei diesen Aussagen?
Versuchen Sie, aufgrund Ihrer derzeitigen Position, sich in die Lage des Gegenübers zu versetzen (Sichtwechsel!)

● Zwei Wörter: beurteilen – bewerten!
Sind es für Sie Synonyme?

Lehrer/innen erfahren ihre Schulleiter/innen teils förderlich, teils blockierend:

- Er ist offen für Anregungen, berücksichtigt Wünsche, ist ein guter Gesprächspartner und kein sturer Bürokrat.
- Er ist sehr menschlich, hat Verständnis und immer ein offenes Ohr.
- Es wird wenig mit Tricks und Informationsvorsprung gearbeitet. Sie bemüht sich um ein gutes Klima.
- Er ist kompromißfähig und aufgeschlossen für Vorschläge und Innovationen.

- Er ist für mich aufgrund seiner Persönlichkeit und seines Wissens eine Respektsperson. Wir gehen sehr offen miteinander um.
- Er sitzt viel lieber im Kollegium als alleine in seinem Rektorat. Bei Konflikten bemüht er sich um eine für alle zufriedenstellende Lösung.
- Wir verstehen uns gut. Sie ist mit meiner Arbeit zufrieden und teilt mir dies auch immer wieder mit.
- Er mischt sich wenig in meine Unterrichtsarbeit ein, und er versucht, unsere Wünsche zu berücksichtigen.
- Ich fühle mich ihm gegenüber oft unsicher und habe Angst.
- Nach anfänglichen Kämpfen läßt jeder den anderen möglichst gewähren.
- Er geht schnell an die Decke und nimmt zu viel persönlich. Außerschulische Aktivitäten blockt er schnell ab.
- Er läßt mich in Ruhe, ist aber auch nicht sonderlich hilfreich.
- Er will es allen recht machen und vertritt seine eigene Meinung nicht deutlich genug. Er wirkt auf mich des öfteren unsicher.
- Sie ist ziemlich diktatorisch und läßt kaum andere Meinungen gelten.
- Ich schätze seine ruhige und ausgeglichene Art. Er weiß, daß ich meine Arbeit gut machen will und mich für die Schule einsetze.
- Ich fühle mich von ihr anerkannt und bestätigt.
- Ich kann angstfrei meine Meinung vertreten. Mir wird Sympathie entgegengebracht.
- Wir sprechen über Meinungsverschiedenheiten miteinander.

● Zitat, irgendwo aufgelesen: „Die Qualitäten, die ich brauche, um Schulleiter zu *werden*, sind andere als diejenigen, die ich brauche, um es zu *sein*!"
Welche unterschiedlichen Qualitäten stellen *Sie* fest?

Die Erfahrungen und Sichtweisen der Kolleginnen und Kollegen drücken sehr deutlich den Wunsch nach Offenheit und Miteinander aus und rütteln keineswegs an der Position und Funktion des Schulleiters. Er wird anerkannt und akzeptiert als kompetente Persönlichkeit, verbunden mit folgenden Erwartungen:

- Transparenz des Verhaltens und der Entscheidungen;
- Offenheit und Ehrlichkeit in der gegenseitigen Beziehung;
- Miteinander in der tagtäglichen Arbeit;
- Hilfen, Unterstützung, Begleitung.

Es wird immer wieder deutlich, wie bedeutsam gegenseitige Erwartungen sind und wie es manchmal schwierig ist, förderlich mit ihnen umzugehen. Zwei Beispiele:

a) Ein Schulleiter beklagt sich bei mir:
„Herr H. fuhr mit seiner Klasse ins Schullandheim. Er hat sich bisher (jetzt, nach vier Tagen) immer noch nicht gemeldet. Zumindest einen Anruf habe ich erwartet. Ich muß doch als Schulleiter wissen, ob er gut angekommen ist.“
Ich: „Haben Sie ihm, bevor er wegfuhr, Ihre Erwartungen mitgeteilt? Haben Sie ihm gesagt, er möge doch bitte anrufen?“
Schulleiter: „Das muß er doch selbst spüren, ich bin doch nicht sein Erzieher. Wenn er nicht von sich aus draufkommt, mich anzurufen oder sich sonstwie zu melden, dann ist ihm nicht mehr zu helfen.“

- Sie sind dieser Schulleiter: Was hätten Sie getan?
  Sie sind dieser Lehrer: Was geht in Ihnen vor?
  Was machen wir mit unseren gegenseitigen Erwartungen?

b) Eine Kollegin berichtet:
„Wir haben keinerlei Erwartungen mehr an unseren Schulleiter. Die sind schon lange gestorben. Unser 20jähriger Kampf hat ein Ende, jetzt, da Herr X. dieser Tage in den Ruhestand getreten ist. Wir atmen auf und arbeiten frei, ohne Druck in der Schule – ein bisher nie gekanntes Gefühl ... Unser Konrektor ist zur Kommunikation bereit. Neue Möglichkeiten, neue Ansätze.“

- Vermutlich haben beide Seiten gelitten:
  Wie sehr haben sie sich voreinander versteckt oder gefürchtet?

Was ging hinter den einzelnen Fassaden, in den einzelnen Menschen vor?

Im Zusammenhang mit der Funktion des Schulleiters werden Begriffe genannt wie Führungsstil, Führungsverantwortung, Führungsqualitäten und Menschenführung. Hinzu kommt: Die Schulleitung ist (laut Schulgesetz) direktorial und nicht kollegial! Kann sich, aufgrund dieser Tatsachen, dann noch Wohlfühlen einstellen?

- Sie sind Schulleiter/in:
  Was empfinden Sie, wenn an Sie *Führungs*qualitäten gestellt werden und wenn Sie Führungsverantwortung übernehmen sollen?
  Sie sind Lehrer/in:
  Was empfinden Sie, wenn Sie an die Führungsqualitäten und Führungsverantwortung Ihres Schulleiters/Ihrer Schulleiterin denken?
  Fällt es Ihnen schwer, Führung und Verantwortung abzugeben?
  Wie erleben Sie Führung und Verantwortung in Ihren Klassen?

Erübrigt sich jeder Begriff in Verbindung von „Führung“, wenn jeder das Seine tut? Wenn jeder seine Autonomie wahrnimmt und entsprechend handelt? Müssen selbständige und verantwortlich handelnde Menschen geführt werden? (Ich denke hier nicht an Weisungen, die „man“ zu befolgen hat.) Ist der autonome Mensch in der Schule Utopie? Befrage ich Schulleiter/innen zum Thema „Führung in der Schule“, bezogen auf das Kollegium, so bekomme ich Antworten wie:
– „Ich muß führen und kontrollieren, sonst würde der Alltag nicht funktionieren.“
– „Leider sind meine Kolleginnen und Kollegen zum Teil zu wenig selbständig. Ohne Führung geht es nicht.“
– „Ohne tagtägliche Anweisungen, Hinweise und Forderungen geht es einfach nicht. Die Schule ist zu komplex, als daß ich mich auf die Autonomie der einzelnen verlassen könnte.“

„Führungsbeispiele“:

– Pädagogischer Tag: 15 Minuten Pause. Als nach 20 Minuten immer noch kein Lehrer/keine Lehrerin im Konferenzraum ist, begibt sich der Schulleiter ins Lehrerzimmer, klatscht in die Hände und sagt: „Meine Damen und Herren, es geht weiter ...“

  - Hätten Sie, autonom, auf die Uhr gesehen, oder fühlen Sie sich wohler, wenn Sie „herbeigeklatscht“ werden?

– Lehrerkonferenz: Der Schulleiter bittet das Kollegium, innerhalb einer Woche Vorschläge für den Jahresausflug abzugeben. Nach einer Woche liegt ihm *ein* Vorschlag vor (bei einem Kollegium von 23 Lehrer/innen). Der Schulleiter gibt daraufhin diesen Vorschlag als Ausflugsziel bekannt. Reaktion: Heftige Diskussionen, mehrheitliche Ablehnung ...

  - Hätten Sie auch einen Vorschlag eingebracht?
    Wie sehr übernehmen Sie für sich Verantwortung?
    Wie nahe und vertraut ist Ihnen in der Schule der Begriff „Eigenverantwortung“ (mit all den Vor- und Nachteilen!)?

– Eine Schulleiterin bittet ihr Kollegium, Themenwünsche für den Pädagogischen Tag abzugeben. Einige Themen werden eingereicht. Ein Team bereitet den Tag vor. Am Pädagogischen Tag verweigert ein großer Teil des Kollegiums die Mitarbeit mit der Begründung, es sei an der Themenstellung nicht beteiligt gewesen.

  - Wie hätten Sie reagiert als
    a) Schulleiter/Schulleiterin?
    b) Mitglied des Vorbereitungsteams?
    c) Kollegin/Kollege?

Wo ist Führung strukturell notwendig und wo sind die Grenzen? Wo kann ich „Geführtwerden“ annehmen und mich dabei wohlfühlen und wo geht sie über in Gängelei, Bevormundung und Manipulation?

Auch der Begriff „Durchsetzungsvermögen“ (vgl. auch 1. Abschnitt in diesem Kapitel) ist in diesem Zusammenhang zu nennen:
Ich werde mich einem Schulleiter gegenüber nie wohlfühlen können, wenn ich den Eindruck habe, er wolle sich – mit aller Macht und allen Mitteln – durchsetzen, um seine Ideen, Vorstellungen und Wünsche zu verwirklichen. Ich fühle mich dann nicht gefragt, nicht beteiligt und als Partner und Gegenüber abgelehnt. In partnerschaftlichen Beziehungen ist Durchsetzungsvermögen fehl am Platze, weil Durchsetzungsvermögen immer Sieger und Besiegte, immer Gewinner und Verlierer zur Folge hat. Wie hilfreich und förderlich ist dies für die Beziehungen im Kollegium?
Was steht hinter der Forderung nach „Durchsetzungsvermögen“? Es ist vermutlich der (unbedingte) Wille, etwas durchzusetzen, um das entsprechende Ziel zu erreichen (*Mein* Ziel, nicht *unser* Ziel!).
Durchsetzungsvermögen eines einzelnen oder einer Gruppe und die Verschleierung von Entscheidungsprozessen verhindern autonome Entwicklungen, stören Wohlbefinden und hemmen förderliche Beziehungen.

- Jemand hat sich gegen Sie durchgesetzt. Sind Sie zufrieden?
- *Sie* haben sich durchgesetzt. Wie fühlen Sie sich?

Sehr glaubwürdig wirken die Aussagen eines Schulrats für mich zum Thema Durchsetzungsvermögen:
„... wie stark mich bedrückt, daß man ‚Durchsetzungsvermögen‘ so undifferenziert zur Primärtugend eines Schulleiters hochstilisiert. Die sehr ärmlichen Umschreibungen, vor allem aber der Rekurs auf militärische Termini machen klar, worum es geht: um die technokratische Durchstrukturierung, um die Einführung einer Funktionsmechanik, wie sie den Prinzipien des industriellen oder sonst eines hochentwickelten Managements entspricht: Präzise Vorgabe und abrufbare, ebenso präzise Entsprechung bestimmen da alles Geschehen.

Wer ‚Durchsetzungsvermögen' als allererste Forderung an einen Schulleiter deklariert, geht doch wohl davon aus (das zeigt schon ein ganz simpler, logischer Rückschluß), daß ein dem Weisungsrecht seiner Vorgesetzten unterstehender Lehrer offenbar zunächst einmal grundsätzlich nicht wolle, was sein Rektor wollen soll. Sie wissen, meine Kolleginnen und Kollegen: Das ist schlichtweg unwahr. Spürt man denn nicht, daß man im Begriff ist, lebendige Menschen zu beliebig austauschbaren Funktionalgliedern zu degradieren –, Menschen, deren Bewußtseinserweiterung, deren Verantwortungsfreudigkeit, deren weitere fachliche und persönliche Profilierung zu ermutigen und zu fördern, unsere vornehmste Führungsaufgabe ist?
Sieht denn niemand, daß eine so kalte Veränderung des Rollenverständnisses eines Schulleiters und seiner Lehrer unweigerlich auf die Kinder durchschlagen muß? Wir hätten, wenn das alles so ungefiltert käme, die Wiederkehr jenes Gesamt-, Teil- und Kleinmacht-Systems zu befürchten, das bei perfektem Funktionieren ein ‚Durchregieren' bis ganz nach unten ermöglicht. Die Erfüllung unserer dringendsten Aufgabe wäre dann geradezu blockiert: nämlich wertbewußte, verantwortungsbereite, entscheidungsfreudige, kreative, sozial sensible, mutige, zu tätiger Verbesserung unserer Lebensbedingungen bereite junge Menschen heranzubilden."

- In partnerschaftlichen Beziehungen, in denen sich beide Seiten akzeptieren, werden Entscheidungen aufgrund von Argumenten und nicht durch die Kraft des Stärkeren, des „Durchsetzers", getroffen.
  Wie treffen Sie Ihre Entscheidungen?
  Wie sehen Ihre Entscheidungen im Klassenzimmer aus?
  Wodurch entsteht bei Ihnen Entscheidungsfreude?

- Lesen Sie bitte das nachfolgende Gespräch unter dem Gesichtspunkt des *Durchsetzungsvermögens.* (Dieses Gespräch wurde als Rollenspiel aufgrund einer erlebten Situation nachgespielt und auf Tonband protokolliert. Ich verbürge mich für die Echtheit des Inhalts.)

Die Ausgangssituation: An einer Schule findet ein großes Schul- und Theaterfest statt, zu dem auch viele auswärtige

Interessenten kommen sollen. Der Schulleiter will, daß ein ganz bestimmter Kollege das Fest vorbereiten soll, und zwar vorwiegend den Theaterbereich.

Sch: Wie ich Ihnen schon sagte: Sie haben ein ganzes Jahr Zeit zur Vorbereitung.
L: Ich hab so etwas noch nie gemacht. Von mir werden besondere Dinge erwartet, das erscheint mir einfach zu hoch. Das werde ich nie schaffen.
Sch: Wer erwartet denn von Ihnen besondere Dinge?
L: Da kommen Kollegen aus dem gesamten Umkreis, und die erwarten etwas Besonderes.
Sch: Es geht doch nicht um Besonderes, sondern darum, daß Sie die ganze Sache in die Hand nehmen.
L: Das traue ich mir einfach noch nicht zu. Ich bin für diese Aufgabe noch nicht so weit.
Sch: Das kann ich mir nicht vorstellen. Hinter Ihrer Weigerung steht doch noch ganz etwas anderes!?
L: Es ist einfach die Tatsache, daß ich zwar für die Theater-AG zuständig bin, aber doch nicht dafür, gleich die gesamte Organisation in die Hand zu nehmen.
Sch: Versetzen Sie sich doch einmal in meine Lage: Ich bin hier für alles verantwortlich, und ich möchte für diese Schule etwas tun. Ich sehe Sie als am besten geeignet, diese Theatertage zu inszenieren.
L: Aber das ist gerade aus meiner Sicht der schwache Punkt: Sie fühlen sich verantwortlich und delegieren dann die Aufgaben an andere. Das finde ich einfach unmöglich. Wenn Sie etwas für die Schule tun wollen, dann wenden Sie sich doch an diejenigen, die sich freiwillig melden, und setzen andere nicht unter Druck.
Sch: Ich kann nur noch einmal betonen: Wir haben hier die Aufgabe bekommen, dieses Theaterstück aufzuführen; dagegen kann ich jetzt nichts mehr unternehmen. Verstehen Sie denn nicht? Auch ich hab' hier meine Probleme, genau wie Sie auch.
L: Sie zwingen mich jetzt in eine Situation, die ich einfach nicht schaffe. Jetzt setzen Sie mich auch noch moralisch unter Druck. Und dann bin ich vielleicht der Schuldige, wenn die ganze Sache platzt.

Sch: Trotzdem, ich bitte Sie, nochmals zu bedenken, was hier auf dem Spiel steht. Ich verstehe ja Ihr Problem, aber hier geht's um mehr. Und dann muß ich Ihnen noch etwas sagen: Wenn Sie schon eine Theatergruppe leiten, dann müssen Sie damit rechnen, daß irgend etwas auf Sie zukommt, was den normalen Rahmen sprengt. Sie können dann nicht einfach kneifen.

L: Ich hoffe, Sie spüren meinen guten Willen; aber diese Sache ist eine Nummer zu groß für mich.

Sch: Wissen Sie was? Das hat jetzt gar keinen Sinn, daß wir da weiterreden. Sie nehmen das Ganze in die Hand, und ich besorg' Ihnen noch ein paar Kollegen, die mitmachen ...

- An welchen Stellen im Gespräch wird das „kommunikative Tauziehen“ besonders deutlich?

Hier einige markante Sätze:

Schulleiter: Hinter Ihrer Weigerung steht doch noch etwas anderes!?
Ich versteh ja Ihr Problem, aber hier geht's um mehr!
Sie können nicht einfach kneifen!
Es hat keinen Sinn, daß wir weiterreden.
Sie nehmen das Ganze in die Hand ...

Lehrer: Das werde ich nie schaffen.
Das traue ich mir einfach nicht zu.
Sie setzen mich moralisch unter Druck.
Ich bin dann der Schuldige, wenn ...
Diese Sache ist eine Nummer zu groß für mich.

- Wie sieht das unterschiedliche Durchsetzungsvermögen der beiden Gesprächspartner aus? Welche Mittel verwenden sie?
Wie offen, wie versteckt wird kommuniziert?
Zu welcher Lösung kämen Sie?

Exkurs: Regelbeurteilung: Schulleiter/innen und Lehrer/innen auf dem Prüfstand!

Wie wohl fühlen sich Beurteiler und Beurteilte?

- Schulleiter befürchten Brüche in der Kommunikation zwischen ihnen und dem Kollegium.
- Lehrer/innen ziehen ihre Bewerbung für das Amt eines Schulleiters zurück, da sie keine Regelbeurteilung vornehmen wollen. Angst vor direktorialer Schulleitung?
- Lehrer/innen sind geschockt, frustriert, wütend ... und befürchten ebenfalls gravierende Beziehungsprobleme.

● Wie fühlen Sie sich bei dem Gedanken zu beurteilen bzw. beurteilt zu werden?
Was würden Sie tun?
Übrigens: Wie geht es Ihnen als Lehrer/in, der/die Schüler/innen beurteilt?
Und hinzu kommt: Auch Schüler/innen beurteilen Lehrer/innen, offen oder versteckt!

Können Schulleiter/innen und Lehrer/innen die Regelbeurteilung gemeinsam „vor Ort" befriedigend für beide Seiten bewältigen? Warum ruft eine Beurteilung der Leistung (nicht der Person!) – ist dies überhaupt zu trennen? – bei vielen Ängste hervor? Wie selbstbewußt sind beide Seiten, um unbeschadet und letztlich doch zum Wohlbefinden aller eine Beurteilung zu „verkraften"? Oder sind Lehrer/innen hier besonders empfindlich? „Gerade die", mögen andere sagen, „die dauernd andere beurteilen und benoten!"
Drei Vorgehensweisen können den konstruktiven Umgang mit Beurteilungen fördern:

● *a) Reflexion des Schulleiters:*
- Welche Erfahrungen, welches Wissen, welche Kenntnisse nehmen Sie als Grundlage für Ihre Beurteilung?
- Inwieweit fühlen Sie sich selbst kompetent, Unterricht zu beurteilen?
- Inwieweit beeinflussen (oder hindern) Ihre persönlichen kollegialen Kontakte Ihre Beurteilung?
- Mit welchen Beurteilungskriterien kommen Sie (bis jetzt) zurecht und mit welchen (noch) nicht?

- Wie und wo nehmen Sie das unterrichtliche und erzieherische Wirken Ihrer Kolleginnen und Kollegen wahr?
- Wird Ihre Beurteilerfunktion vermutlich die Beziehungen im Kollegium belasten, verändern oder gar gravierend stören?
- Welche Probleme sehen Sie auf sich zukommen?

● *b) Kommunikation zwischen Schulleiter und Lehrern:*

- Sie können gemeinsam mögliche Widerstände, Blockaden, Ablehnungen und Befürchtungen auffangen und klären, um eine Basis für eine Beurteilung herzustellen.
- Versuchen Sie, Ihre Sicht- und Handlungsweisen transparent zu machen.
- Versuchen Sie, als Schulleiter Ihre eigene Gebundenheit an Weisungen und Ihre Möglichkeiten und Grenzen zu verdeutlichen.
- Versuchen Sie, als Kollegin/Kollege Ihre subjektive Betroffenheit und Ihre Belastungen deutlich mitzuteilen, damit innerhalb der Möglichkeiten Handlungsalternativen gefunden werden können.
- Klären Sie gemeinsam Fragen, Probleme und sachliche Unklarheiten, sowie Vorgehensweisen, Beurteilungskriterien und Beurteilungen.

Grenzen: Bei einer direktorialen Schulverfassung gibt es keine Diskussion über Alternativen – die Direktiven sind vorgegeben – und keine Konsensbildung. Dies zu glauben, wäre Augenwischerei. Wenn aber die *Sache* nicht diskutiert werden kann, so bleibt für die Art und Weise des Vorgehens und für das Klima der Beziehungen doch Raum für Möglichkeiten, förderlich miteinander umzugehen!

● *c) Kooperation von Schulleiter und Lehrern:*

- Welche Möglichkeiten haben Sie, sich gemeinsam auf die Beurteilung vorzubereiten?

– Welche Gelegenheiten nehmen Sie wahr, Ihre Erfahrungen auszutauschen?
– Denken Sie an gegenseitige Unterrichtsbesuche? (Hilfen, Ängste, Unsicherheiten ...?)
– Bildung von Arbeitsgruppen ...?
– Wieviel Zeit können Sie investieren – bei der Fülle Ihrer sonstigen Arbeit?

Vgl. auch: Klemens Auberle/Reinhold Miller: Schulinterne Lehrerfortbildung – ein Versuch – oder: Ein Lehrerkollegium drückt wieder die Schulbank, in: Lehren und Lernen 1987/9, S. 31 ff.)

Vielleicht ermutigt Sie auch folgendes Beispiel der Kommunikation zwischen Schulleitung und einem Lehrer:
„Als ich die Schule wechselte, mußte mein Schulleiter eine Beurteilung über mich schreiben. Er lud mich zu einem Gespräch ein, das er mit folgenden Worten eröffnete: ‚Ich habe mir Gedanken über Sie gemacht, und ich sehe Sie folgendermaßen: ... Wie sehen Sie sich hier an unserer Schule?‘
Bereits diese Frage empfand ich als sehr hilfreich und offen. Im regen Gesprächsaustausch hat sich eine Beurteilung ergeben, die von beiden Seiten völlig der Realität entsprach und dem Empfinden beider Rechnung trug.“
Voraussetzung war allerdings die Offenheit des Schulleiters, die realistische Selbsteinschätzung des Lehrers und die Bemühungen beider, die Sichtweisen des anderen zu verstehen. (Vgl. auch: Lehrer lernen, S. 306)

- Übrigens zum Thema „Prüfungsgerechtigkeit“:
  „Prüfungen messen, was die Angst übriggelassen hat!“

3. Beziehungen: Offenheit, Nähe und Distanz

„Unser Pädagogischer Tag verlief sehr harmonisch und erfolgreich. Man hat gespürt, daß eben auch in unserem recht ‚disharmonischen‘ Kollegium die Sehnsucht nach Harmonie allgegenwärtig ist.“
Dies schreibt eine Kollegin, die sich nach einem Pädagogischen Tag „rundum wohlfühlte“.
Was ist das Ziel? Den anderen *sein* lassen können *und* versuchen, Offenheit, Nähe und Distanz zu leben; die Antinomie

nicht auflösen, die Spannung aushalten, die Balance finden, in der sich alle Teile wohlfühlen.

Im Beziehungsbereich erleben Menschen immer wieder Verhaltensweisen, die sich störend auswirken und die verhindern, daß diese Balance entstehen kann. (Mir ist dann, als säße ich allein am anderen Ende der Wippe – und die anderen drücken mehrheitlich nach unten. Ich fühle mich macht- und hilflos, nach oben geschleudert und dem Willen derer ausgeliefert, die mich nach Belieben wieder nach unten fallen lassen können. Ich habe keine Einwirkungsmöglichkeiten ...).

Verhaltensweisen, die sich für *mich* förderlich auswirken, sind auch im Umgang mit *anderen* förderlich:

„Wenn ich eine Beziehung herstellen kann, die auf meiner Seite so charakterisiert ist:

Authentizität und Transparenz, ich zeige mich in meinen wirklichen Gefühlen;

warmes Akzeptieren und Schätzen des anderen als eigenständiges Individuum;

Einfühlung, die Fähigkeit, den anderen und seine Welt mit seinen Augen zu sehen;

dann wird der andere in dieser Beziehung:

Aspekte seines Selbst, die er bislang unterdrückt hat, erfahren und verstehen;

finden, daß er stärker integriert ist und eher in der Lage sein, effektiv zu agieren;

dem Menschen, der er sein möchte, ähnlicher werden;

mehr Selbständigkeit und Selbstbewußtsein zeigen;

mehr Persönlichkeit werden, einzigartiger und fähiger zum Selbstausdruck;

verständiger, annahmebereiter gegenüber anderen sein;

angemessener und leichter mit den Problemen des Lebens fertig werden zu können.

Diese Aussage trifft, glaube ich, zu, gleichgültig, ob ich von meiner Beziehung zum Klienten, zu einer Gruppe von Studenten oder Kollegen oder von meiner Beziehung zu meiner Familie oder meinen Kindern spreche." (Carl Rogers: Entwicklung der Persönlichkeit. Stuttgart 1976, S. 51 f.)

Der Ansatzpunkt, verstehend und förderlich miteinander umzugehen, beginnt also immer wieder bei mir:

- Was fange ich mit mir an, wenn ich mit den anderen Schwierigkeiten habe?
- Wo liegt bei mir das Problem?
- Was teile ich von mir mit?

Wir kommunizieren häufig über den anderen, anstatt uns mitzuteilen:

Aussagen *über mein Gegenüber*:	Aussagen *über mich*:
– Schon wieder kommst *du* zu spät nach Hause.	– *Ich* bin jetzt den ganzen Abend alleine gewesen.
– Jetzt hör *du* mir doch endlich einmal zu!	– *Ich* möchte auch etwas sagen, komme aber nicht zu Wort.
– Ist *dir* das überhaupt bewußt, wie unmöglich *du dich* benimmst?	– *Ich* fühle mich jetzt im Zusammensein mit dir nicht sehr wohl ...

Dabei geht es hier nicht um eine Technik der sogenannten „Ich-Botschaften". Gordon, von dem dieser Ausdruck stammt, wird hier häufig mißverstanden. Ich-Botschaften sind die logische Konsequenz einer dahinterliegenden Einstellung, daß jeder für sich die Verantwortung übernimmt und auf die eigene Autonomie wie auch auf die des anderen achtet. Letztlich kann ich nur von *mir* und über *mich* etwas aussagen und für mich und mein Handeln die Verantwortung übernehmen.

Ich-Botschaften, falsch verstanden, können dann folgende Absurdität annehmen:

Du-Botschaften:	Sog. „Ich-Botschaften" (falsch):
– Hör du doch endlich auf ...	– *Ich* möchte, daß du endlich ...
– Sei du doch still ...	– *Ich* möchte, daß du still ...
– Komm du doch nicht so spät ...	– *Ich* möchte, daß du nicht ...

(Haben Sie unter diesem Gesichtspunkt schon einmal die Dialoge in „Denver" und „Dallas" angehört?)

Im folgenden schildere ich einige „Beziehungsfälle“, in denen deutlich wird, wie wir „miteinander umgehen“ und was jeder einzelne tun kann, sich selbst und sich mit anderen wohlzufühlen. Die Ouvertüre beginnt allerdings wieder mit Carl Rogers:

„Ich habe es als äußerst wertvoll empfunden, wenn ich es mir erlauben kann, einen anderen Menschen zu verstehen ... Unsere erste Reaktion auf die meisten Feststellungen, die wir von anderen Menschen hören, ist eine sofortige Bewertung und Beurteilung, aber kein Verständnis ...

Es bereichert, Kanäle zu öffnen, durch die andere ihre Gefühle, ihre privaten Wahrnehmungen mir mitteilen können. Da es sich lohnt, andere zu verstehen, möchte ich die Barrieren zwischen anderen und mir abbauen, damit sie sich, wenn sie wollen, offener zeigen können ...

Ich habe es als höchst lohnend empfunden, einen anderen Menschen akzeptieren zu können ... Jeder Mensch ist in einem sehr realen Sinn eine Insel für sich, und er kann erst dann Brücken zu anderen Inseln bauen, wenn er zuallererst gewillt ist, er selbst zu sein, und wenn ihm das erlaubt wird. Wenn ich also einen anderen Menschen, genauer: die Gefühle, Einstellungen und Glaubensinhalte, die er als realen und vitalen Teil seines Selbst hat, akzeptieren kann, dann helfe ich ihm, ein Mensch zu werden ... (Carl Rogers: Entwicklung der Persönlichkeit ... S. 33 ff.)

- In Beziehungsschwierigkeiten:
  - Nehmen Sie wahr, was der/die andere in *Ihnen* auslöst?, z. B.:
    „Mit dir kann man aber auch nicht reden!“
    „Ich bin ziemlich enttäuscht von dir.“
  - Fragen Sie nach den „guten Gründen“ bei Ihrem Gegenüber?, z. B.:
    Was meinte er/sie damit?
    Wieso hat sie/er dies jetzt gesagt?
  - Wie häufig werten und bewerten Sie?, z. B.:
    „Ich finde das einfach unmöglich ...“
    „Sag mal, stellst du dich immer so an ...?“

- Wie fühlen Sie sich, wenn Sie solche Sätze sagen bzw. gesagt bekommen?

Nach dieser Ouvertüre begleiten Sie mich zu Kolleginnen und Kollegen. Lesen Sie, bitte, was sie sich (und uns) zu sagen haben:

Beispiel I: „Wir reden nicht mehr miteinander!“

„Eine Kollegin war über mich verärgert bzw. unzufrieden über eine Situation. Der Vorgang wurde mir nicht persönlich gesagt, aber von Schülern und Kollegen wurde ich (hinter meinem Rücken) übelst durch den Kakao gezogen. Daraufhin sprach ich die Kollegin an, ob sie mir etwas zu sagen hätte und ob sie mit mir reden wolle. Sie antwortete aber, daß sie mit mir nicht mehr zu sprechen wünsche ...
Diese Situation hat mich wütend gemacht; Haßgefühle entwickelten sich ... Seit dieser Zeit reden wir wirklich nicht mehr miteinander. Ich bat den Schulleiter, nicht mehr mit dieser Frau zusammenarbeiten zu müssen.
Im neuen Schuljahr sprach mich die Kollegin wieder an, aber nun wollte und konnte ich nicht mehr mit ihr reden. Ich habe das Gefühl, diese Frau wird sich nie ändern – deshalb meine Konsequenz! Obwohl sie mir irgendwie leid tut.“

Bemerkungen:

Ein Gefühl (Verärgerung, Unzufriedenheit) wird nicht mitgeteilt, schon gar nicht demjenigen, mit dem es etwas zu tun hat. (Furcht vor entsprechenden Konsequenzen oder Reaktionen?) Die Folge: Die Kollegin fühlt sich hintergangen („hinter meinem Rücken“) und nicht in der Lage, ihre eigene Sichtweise darzustellen. („Übelst durch den Kakao gezogen.“) Dies wiederum bewirkt Haßgefühle ... Die Beziehung verschlechtert sich zusätzlich, die Kluft vergrößert sich: Keine Zusammenarbeit mehr, ja selbst dann nicht, als die Kollegin beginnen will, auf die Betroffene zuzugehen. („Nun wollte und konnte ich nicht mehr reden.“) Diese bekommt nun auch keine Chance mehr. („Sie wird sich ja nie ändern ...“) Wer könnte dies mit Sicherheit sagen?
Wichtig ist also, die Betroffenheit, das Gefühl, die eigene Situation mitzuteilen, und zwar direkt demjenigen, den es betrifft. Vom Gegenüber allerdings darf erwartet werden, daß

diese Offenheit angenommen wird: Ich akzeptiere, was du von dir mitteilst! Und ich verwende es nicht gegen dich!

- Versetzen Sie sich in die Lage der beiden Kolleginnen: Würden Sie Partei ergreifen wollen? (Dann gäbe es in jedem Fall ein 2:1 Verhältnis. Wer ist Siegerin, wer Verliererin?)

Es geht auch so:

„In unserem Kollegium kann ich zu jedem einzelnen gehen, wenn ich etwas brauche, wenn ich meinen Frust loswerden will oder aus dem Unterricht berichte, was mich belastet. Ich finde ein offenes Ohr. Diese freundschaftliche Atmosphäre tut uns allen gut und trägt wesentlich dazu bei, daß wir uns in unserer Schule sehr wohlfühlen."

Oder so:

„Mir ist es vor wenigen Tagen mit einer Kollegin so ergangen: Ich fühlte mich von ihr sehr verletzt. Als ich dem nachging, fiel es mir wie Schuppen von den Augen: Nicht ich brauchte verletzt zu sein – im Gegenteil: Ich habe sie mit meinen Aussagen überfordert, ihre Ängste verstärkt. So mußte sie ihre Ängste mit einem Angriff gegen mich abwehren."

Beispiel II: „Änderung ohne mein Wissen"

„Kurz nach der Zweiten Dienstprüfung unterrichtete ich fachfremd Physik und Chemie in drei achten Klassen: Hilflosigkeit bei mir, Chaos bei den Schülern. An einem Montag, mitten im Schuljahr, eröffnete mir der Schulleiter ohne vorherige Absprache und Information, daß ich ab heute die drei Klassen abzugeben habe und daß ich eine fünfte Klasse bekäme. Der Grund sei meine Unfähigkeit, in den achten Klassen zu unterrichten. (Was er allerdings nicht wortwörtlich, aber sinngemäß so sagte.)
Am gleichen Tag trat die Änderung auch wirklich in Kraft. Geärgert hat mich, daß von dieser Änderung offensichtlich

alle Kolleginnen und Kollegen wußten, ich aber vor vollendete Tatsachen gestellt wurde. Mich störte und verletzte die Art und Weise, wie man mit mir umgegangen ist. (Die Maßnahme selbst war begründet und hat sich im nachhinein als voller Erfolg herausgestellt.)"

Bemerkungen:

Was mag wohl in dem Schulleiter und in den anderen Kolleginnen und Kollegen vorgegangen sein? Welche „guten Gründe" hatten sie, der „hilflosen Kollegin" die Änderung zu verheimlichen? Ich kann mir folgende Sätze, gut gemeint, vorstellen: „Wie wird sie es denn auffassen? Sie ist ja selbst so hilflos. – Wir können ihr doch nicht länger die Klasse überlassen; was wird denn daraus werden? – Eigentlich sollte ich (Schulleiter) es ihr sagen, aber ich weiß nicht, wie sie reagieren wird. Ich kann ihr doch nicht so direkt sagen, daß sie unfähig ist."
Und die Kollegin: „Eigentlich komme ich mit der Klasse nicht zurecht. Am liebsten würde ich sie abgeben. Aber dann würde ja noch deutlicher meine Unfähigkeit zutage treten. – Die hätten aber vorher mit mir reden können. Wie steh' ich denn jetzt da? Und das alles hinter meinem Rücken!"
„Mich verletzte ..., wie man mit mir umgegangen ist!"
Wie ist „man" mit ihr umgegangen? Gar nicht! – Vorsichtig und auf Abstand; „hintenherum" aus Angst ...!? Beide Seiten drückten sich, subjektiv aus „gutem Grund", vor der Wahrheit, vor Offenheit (nach der sich doch so viele sehnen). Jedoch: Offenheit zieht auch Konsequenzen nach sich, z. B.: Traurigkeit, Verletztsein, Abstand, Distanz, Schmerz, Abgelehntwerden ... Wer ist bereit, für seine Offenheit auch die Verantwortung zu übernehmen?

- Was hätten Sie als Schulleiter getan! Mit welchen Gefühlen?
  Koppeln Sie auch: Schwierigkeiten mit einer Klasse = Unfähigkeit als Lehrer?

Es geht auch so:

„Meine Krankmeldung kam durch ein Mißverständnis und Versehen beim Schulleiter zu spät an. Er ärgerte sich sehr darüber, teilte seinen Ärger anderen, aber nicht mir mit. Nach meiner Rückkehr sprach ich daraufhin meinen Schulleiter an und äußerte ihm den Wunsch, mich direkt anzusprechen und doch offen mit mir zu reden.
Als wieder einmal gegen mich etwas vorlag, sprach er mich direkt an, und auch sonst bespricht er manches mit mir."

Beispiel III: „Kollegiale Bespitzelung!?"

„Mißtrauen und Bespitzelung stehen auf der Tagesordnung, was den Unterricht anbelangt. Jeder hält jeden für einen schlechten Lehrer. Ein Beispiel: Mein Kollege, der die Parallelklasse führt, fragte allen Ernstes meine Schüler (8. Klasse), ob sie bei mir überhaupt etwas lernten. Die Schüler kamen sehr verunsichert zu mir und berichteten mir von der seltsamen Frage.
Erstaunlicherweise aber gehen wir bei der Deputatsverteilung oder bei der Erstellung des Stundenplans partnerschaftlich miteinander um."

Bemerkungen:

Was würden die einzelnen Lehrer/innen antworten, wenn jemand laut sagen würde: „Hier hält jeder jeden für einen schlechten Lehrer, eine schlechte Lehrerin!" – Zustimmung, Entrüstung, Schweigen ...?
Wie ist das zu verstehen? Auf der einen Seite „unterrichtliche Bespitzelung", auf der anderen Seite kollegiale Zusammenarbeit? Worin liegt die Ursache dieser Widersprüchlichkeit?
„Lernt ihr bei Frau X. überhaupt etwas?" könnte bedeuten: „Sie macht's ganz anders als ich; das verunsichert mich!" – Oder: „Die mit ihren komischen Methoden; da kann man doch nichts lernen." – Oder: „Ich bin für's Pauken; das ist wichtig. Ein anderer Unterrichtsstil kommt für mich nicht in Frage!"

Auf jeden Fall wird hier – wieder – über dritte kommuniziert, anstatt direkt, um vermutlich wiederum die Konsequenzen zu vermeiden oder den (angeblich) leichteren Weg zu gehen. Folge: Verärgerung, Gefühl der Bespitzelung, Enttäuschung ...
So bleibt es bei dem *Wunsch*: Die (unterrichtlichen) Karten auf den Tisch zu legen, ohne Bewertung darüber zu reden, gemeinsam etwas zu verändern. Und weil es bei dem Wunsch bleibt, ändert sich wieder nichts!

- Ich würde gerne im Kollegium offener sein, aber ...
  Wievielen Personen im Kollegium können Sie Ihre Probleme anvertrauen?
  Wie haben Sie das erfahren:
  Vorteile der Offenheit, Vorteile der Zurückhaltung?

Es geht auch so:

„Es ist bei uns üblich, ohne Scheu den Unterricht des anderen zu besuchen, und schließlich tauschen wir auch Arbeitsmaterial aus, soweit dies von der Deputatsverteilung her möglich ist.“

Beispiel IV: „Ich bin Einzelkämpfer“

a) „Ich möchte als Fachlehrerin gerne mit den jeweiligen Klassenlehrern zusammenarbeiten; die meisten tun das aber nicht und sind der Meinung, jeder müsse allein mit den Problemen fertig werden. Ich fühle mich sehr allein und im Stich gelassen. Aber als Einzelkämpfer schaffe ich es einfach nicht.“
b) „Im 6. Schuljahr haben wir z. Z. 33 Kinder. Ich bin Fachlehrerin für Musik und versuche, sehr partnerschaftlich mit den Kindern umzugehen. Die anderen Lehrer in der Klasse sind total autoritär. Und bei mir lassen dann die Schüler die Sau raus ... Ich will nicht aufgeben. Schon oft habe ich versucht, Gespräche zu führen, um unterrichtlich besser klarzukommen. Vergeblich!“

Bemerkungen:

Beide Beispiele verdeutlichen, wie schwer es ist, Klassen- und Fachlehrer „an einen (Gesprächs-)Tisch zu bekommen".
„Als Klassenlehrer habe ich keine Probleme", könnte auch heißen: Wer Probleme hat, wird als unfähig hingestellt. (Und wer möchte so schon bezeichnet werden?) Und dann: „Wenn ich offen bin für die Probleme der Fachlehrer, dann müßte ich ja vielleicht Hilfen anbieten. Aber da fühle ich mich überfordert. Also blocke ich gleich ab!"

- Vermuten Sie: Wo sind die Blockaden bei den Klassenlehrern?
  Vorschlag: Sie sind Fachlehrerin/Fachlehrer, die/der nicht „gehört" wird. Schreiben Sie einen Brief an den Klassenlehrer. Wie würde er vermutlich reagieren?
  Phantasieren Sie mit: Sie sind Klassenlehrer/in und bekommen einige sehr schwierige Klassen als Fachlehrer/in: Wie wird es Ihnen wohl ergehen?

Es geht auch so:

„Ich habe eine 7. Klasse in sehr desolatem Zustand übernommen (mangelndes Arbeitsverhalten, ungünstiges Klima); gemeinsam mit den meisten Fachlehrern wurden langfristig (vor allem mit Hilfe der kooperativen Verhaltensmodifikation, die für alle neu war*) positive Veränderungen erzielt. In diesem Zusammenhang war ich über die gute Zusammenarbeit mit den Kollegen höchst erfreut. Besonders überrascht hat mich die Bereitschaft der Schüler, bestimmte Zielvorstellungen mitzuentwickeln, um positive Lern- und Leistungsergebnisse zu bewirken: Lehrer und Schüler im ‚Verbundsystem' – sehr bedeutungsvoll für den Schulalltag!"

* Vgl.: Alexander Redlich/Wilfried Schley: Kooperative Verhaltensmodifikation im Unterricht. München 1978.

Beispiel V: „Sie blockt ab!"

„Eine Kollegin unterrichtet in meiner Klasse mit großen Disziplinschwierigkeiten. Während einer Freistunde hörte ich zufällig, wie die Kinder im Klassenzimmer tobten. In der Pause sprach ich mit den Schülern. Anschließend versuchte ich, der Kollegin zu vermitteln, daß ich bereit bin, ihr zu helfen. Sie blockte ab und meinte, daß diese Unruhe nur zu Beginn der Stunde gewesen sei und daß sie jetzt Arbeitsgruppen bilde. Mir gegenüber bagatellisierte sie das Problem (das übrigens auch schon im vorausgegangenen Schuljahr bestand)."

Bemerkungen:

„Ich gebe ja zu, daß ich große Disziplinschwierigkeiten habe. Aber ich werde mich hüten, das auch noch an die große Glocke zu hängen. Es ist mir ja sowieso schon peinlich genug, daß andere den Lärm bis auf den Gang hinaus gehört haben. Eine Kollegin sprach mich sogar an, mir zu helfen. So weit kommt es noch. Ich bin doch nicht unfähig, eine Klasse in den Griff zu kriegen, nach all meinen Erfahrungen. Ich krieg' das schon wieder hin. Es dauert halt noch ein bißchen. Hoffentlich merken die anderen nicht mehr so oft, wie es in meinen Stunden zugeht."
So oder ähnlich könnten die Gedanken sein. Geholfen bekommen heißt ja, zugeben müssen, hilflos zu sein. Und hilflos sein koppeln wir sehr häufig mit Unfähigkeit. Diese Unfähigkeit (fachlicher Art) beziehen wir dann auch noch des öfteren auf unsere Person, und das wäre zu viel. Dann lieber den Mantel des Schweigens und Verdrängens über alles decken ... Und die liebe Seele hat wieder ihren (vermeintlichen) Frieden.

- Was meinen Sie: Was *andere* bei mir als „Unfähigkeit" bezeichnen, könnte die Nichterfüllung von Erwartungen sein?
  Oder: „Unfähigkeit" als Eingeständnis einer „Teil-Unfähigkeit"? (Ich kann nicht alles können!)
  Empfinden Sie es als „eine Schande", etwas nicht zu

können, nicht zu beherrschen (was Sie „eigentlich" können sollten)?
Ich fühle mich erleichtert, auch mal zugeben zu dürfen, etwas nicht zu können. Und Sie?

Es geht auch so:

„Vor ein paar Tagen kam eine Kollegin auf mich zu und fragte mich, was mit mir los sei und warum ich so ein verstörtes Gesicht machen würde. Ich war froh, daß sie mich ansprach, und ich konnte ihr erzählen, daß ich in meiner Klasse überhaupt nicht zurechtkommen würde ... Im weiteren Verlauf haben mir dann auch noch andere Kollegen geholfen."

Beispiel VI: „Spannungen zwischen Kolleginnen"

„Ich habe als Fachlehrerin beobachtet: Die Fachlehrerin in TW/BK schreibt in der ersten Unterrichtsstunde die Namen der fehlenden Schüler ins Klassenbuch. Die Klassenlehrerin beklagt sich *schriftlich* bei der Fachlehrerin, indem sie folgendes Schreiben ihrer Kollegin in das Klassenbuch legt: ‚Es ist Aufgabe der *Klassen*lehrerin, die Namen der fehlenden Kinder in das Klassenbuch einzutragen.' Die Fachlehrerin bespricht diese Angelegenheit nicht mit ihr, sondern beschwert sich in der Gesamtlehrerkonferenz über die Klassenlehrerin. Seit dieser Zeit ignorieren sich beide Kolleginnen, und es bestehen immer noch Spannungen zwischen ihnen."

Bemerkungen:

- Für wen würden Sie Partei ergreifen?
  Was empfinden Sie als Klassenlehrerin und als Fachlehrerin während der Gesamtkonferenz?
  Angenommen: Sie möchten die Spannungen beseitigen: Was würden Sie tun?
  Etwa so:
  A: „Es ist doch ganz klar, daß ich als Klassenlehrerin die Namen der fehlenden Schüler eintrage. Darüber muß doch überhaupt nicht diskutiert werden."

B: „Ich denke mir nichts dabei, wenn ich als Fachlehrerin die Namen in das Klassenbuch eintrage. Die Hauptsache, sie stehen drin."
Wo liegt das Problem???

Es liegt nicht im sachlichen Bereich, sondern im Beziehungsbereich:
A. fühlt sich „nicht gefragt", bzw. sie hat das Gefühl, jemand greife in ihren Kompetenzbereich ein. Und das geht vermutlich an ihr Selbstwertgefühl.
B. „denkt sich nichts dabei" und trägt die Namen ein. Sie hat nicht den Eindruck, jemandem etwas wegzunehmen.

- Wie könnte es zu einer Lösung des Beziehungsproblems kommen?
  Was bringt beide näher?

Wichtig ist hier die Bereitschaft beider, den „guten Grund" der anderen wahrzunehmen; also: Sichtwechsel! Bei A.: Eingriff in die Kompetenz ... (Was steckt wirklich dahinter?) und bei B.: Hat sich nichts dabei gedacht ... (Für sie besteht kein Problem.)
Leider auch hier wieder: Kein Austausch der Sichtweisen, kein Dialog, auch keine Lösungshilfen über dritte, sondern: Der Konflikt wird an die Öffentlichkeit getragen (GLK), die Fronten verhärten sich, die Spannungen bleiben.

- Denken Sie bitte nach: Wie oft kommunizieren Sie direkt und wie häufig indirekt über dritte?
  Was hindert Sie, sich direkt an die/den Betroffenen zu wenden?

Es geht auch so:

„Wenn es Schwierigkeiten im Kollegium gibt, dann reden wir offen miteinander. Manchmal fallen dann schon harte Worte; aber bisher hat sich die Luft immer noch gereinigt. Im Laufe der Jahre ist uns bewußt geworden, daß jeder hier seine Probleme haben darf."

Beispiel VII: „Das muß dann wohl an Ihnen liegen“

„Ein Kollege klagt bei der Zeugniskonferenz über das Verhalten eines Schülers. Der Klassenlehrer geht überhaupt nicht auf diese Äußerung ein, sondern sagt: ‚Bei mir macht er überhaupt keine Schwierigkeiten, und zudem ist er ein guter Schüler. Das muß dann wohl an Ihnen liegen.‘“

Bemerkungen:

- Sie sind dieser Fachlehrer: Was geht jetzt in Ihnen vor, nachdem Sie diese Bemerkung gehört haben?
  Sie sind der Klassenlehrer: Was hat Sie bewegt, sich so zu äußern?

„Weil ich keine Schwierigkeiten mit dem Schüler habe, kann es nicht am Schüler liegen, sondern an Ihnen.“ Dem Klassenlehrer ist es nicht gelungen, sich in den Fachlehrer hineinzufühlen, dessen Sichtweise zu verstehen und sein Anliegen zu hören.
Auf der anderen Seite: Der Fachlehrer klagt *über* einen Schüler. Auch für ihn ist es ungewohnt, *seine* Probleme mitzuteilen, sich also zu öffnen, z. B.: *„Ich* habe Schwierigkeiten, *ich* komme nicht zurecht ...“ (Möglicherweise denkt er, daß er sich das gar nicht leisten könne.) Und schließlich: Es wird bewertet, wenn jemand Probleme hat.

- Wie steht ein Kollege da, auf den gezeigt wird und zu dem gesagt wird: „Das muß ja wohl an Ihnen liegen.“
  Hören Sie jetzt auch einige „Kindheitssätze“ heraus, z. B.: „Das muß ja wohl an dir liegen, daß du das nicht verstehst. Das ist doch kinderleicht.“
  „Andere in deinem Alter können das schon lange ...“
  Was empfinden Sie: Jemand hat Schwierigkeiten und Probleme, die Sie überhaupt nicht haben. Finden Sie eine Brücke?

Es geht auch so:

„Probleme mit Schülern kann ich offen und mit vielen Kollegen besprechen. Kaum einer meint, er habe keine Probleme. Ich fühle mich angenommen und verstanden und muß mich nicht verstecken. Wir sprechen über Situationen und Probleme und versuchen, Lösungen zu finden. Ich sehe dann oft wieder klarer und habe nicht mehr das Gefühl, in einer Sackgasse zu sein ..."

Beispiel VIII: „Bloß keine Mehrarbeit!"

a) „Die Kolleginnen und Kollegen scheuen pädagogische Gespräche; es gab auch noch keinen Pädagogischen Tag, und Projekttage werden nur vorsichtig angepeilt. Wenn ich Vorschläge einbringe, so bekomme ich zur Antwort, ich solle nur ja keine Mehrarbeit herbeirufen. Ich fühle mich nicht wohl, wenn in der Schule nur das Nötigste gemacht wird."
b) „Nach Schulschluß sind die Kolleginnen und Kollegen immer sehr schnell verschwunden: Kein zusätzliches Engagement, nur das Allernötigste. Man wird zum Einzelkämpfer und resigniert sehr schnell. Keine Solidarität, keine Aktivitäten; das überträgt sich auf die Schüler ..."

Bemerkungen:

- Auf welcher Seite haben Sie sich jetzt empfunden? Bekommen Sie Schuldgefühle bei diesen „versteckten Anklagen"? Sind Sie der „aktive Kollege" oder die „anderen Kolleginnen und Kollegen"?

Und wieder Sichtwechsel: Was bedeutet für den Kollegen die Aktivität, sein Einsatz, seine Mehrarbeit? Welche Erfahrungen bringt er mit, welche Bedürfnisse und Wünsche hat er? Welche Ziele, Ideale, Vorstellungen?
Wie wichtig sind „den anderen" die Ruhe, das Sich-Zurückziehen, der private Raum? Wie sehr belastet sie die Mehrarbeit? Welche Erfahrungen, welche Vorstellungen, Ideen,

Phantasien, Befürchtungen haben sie? Wo sind bereits Ansätze der Resignation?
Und schließlich: Wo ist das Forum, wo ist der Tisch, auf den alle diese Wünsche und Bedürfnisse gelegt werden können und dürfen, und auf dem dann alle gemeinsam ansehen, was sie „innerlich“ mitgebracht haben? Jeder hat seinen „guten Grund“: Der eine für seine Aktivität und Mehrarbeit, der andere für seine Ablehnung. Nehmen wir uns ernst in unseren unterschiedlichen Wünschen und Bedürfnissen?

Es geht auch so:

„Bei der Klassenverteilung äußert jeder seine Wünsche. Wir besprechen alles gemeinsam und sind um Lösungen bemüht. Der Schulleiter ist für Vorschläge offen ...“
„Es wird vom Kollegium gemeinsam ein Vertretungsplan gemacht. Bis der Schulleiter kommt, ist alles fertig; er muß nur noch ‚seinen Segen geben‘. So fühlt sich keiner benachteiligt. Auch die Stoffverteilungspläne werden gemeinsam erstellt.“

Beispiel IX: „Jeder hat Angst“

„Im Lehrerkollegium soll, als Rollenspiel, eine Konfliktsituation gespielt werden. Mehrmals fordert der Schulleiter die Kolleginnen und Kollegen auf, sich doch zu melden und mitzumachen. Die meisten haben die Blicke gesenkt. Nach längerem Schweigen bringe ich das Gespräch auf diese ‚Jetzt-Situation‘ und frage: ‚Was geht in Ihnen vor, daß Sie so schweigen ...?‘ Jemand aus dem Kollegium sagt plötzlich in das Schweigen hinein: ‚Ich habe Angst, mich zu blamieren.‘ Aus dem Kollegium kommen daraufhin sehr rasch Sätze wie: ‚Das stimmt doch gar nicht! Sie brauchen doch keine Angst zu haben! Sie blamieren sich doch nicht ...‘“

Bemerkungen:

Dreifaches fällt mir auf:
Zum einen werden die Äußerungen, besonders die Gefühle der Kollegin, nicht richtig wahr- und ernstgenommen. (Sie

hat Angst ...; das genügt!) Zum zweiten: Wenn sie keine Angst zu haben bräuchte und wenn sie sich nicht blamieren würde, dann könnten sich auch alle anderen zum Rollenspiel melden. Und drittens: Weil sich niemand meldet, ist zu vermuten, daß doch viele Ängste oder Unsicherheiten ... Aber wer hat den Mut, dies auch noch zuzugeben?
Fazit: Jeder hat Angst ..., nur der andere soll sie nicht haben. Jeder will die Verantwortung dem anderen zuschieben, keiner ist bereit, willens, fähig oder in der Lage (aus welchen „guten Gründen" auch immer), die Verantwortung für sich zu übernehmen und zu äußern, was jetzt in ihm vorgeht. Und alle sind froh und atmen erleichtert auf, wenn *andere* das Rollenspiel übernehmen.

- Mit welchen Gefühlen hätten Sie sich zum Rollenspiel gemeldet?
  Hätten Sie mitgeteilt, was in Ihnen vorgeht?
  Was hätte Sie zum Schweigen veranlaßt?
  Wie fühlen Sie sich, wenn andere etwas für Sie übernehmen?
  Wie ist das bei Ihnen: Wie gehen Sie mit Ihren eigenen Ängsten und wie mit den Ängsten anderer Menschen um?

Durch alle die vorangegangenen Beispiele zieht sich wie ein roter Faden immer wieder das gleiche Verhaltensmuster: Spannungen und Probleme werden wahrgenommen, nur aus dem eigenen Blickwinkel heraus betrachtet und durch versteckte Kommunikation letztlich nicht gelöst, sondern verdrängt. Dabei ist gerade ein Lehrerkollegium vielen Konflikten ausgesetzt, denn Spannungen dort „resultieren aus ständigem Erleben von Widersprüchen in der Schule zwischen Disziplin und Autonomie, Anpassung und Entfaltung, Stabilität und Wandel, Organisation und Gruppe. Nicht gelöste Spannungen setzen sich als Interaktions- und Rollenkonflikte fort ... Konflikte wirken destruktiv, angstauslösend, hemmend, bedrohend, bedrückend, als etwas, was man tunlichst vermeidet, verdrängt, abwehrt, vor dem man in Illusionen flüchtet. Dann wird überwiegend mit folgenden Strategien reagiert, aber nichts interaktionell verändert: lamentieren,

klagen, sich beschweren, ironisieren, krankmelden ...“ (Klaus Gimmler/Karin Ginhold: Leben im Kollegium, in: Herbert Gudjohns/Gerd-Bodo Reinert, Hrsg.: Schulleben. Königstein/Ts. 1980, S. 78)
Wenn sich aber etwas verändern soll, und weil von Lamentieren bis Krankmelden keine Lösungen kommen, so besteht der erste Schritt der „Bewältigungsarbeit“ darin, offen auszusprechen, was man empfindet und was man will, daß man bereit ist, dafür auch die Verantwortung zu übernehmen und das eigene Problem, den eigenen Konflikt nicht dem anderen hinüberzuschieben: „Solang ich glaube, daß mein Konflikt sich nur auf jemanden oder auf etwas außerhalb meiner selbst bezieht, kann ich wenig dagegen machen, höchstens über ihn klagen oder versuchen, ihn aufzulösen. Wenn ich aber einsehe, daß vieles von dem Konflikt in mir selber liegt, kann ich etwas viel Wirksameres tun: die Verantwortung für die eignen Schwierigkeiten übernehmen und aufhören, meine Probleme der Umwelt anzulasten.“ (John Stevens: Die Kunst der Wahrnehmung. München 1986/9, S. 72f.).
Ich kann mich entscheiden, „persönlich aufrichtig zu sein. Und wenn ich mich dafür wirklich entscheide, wenn ich sage, was ich erlebe und fühle, zeige ich, daß man mir trauen kann. Aber zuerst muß ich aufrichtig gegen mich selbst sein, Fühlung mit meinem Erleben gewinnen und die Verantwortung für die Entscheidung übernehmen, indem ich ihr als meinem Erleben Ausdruck gebe. Dies ist die *einzige* Verhaltensweise, die Vertrauen erwecken kann.“ (John Stevens ..., S. 93)

Manche Menschen fühlen sich allerdings sehr belastet, wenn sie sich öffnen wollen und die Verantwortung für ihr eigenes Tun übernehmen sollen. Sie haben verstärkt die Erfahrung gemacht, daß ihre Meinungen und ihr Tun nicht akzeptiert werden und daß ihre Offenheit gegen sie verwendet wird:

– „Das ist völliger Quatsch, was Sie da sagen!“
– „Ich finde deine Meinung einfach unmöglich.“
– „Das paßt aber jetzt wirklich nicht daher, was du da eben gesagt hast.“
– „Wenn ich du wäre, würde ich mit meiner Meinungsäußerung vorsichtiger sein.“

Bevor also (vom anderen) Offenheit und Verantwortbarkeit für das eigene Tun gewünscht, gefordert werden kann, muß von allen Beteiligten ein „Boden" geschaffen werden, auf dem diese Verhaltensweisen auch gelebt werden können. So kann der einzelne die Erfahrung machen: Ich kann mich hier frei äußern, und ich werde als Person akzeptiert. Ich bin mir auch bewußt, daß ich keine Äußerungen und Bewertungen *über* andere abgebe, sondern das ausspreche, was *mir* wichtig ist und was *mich* betrifft. So kann allmählich Vertrauen entstehen.
Ein wichtiger Punkt scheint mir auch der Umgang mit eigenen Phantasien zu sein. Ich erlebe immer wieder, wie Phantasien Handlungen blockieren:

- „Eigentlich würde ich ja schon etwas sagen wollen, aber ich weiß nicht, was dann die anderen von mir denken."
- „Ich würde ja gerne mitmachen, aber das könnten die anderen in den falschen Hals kriegen."
- „Was würden die anderen da meinen, wenn ich ...?"

Wir achten also sehr viel mehr auf die Meinungen und *möglichen* Reaktionen der anderen als auf unsere eigenen Wünsche und Bedürfnisse; wir glauben weit mehr den Urteilen der anderen und vertrauen noch zu wenig den eigenen Erfahrungen: „Wir stehen in Kontakt mit unseren *Meinungen*, nicht mit der Realität. Anstatt mit der Wirklichkeit zu rechnen und gewisse Risiken einzugehen, hypnotisieren wir uns selbst mit unseren Phantasien, was nicht möglich sei, und mit den Katastrophen, die eintreten könnten, wenn wir uns auf Alternativen einlassen würden, usw." (John Stevens ... S. 85)
Diese „phantasierten Katastrophen" schleppen wir mit uns als Ballast herum und wundern uns, warum wir so be-lastet sind und warum wir uns so wenig frei und wohl fühlen: Ich möchte nicht zur „Wirklichkeit im Jetzt" auch noch den Phantasieballast des *Später* (= Zukunft) tragen. So habe ich vermehrt Kraft für mich und andere. (Vgl. auch 5. Kapitel, 1. Abschnitt: Im Jetzt leben! S. 258ff.)

- Was spüren Sie, wenn Sie die folgenden Begriffe laut sprechen:

Offenheit	Direktheit	Phantasie
Nähe	Verantwortung	Wirklichkeit
Distanz	Meinungen	Vertrauen

Haben Sie Vertrauen zu sich selbst?
Was bedeutet für Sie: Ich habe Vertrauen zu ...?
Fällt es Ihnen leichter zu sagen: Ich habe kein Vertrauen zu ...?

Vertrauen: Ich vertraue mir
Ich traue mir etwas zu
Ich traue mich
Ich vertraue dir
Ich bin vertraut mit dir
Ich lasse mich fallen
Ich werde nicht fallen gelassen
Ich werde nicht verletzt
Ich kann mich öffnen
Ich kann offen sein

4. Miteinander arbeiten

Auf dem Boden förderlicher Beziehungen können wir leichter miteinander arbeiten. Im vorigen Abschnitt wurde deutlich, wie sehr die „Beziehungsarbeit" immer wieder geleistet werden muß, bevor es an die Kooperation geht. Ist es mit ihr manchmal im argen, weil es an wohltuender Kommunikation mangelt? Denn häufig ist die Rede von Einzelkämpfern, von verschlossenen Klassenzimmern, von Isolation und von zu wenig gemeinsamer Arbeit. Bleiben Lehrer/innen, was das Miteinanderarbeiten betrifft, hinter ihren Möglichkeiten zurück?
Mich würde diese Frage nicht so sehr interessieren, wenn ich nicht so häufig bei vielen Kolleginnen und Kollegen den Wunsch, ja geradezu die Sehnsucht verspüren und heraushören würde: Miteinander arbeiten und sich wohlfühlen!
Wir *wissen* ja, daß es viele Möglichkeiten der praktischen Zusammenarbeit gibt: Klaus Schaefer: So schaffen Sie den Schulalltag. Münster 1985, S. 105 – (Bitte lesen Sie jetzt nicht den Titel: So *schafft* Sie der Schulalltag!!!):

- „Planung von Einzelstunden, Unterrichtseinheiten ...
- Anfertigung von Unterrichtsmaterial ...
- Entwurf von Klassenarbeiten und Klausuren
- Korrektur und Bewertung von Klassenarbeiten und Klausuren
- fächerübergreifender Projektunterricht
- Erstellung von Vordrucken ...
- Vorbereitung von gemeinsamen Wandertagen, Klassenfahrten ...“

Und wir *wissen* (meist!), was zu tun *wäre*, um das Miteinander nicht zu erschweren, sondern zu erleichtern (Klaus Schaefer ... S. 106): „Man kann z. B.:
- aus der Lehrerbibliothek entliehene Bücher sorgfältig eintragen, bald zurückgeben ...
- Klassensätze von Büchern rechtzeitig, vollständig und unbeschädigt wieder zurückstellen ...
- Rücksicht nehmen, wenn ein Kollege im Lehrerzimmer konzentriert zu arbeiten versucht ...
- Klassenräume so verlassen, daß der nächste Besucher sich nicht über eine unabgewischte Tafel, herumliegenden Abfall u. ä. ärgern muß ...
- sich an Beschlüsse der Fachkonferenz halten ...“ usw.

● Sie *wissen* um die Möglichkeiten der Zusammenarbeit: Wieviel verwirklichen Sie davon?
  Wo sind Ihre Grenzen, Ihre Blockaden?
  Fühlen Sie sich auf den Schlips getreten, wenn Sie lesen, was Sie alles machen sollten? (Klingen die Vorschläge nicht manchmal nach leisen Vorwürfen? „Eigentlich sollten wir ja ...“)
  Welche Wünsche haben Sie? Z. B.:
  - Ich möchte am liebsten in Ruhe gelassen werden.
  - Nicht schon wieder diese Ansprüche!
  - Ich möchte gerne mit anderen zusammenarbeiten, aber die *anderen* wollen oder können nicht.
  - Ich möchte gerne, aber ...
  - Keine Wünsche: Bei uns klappt die Zusammenarbeit.

Meine Wunschliste läßt sich noch erweitern, wenn ich an Antworten denke, die ich von einigen Schulleitern bekommen habe. Sie sagten:

Ich möchte
- auch auf die privaten und persönlichen Belange und Bedürfnisse der Lehrer/innen achten;
- Möglichkeiten schaffen, um Hobbys, Neigungen, Spezialkenntnisse u.a.m. ins Kollegium zu bringen („Was wissen wir über unsere privaten Fähigkeiten?“);
- mich für das Kollegium engagieren: Feste, Ausflüge, Exkursionen ...;
- künstlerisch tätigen Kolleginnen und Kollegen Gelegenheiten geben, ihre Ergebnisse und Produkte einzubringen (Ausstellungen, Vorträge ...);
- gemeinsames Tun auf verschiedenen Gebieten ermöglichen: Handwerk, Batik, Keramik, Kochen, Musik, Theater ...;
- Lehrerfamilien in den Bereich der Schule einbeziehen: Wanderungen, Fahrten, Veranstaltungen (Schule wird somit nicht nur Empfänger von Kraft, sondern zum Geber für sie. Die Familien machen die Erfahrung: Wir bekommen auch etwas ...);
- die Persönlichkeit der Lehrer/innen stärker berücksichtigen: Einsatz in bestimmten Fächern nach Wunsch, Einbindung des Lehrers in ein Team nach Wahl, offene und persönliche Gespräche, Rücksichtnahme und Entlastungen, Hinführen zu neuen Bereichen, Ermutigung zur persönlichen Weiterbildung.

● Sie haben diese Wünsche gelesen:
Was wollen *Sie*?
Was kommt Ihnen in den Sinn? (Als Schulleiter/in, als Lehrer/in)
Etwa folgendes:
  - Da hab ich ja überhaupt kein Privatleben mehr!
  - Toll! Endlich offene Schule: Laßt das Leben herein!
  - Laßt mich in Ruhe!
  - Immer dieser Überaktionismus.
  - In einer solchen Schule würde ich mich wohlfühlen.
  - Jetzt hilft nur noch Entspannungstraining.
  - Oder: ...

Wilfried Schley (Zwischen Systemzwängen und menschlichen Schwächen, in: Westermanns Pädagogische Beiträge

1986/6, S. 22–27) meint, daß wir hinter unseren Möglichkeiten zurückbleiben:

„Aus organisationspsychologischer Sicht halte ich die These für gut begründet, daß Lehrerkonferenzen (und nicht nur die, Anm. R.M.) weit hinter den versammelten Ressourcen an Sachkompetenz, Kreativität, Problemlösungsfähigkeit und Motivation ihrer Mitglieder zurückbleiben." (S. 23)

Und die „differenzierte informelle Hierarchie" erschwert es mitunter sehr, die Möglichkeiten des Miteinander voll auszuschöpfen, weil „alteingesessene Autoritäten, Fachmänner und -frauen, Meinungsführer, Krisenmanager, Helfer, Berater, graue Eminenzen, Fixsterne, Platzhirsche, Spaßmacher, Regisseure, Einflüsterer, Warner ..." sich und anderen selbst oft im Wege stehen (S. 24). Und viele jammern: „Persönliches kommt zu kurz, Offenheit bleibt auf der Strecke" (S. 25). Die vielgerühmte Offenheit wird dann von anderen erwartet, selbst aber zu wenig praktiziert. Das Persönliche wird hinter dem Sachlichen versteckt:

„Viele sachlich vorgebrachten Argumente sind durch persönliche Motive gespeist." Die vielgerühmte „*bloße* Sachlichkeit" gibt es nicht losgelöst von der jeweiligen Person, und es geht darum, die dahinterliegenden Motive zum Vorschein zu bringen: Es werden „immer wieder lange Sachdebatten mit großem Energieeinsatz geführt, als deren Triebfedern Rivalität, Stolz, Dominanzstreben, Befürchtungen, Ängste und Unbehagen wirksam sind". (S. 25)

Miteinander arbeiten und sich dabei wohlfühlen heißt im Klartext, *Sache* und *Person* gleichermaßen zu beachten, in Balance zu bringen und zu halten. Dies geht nicht immer ohne Auseinandersetzungen, vor denen sich manche scheuen: „Wenn jedoch Auseinandersetzungen vermieden werden und abstimmungstaktisch reguliert vonstatten gehen, bleibt zwar eine sachliche Atmosphäre erhalten, aber es gibt Sieger und Besiegte, und die ‚Überstimmten', ‚Umgangenen' oder ‚Ausgetricksten' gehen mit ihren Gedanken und Gefühlen in den Kollegiumshintergrund." (S. 26)

Fazit Schley: „Lehrerkonferenzen mangelt es an offener, konfliktzentrierter Kommunikation:

– es fehlen offene Aussprachen,
– es wird zu wenig Klartext gesprochen,
– Kritik wird selten geäußert." (S. 26)

Nun ist das Wort *Kritik* vermutlich bei vielen negativ belastet und erleidet deshalb ein Stiefkinddasein innerhalb der menschlichen Kommunikation:

- Was verbinden *Sie* mit dem Wort Kritik?
  Welche Erfahrungen haben Sie bisher gemacht, wenn Sie jemand kritisiert hat? Ging es Ihnen gut oder weniger gut dabei?
  Wie hilfreich ist für Sie Kritik?
  Was empfinden Sie, wenn Sie folgende Wörter lesen?

– Meinungsverschiedenheit	– Miteinander
– Harmonie	– Konfliktregelung
– Auseinandersetzung	– Abstimmung
– Autonomie	– Durchsetzung
– Nähe und Distanz	– Minderheit
– Unterschiedlichkeit	– Demokratie
– Selbständigkeit	– Lehrerkonferenzen
– Meinungsaustausch	– Sieg und Niederlage

(Übrigens: Das Wort Kritik kommt aus der griechischen Sprache mit der ursprünglichen Bedeutung „Unterscheidung“!)

„Wenn ich mit jemandem eine Meinungsverschiedenheit oder eine Auseinandersetzung habe, so ist der richtige Weg zur Beilegung folgender: (1) deutlich sagen, was ich empfinde, was mir wichtig ist und was ich vom anderen will; (2) auf die Empfindungen und Forderungen des anderen zu hören und (3) dann entweder zu irgendeiner Übereinkunft und Lösung zu kommen oder mich zu entscheiden, daß ich mein Anliegen und meine Wünsche einem anderen Menschen antragen werde, dessen Geschmack und dessen Empfindungen mehr den meinen entsprechen.“ (John Stevens, S. 105)
Das heißt also: Beide Meinungen sind *gleichwertig*!

- Welche Erfahrungen haben Sie mit der Gleichwertigkeit von persönlichen Meinungen?
  Wie bekannt sind Ihnen folgende Sätze und was empfinden Sie dabei?
  – Ich bin hier ganz anderer Meinung als Sie.
  – Ich finde nicht richtig, was Sie hier sagen.
  – Also, das sehe ich ganz anders.

- Ihrer Meinung kann ich mich voll anschließen.
- Aber das kann man doch so nicht sagen.
- Wir wollen doch jetzt bitte sachlich bleiben.
- Meinung hin, Meinung her, hier geht es um Argumente.

Wie ist das mit der Kritik, warum kommt so häufig Unbehagen hoch?
Kritik wird häufig verstanden und erlebt als
- Abwertung, Ablehnung, Bewertung von Personen;
- Eingriff in die eigene Autonomie;
- Dominanzstreben und Vereinnahmung;
- Beeinträchtigung des Selbstwertgefühls;
- Mißachtung der eigenen Person;
- Überbetonung der Sache;
- Verlust der Balance zwischen Sache und Person.

Kritik aber sollte verstanden und erfahren werden als
- Ausdruck der *eigenen* Meinung;
- Übernahme eigener Verantwortung;
- Darlegung von Argumenten;
- Abwägung unterschiedlicher Argumente;
- Einbeziehung und Achtung der Person;
- Ausdruck von Kreativität und Phantasie.

Ich habe viele Lehrer befragt: Was fällt Ihnen ein, wenn Sie das Wort *Kritik* hören? Hier die häufigsten Antworten: Einengung, Bevormundung, unangenehmes Gefühl, Oberlehrer, fehlerhaft, unterlegen sein, Vater, Widerstand, Ablehnung, Belastung ...
Nur in einigen wenigen Fällen kamen Wörter wie Klarheit, Sachlichkeit, Hilfestellung ... zur Sprache.
Fazit: Geben wir der Kritik eine andere Farbe, dann wird sich Offenheit von selbst einstellen!

Zurück zu Wilfried Schley:

a) „Es fehlen offene Aussprachen“

Die Aussprachen fehlen, weil der Offenheit zu wenig Raum gegeben wird bzw. weil sie verhindert oder abgeblockt wird:

- Meinungsäußerungen werden abgewürgt: „Wo kämen wir da hin, wenn jeder so denken würde wie Sie?“
- Erfahrungen werden nicht akzeptiert: „Das ist völlig unmöglich, was Sie da sagen ...“
- Aussagen werden bagatellisiert: „Das kann so schlimm nicht sein, was Sie da schildern. Seien Sie nicht so kleinlich und empfindlich!“
- Eigene Meinungen werden verallgemeinert: „Es ist doch überhaupt keine Frage: Das muß *man* so sehen ...“

Offene Aussprachen fehlen also, weil der „klimatische Boden“ fehlt. Offenheit kann sich erst dann einstellen, wenn die einzelnen Personen die Erfahrung gemacht haben oder sie wieder neu machen können:
- Ich werde in meiner Person akzeptiert, so wie ich bin.
- Meine geäußerten Erfahrungen werden angenommen.
- Meine Meinung ist genauso viel wert wie die Meinungen der anderen.
- Ich fühle mich hier verstanden in dem, was ich sage, fühle, tue.
- An mir wird nicht „herumgeschnitzt“ und „herumgemäkelt“.

● Wie sollten die anderen sein/sich verhalten, damit *Sie* sich offen äußern können?
Welche Widerstände/Hemmnisse spüren Sie in sich selbst, sich offen zu äußern?
Bei welchen Menschen können Sie sich offen äußern, bei welchen nicht?

b) „Es wird zu wenig Klartext gesprochen“

Der Klartext fehlt deshalb, weil häufig abgelehnt, verteufelt, als falsch hingestellt wird, verzerrt wird, nicht beachtet wird ... Das Risiko, „Klartext zu sprechen“, ist dann für den einzelnen viel zu hoch:
- „Das stimmt ja gar nicht, was Sie da sagen.“
- „Im letzten Schuljahr waren Sie aber anderer Meinung.“
- „Ich verstehe überhaupt nicht, was Sie sagen ...“
- „Sagen Sie mal, können Sie sich nicht klarer ausdrücken?“

Den Mut (und die Offenheit), „Klartext zu sprechen“, entwickeln Personen dann, wenn sie die Erfahrung gemacht haben und wieder neu machen, daß ihre subjektiven Erfahrungen und ihre Meinungen über Personen und Sachen akzeptiert werden. Es gibt nichts und niemanden, der *meine* Erfahrungen anzweifeln könnte: Es sind *meine* Erfahrungen:

- „Ich bin froh, daß Sie das, was Sie empfinden, jetzt deutlich geäußert haben.“
- „Für mich ist es sehr wichtig, daß ich weiß, was Sie denken.“
- „Ich fühle mich erleichtert, seitdem ich weiß, was in Ihnen vorgeht.“
- „Mir wird jetzt klarer, warum Sie so gehandelt haben, weil Sie mir mehr über sich mitgeteilt haben.“

● Was hat Sie bisher gehindert, „Klartext zu sprechen“? Wie haben Sie bisher offene Aussprachen erlebt? Klar = hart! Stimmt diese Gleichung für Sie?

c) „Kritik wird selten direkt geäußert“

Vermutlich haben viele Menschen die Erfahrung gemacht: Kritik kam bei mir sehr negativ an, und deswegen habe ich entweder „zurückgeschossen“ oder ich habe mich – beleidigt – zurückgezogen.

Kritik:

- „Du hast nicht recht, aber ich.“
- „Da hast du aber einen ganz schönen Bock geschossen.“
- „Herr M., ich muß Sie rügen, weil ...“
- „Sehen Sie denn nicht, was Sie da angestellt haben?“
- „Also, Frau B., so geht das nicht.“
- „Ich versteh’ überhaupt nicht, wie du das machen konntest.“

Wenn Kritik so negativ geäußert und so destruktiv erfahren wird, „schießt“ der Kritisierte zurück oder er zieht sich zurück. Der Kritiker wiederum macht die Erfahrung, daß seine Äußerungen nicht angenommen werden. Folge: Er wird sich an Dritte wenden und aufhören, sich direkt zu äußern.

Menschen äußern sich nicht (mehr) direkt, weil sie die Erfahrung gemacht haben oder wieder neu machen:

- Meine Meinung kommt beim anderen negativ an.
- Meine Meinung ruft sofort Widerstand hervor.
- Meine Meinung wird ja doch nicht akzeptiert.
- Meine Äußerung wird sofort gegen mich verwandt.
- Meine Wünsche und Bedürfnisse werden ja doch nicht zur Kenntnis genommen ...

Häufig beziehen wir auch Aussagen anderer Menschen auf uns (vermutlich als Lernmuster aus unserer Kindheit):

Ich-Aussagen als persönliche Meinung:

- Ich fühle mich in diesem Klassenzimmer nicht sehr wohl.
- Ich kann deine Schrift nicht lesen.
- Ich kann mich hier überhaupt nicht konzentrieren.

Ich höre sofort daraus negative Kritik:

- Was muß ich wohl für eine Unordnung haben, weil es ihm hier nicht gefällt.
- Was muß ich wohl für ein Schmierfink sein?
- War ich jetzt schon wieder zu laut?

● Welche Ich-Aussagen übernehmen Sie für sich, oder: Welche „Schuhe ziehen Sie sich immer wieder an", die gar nicht für Sie bestimmt sind?
Welche Eigenschaften schreiben Sie einem kritischen Menschen zu?
Wie fühlen Sie sich, wenn Sie sich selbst kritisch äußern?
Was fällt Ihnen leichter: Kritik üben – Kritik annehmen?
Was empfinden Sie, wenn Sie kritisiert werden?
Wann haben Sie Kritik als hilfreich empfunden?
Was verstehen Sie unter „positiver" und „negativer" Kritik?

Sind Lehrer/innen besonders empfindlich, wenn es um Konflikte und Kritik geht? Britta Otto kommt jedenfalls zu folgendem Ergebnis:

„Minimale Konfliktbereitschaft einerseits und maximales Konfliktpotential andererseits sind das deprimierende Resultat der strukturellen Widersprüche der Schule als Organisation und der individuell erworbenen und kollektiv erlernten Verarbeitungsmuster jenes Widerspruchs." (Britta Otto: Der Lehrer als Kollege. Weinheim 1978, S. 94)
Ist durch die *minimale Konfliktbereitschaft* vielleicht das Konflikt*potential* deshalb so hoch? Und ich vermute, daß die Konfliktbereitschaft deshalb so minimal ist, weil sie von Lehrer/innen als nicht *notwendig* erachtet wird. Denn, um mit Ewald Terhart (Kommunikation im Kollegium, in: Die Deutsche Schule 1987/4) zu sprechen:
„Nicht die gelingende kollegiale Kommunikation oder ein angenehmes Betriebsklima im Lehrerzimmer ist der primäre Betriebszweck der Schule, sondern die *Arbeit in den Klassenzimmern.* Deren Qualität wiederum *hängt jedoch sehr stark von der Qualität der kollegialen Kommunikation und Kooperation ab.*" (S. 442)
Das heißt:
„Bei der Ableistung seiner *eigentlichen beruflichen Tätigkeit* (Hervorhebung R. M.) steht ein Lehrer außerhalb jeglicher kollegialer Kommunikation." (S. 442)
Hat der Lehrer also zu wenig „Übungsmöglichkeiten und Übungsnotwendigkeiten" im Bereich der Kommunikation und Kooperation und deshalb auch ein Defizit an Konflikt- und Kritikfähigkeit? Dies könnte er nun ja schleunigst im Kollegium „nachholen". Aber weit gefehlt:
„Man könnte nun vermuten, daß nach der isolierten Arbeitssituation im Klassenzimmer das Lehrerzimmer zur Wiederaufbereitungsanlage für berufliches, für unterrichtliches Engagement wird. Dies ist nicht der Fall." Die Erörterung pädagogischer Arbeitsprobleme wird „geradezu ängstlich ausgeklammert". Und da die Arbeit des Lehrers stark mit Persönlichkeitsanteilen verwoben ist, „würde gar eine öffentlich im Kollegium stattfindende Erörterung der eigenen beruflichen Probleme als große Bedrohung erlebt – ein zusätzlicher Grund, die Nichteinmischungsnorm strikt einzuhalten. Isolation ist die Folge – wo Zusammenarbeit notwendig wäre! An dieser Stelle ist vielleicht der Befund einer physiologischen Untersuchung der Lehrerbelastung ganz interessant: Die durchschnittliche Herzfrequenz von Lehrern

liegt in den Pausen höher als während des Unterrichts (vgl. Scheuch u.a. 1978, S. 2255). Das liegt sicher nicht nur am Pausenkaffee." (S. 445)
Vermutlich sind es auch Unsicherheiten und Ängste, die die Herzfrequenz erhöhen. Wie gehen Lehrer/innen im Kollegium mit ihren Ängsten um? Eine Möglichkeit besteht in der Aufarbeitung in Gesprächsgruppen, von denen Herbert Gudjohns berichtet:
„Es ist schwierig, sich Angst einzugestehen. Die Lehrer ... haben diese Schwelle überwunden. Sie sprechen in der Gruppe offen über ihre Ängste. Und sie machen gemeinsam die Erfahrung: Private, tabuierte Gefühle werden zu etwas qualitativ anderem, wenn sie ausgesprochen werden. Angst wird handhabbar. Zehn Augen sehen mehr als zwei: Mimik, Gestik, Körpersprache machen oft mehr über die Ursachen von Ängsten klar als die Worte des Erzählenden. Die Lehrergruppe hilft bei der Deutung. Gespräch ist kein Ersatz für die Lösung der Probleme. Aber seine befreiende Wirkung ist Voraussetzung dafür, daß Angst aktiv angegangen werden kann. Ein Vorteil dieser Methode: man kann morgen beginnen." (Hinweis der Redaktion WPB zu: Herbert Gudjons: Umgang mit Angst. Erfahrungen einer Lehrergruppe, in: Westermanns Pädagogische Beiträge 1980/1, S. 27)

Darüber hinaus kann die Kommunikation und Kooperation gefördert werden durch:
- Sich Wissen aneignen über förderliche Beziehungen und Begegnungen mit Menschen;
- Blockaden abbauen und Offenheit für sich und andere entwickeln;
- an Tagungen, Seminaren und anderen Trainingsmöglichkeiten zum Thema Kommunikation teilnehmen;
- Gespräche mit Schülern, Kollegen und Eltern führen, um die Kommunikationserfahrung zu erweitern;
- eigene Wünsche und Bedürfnisse äußern und auf Wünsche und Bedürfnisse der anderen eingehen;
- über eigenes Arbeitsverhalten mit anderen nachdenken;
- Rückmeldung über die Wirkung eigenen Arbeitsverhaltens einholen;
- bisherige Aktivitäten im Team notieren (Selbstkontrolle);

- eigene Schwierigkeiten äußern, im Team zu arbeiten;
- „gruppenfreundliche“ und/oder „gruppenfeindliche“ Einstellungen und Verhaltensweisen überdenken;
- Tagungen, Kurse u. ä. Aktivitäten aufsuchen/besuchen, in denen kooperative Arbeitsweisen angeboten bzw. bevorzugt werden.

● Sie haben diese „Förderungsangebote“ gelesen. Kreuzen Sie bitte an, was Sie bisher schon getan bzw. erreicht haben, und notieren Sie, was Sie noch vorhaben.
Ist für Sie Teamarbeit bisher eher eine Belastung gewesen oder haben Sie auch Vorteile daraus gewonnen?

Wenn ich an das „Miteinander arbeiten – voneinander lernen“ denke, so verbinden sich damit für mich wichtige Erfahrungen und Gedanken:

a) Gründe:

- Soziales Lernen: Wir sitzen alle in einem Boot.
- Konsensnotwendigkeit: Gemeinsame Erziehungsaufgaben
- Gemeinsame Basis: Bildungs- und Lehrpläne
- Schule als gemeinsamer Lernort
- Vorbildfunktion der Lehrer/innen

b) Voraussetzungen:

- Der Wille, miteinander zu arbeiten, voneinander zu lernen
- Akzeptanz der unterschiedlichen Personen und deren Kompetenzen
- Offenheit und die Bereitschaft zum Erfahrungsaustausch
- Reduzierung von Konkurrenzdenken
- Realistischer Umgang mit den eigenen Fähigkeiten

c) Gewinn:

- persönliche Lernförderung
- Maximierung der Ergebnisse und Produkte
- Zunahme an Sicherheit in den Arbeitsweisen
- Förderung der Beziehungen im Kollegium
- Erhöhung des Sich-Wohlfühlens

d) Schwierigkeiten:

- Blockade durch bisherige negative Erfahrungen („Einzelkämpfer")
- Zurückstellung eigener Ideen zugunsten ... (Kompromißfähigkeit)
- Konstruktiver Umgang mit den gegenseitigen Rückmeldungen
- Zeitliche und organisatorische Belastungen
- Möglicher erhöhter Arbeitsaufwand

e) Grenzen:

- Individuelle Grenzen (Erfahrung, Alter, Bildung ...)
- Sachgrenzen („Nicht alles ist teamfähig.")
- Zeitgrenzen (Zeitdruck, Ergebnisdruck ...)
- Institutionelle Grenzen (Vorschriften, Weisungen)
- Nähe- und Distanzgrenzen

Beispiel der gemeinsamen Arbeit eines Kollegiums: Lehrer/innen der Hauptschule am Deutenberg in Villingen-Schwenningen beschlossen, an acht einzelnen Tagen im Schuljahr 1986/87 im Rahmen des Erziehungs- und Unterrichtsauftrags sich gemeinsam fortzubilden und miteinander zu arbeiten: 8 Einzeltage (über das Schuljahr verteilt) je 2 Stunden am Vormittag (10.30–12.30) und freiwillig am Nachmittag (14.00–17.00). Ich war bei diesem Versuch als pädagogischer Berater dabei. Vgl. auch: Klemens Auberle/Reinhold Miller: Schulinterne Lehrerfortbildung – ein Versuch, oder: Ein Lehrerkollegium drückt wieder die Schulbank, in: Lehren und Lernen 1987/9, S. 31–54.

Zielsetzungen (S. 33f.)

„– Gemeinsame, längerfristige und fundierte Arbeit am Problem der Schwierigkeiten, die die Bildungs- und Erziehungsarbeit behindern;
– Theoretische Weiterbildung für das gesamte Kollegium in größerem Umfang als bei den herkömmlichen Fortbildungsveranstaltungen:
  - Auffrischung didaktischer, pädagogischer und psychologischer Wissensbestände;
  - Aufarbeitung von mehrjährigen Erfahrungen auf dem Hintergrund von Didaktik, Pädagogik und Psychologie;
– Gemeinsame Lösung von Einzel- und Klassenproblemen;
– Gemeinsame Planung und Durchführung von Unterrichtsvorhaben;
– Prophylaxe gegen Frustration, Enttäuschung und Interesselosigkeit der Lehrer am Bildungs- und Erziehungsauftrag im Laufe längerer Dienstzeiten;
– Ergänzung und Komplementierung der bisherigen Lehrerfortbildung.“

Inhalte

Die acht Arbeitstage hatten jeweils ein Thema zum Inhalt:
– Lehrerpersönlichkeit und Lehrerverhalten
– Wechselwirkungen: Lehrer-Schüler-Verhalten
– Lehrer und Schüler: Störungsbewältigung und Kooperation
– Übungen und Spiele zur Störungsbewältigung
– Das Lernen lernen / Schülern beim Lernen helfen
– Unterrichtsvorbereitung
– Unterrichtsdurchführung
– Unterrichtsreflexion

Die einzelnen Tage bestanden jeweils aus drei Teilen:
– Information (Referat, Literatur)
– Reflexion (Arbeit in Gruppen, Diskussion)
– Konkretion (Fallbesprechung, Übungen)

Fazit:

Am Ende der acht Arbeitstage stellt das Kollegium fest: Wir haben aus den gemeinsamen Erfahrungen gelernt und können am Schluß folgende Feststellungen treffen (S. 52ff.):

– Wir haben gemeinsam, längerfristig und fundiert Probleme erarbeitet.
– Es sind pädagogische, didaktische und psychologische Wissensbestände aufgefrischt, revidiert und ergänzt worden.
– Es ergab sich eine höhere Effizienz von Maßnahmen in der Bildungs- und Erziehungsarbeit: die weiterführende Arbeit des Kollegiums wird zeigen, inwieweit die Maßnahmen auch längerfristig wirksam sind.
– Auch die Anleitungen und Hilfen des pädagogischen Beraters in verschiedenen Bereichen wurden vielfältig wahrgenommen und mit Engagement in den eigenen Lernprozeß miteinbezogen.
– Inwieweit prophylaktische Maßnahmen gegen zunehmende Enttäuschung im Schulalltag wirksam werden, wird die Zukunft zeigen. Ermutigende Erfahrungen stärken die Zuversicht ...
– Acht pädagogische Arbeitstage werden auch positive Spuren bei zukünftiger Regelbeurteilung hinterlassen ...
– Verstärkt haben sich zweifellos die Kommunikation und Kooperation im Kollegium. Spürbar ist ein zunehmender Prozeß der Offenheit, der Zusammenarbeit und der Diskussionsfreudigkeit.
– Die Kommunikation und Kooperation mit den Schüler/innen haben sich ebenfalls verstärkt, auch wenn nicht alle Probleme gelöst wurden. Die Einsichten der Kolleginnen und Kollegen haben sich unmittelbar auf die Lehrer-Schüler-Beziehung ausgewirkt.

Angesichts der Tatsache, daß derzeit (und vermutlich auf Jahre hinaus) keine oder kaum junge Lehrerinnen und Lehrer in die einzelnen Kollegien kommen, ist es dringend notwendig, daß dort, in den einzelnen Schulen, der Erfahrungsaustausch, die Auffrischung von Wissensbeständen und das persönliche Weiterlernen gefördert werden. Welcher Ort wäre geeigneter als die eigene Schule, und welches Lernen wäre sinnvoller als die schulinterne Fortbildung eines gesamten Kollegiums?

Gewinnbringend war besonders (S. 51):
- stärkere Reflexion über Schülerverhalten;
- die sehr offene und positive Arbeit in der Gruppe;
- die Arbeit im Kollegium und der Erfahrungsaustausch;
- die gegenseitigen Unterrichtsbesuche mit anschließender Beratung;
- die persönlichen Erfahrungen des Referenten;
- die Reflexion über eigenes Verhalten;
- die Analyse von Situationen und Problemfällen;
- die vielen guten Gespräche im Kollegium.

● Was sagen Sie zu dieser schulinternen Fortbildung?*

Es wäre utopisch zu meinen, jeder käme im Kollegium mit jedem gleich gut aus und könnte mit jedem gleich produktiv und befriedigend arbeiten. Den nachfolgenden Spruch von Fritz Perls finde ich sehr befreiend:

„Ich tu das Meine,
du tust das Deine,
ich lebe nicht auf dieser Welt,
um deinen Erwartungen zu entsprechen,
und du bist nicht auf dieser Welt,
um die meinen zu erfüllen.
Du bist du, und ich bin ich,
und wenn wir uns zufällig begegnen,
so ist das schön.
Wenn nicht, läßt sich's nicht ändern!"
(Fritz Perls, zitiert in: John Stevens ... S. 199)

● Wie wirken diese Zeilen auf *Sie*?
Ich wünsche Ihnen, daß Sie Kolleginnen und Kollegen finden, mit denen Sie gut zusammenarbeiten können und daß Sie die anderen in Ruhe lassen können (und umgekehrt!).

* Vgl. auch: Reinhold Miller: Schilf-Wanderung. Wegweiser für die *praktische* Arbeit in der schulinternen Lehrerfortbildung. Weinheim, 3. Aufl. 1992.

2. Miteinander älter werden

Fast alle Kollegien machen die gleiche Erfahrung: Es kommen kaum mehr junge Kolleginnen und Kollegen in die Schule. Die Einstellungsproblematik betrifft nicht nur diese jungen Menschen, sondern auch diejenigen, die im Schuldienst sind: Wir werden miteinander älter, ohne daß wir die Unterstützung durch Jüngere bekommen. Dies hat gravierende Folgen:

a) den Verlust der Erziehungs- und Unterrichtskontinuität:
Was nützen uns Wohlstand, materielle Sicherheit, technischer Fortschritt ..., wenn die Weitergabe erzieherischer und unterrichtlicher Erfahrung an junge Lehrerinnen und Lehrer nicht mehr möglich ist? Schüler verbringen zwischen 10000 und 15000 Stunden ihres Lebens in der Schule. Sie haben ein Recht auf Kontinuität von Erziehung und Unterricht als Ausdruck eines gemeinsamen Lebens*prozesses* und nicht eines Lebensstillstandes.
b) die Überalterung („Vergreisung") einer Vielzahl von Kollegien:
Nur noch Großväter und Großmütter an den Schulen? Was geschieht mit unseren Schülern/innen, wenn der natürliche physische und psychische Verschleiß der älteren Lehrer/innen nicht durch junge aufgefangen wird? Was geschieht mit diesen älteren und alten Kolleginnen und Kollegen, deren Lebenserfahrungen sich immer weiter von denen ihrer Schüler entfernt haben? Wie gehen die Alten mit den Jungen um?
c) das Schmoren (Ausdorren) im eigenen pädagogischen Saft:
Es wird immer weniger Impulse, Gedanken, Innovationen, erzieherische und unterrichtliche Einflüsse von außen geben. Lehrgänge und andere pädagogische Veranstaltungen können in keiner Weise den wirklichen Nachholbedarf der Kollegien an „frischem pädagogischem Wind" decken. Inwieweit wirkt sich dann „verdorrte Pädagogik" auf die Erziehung der jungen Menschen aus?

Fazit: Wenn Innovation von *außen* immer weniger in die Schulen getragen werden, dann liegt es an uns Lehrer/innen, für diese Innovationen *innerhalb* der Schule zu sorgen – soweit dies überhaupt möglich ist! Es wäre schlimm, wenn „pädagogisches Sattsein“ die Schule zu einem toten Gebilde werden ließe. Leidtragende wären zuallererst unsere Schülerinnen und Schüler! Miteinander arbeiten – voneinander lernen erleichtern das Miteinander-Älter-Werden.

- Wie stehen Sie zu diesen Gedanken?
  Welche Erfahrungen machen Sie in Ihrem Kollegium?
  Sie werden älter: Welche Befürchtungen haben Sie, wenn Sie dabei an Ihre berufliche Arbeit denken?

(Sollten Sie – wie ich – die oben genannten Gedanken an kultusministerielle Behörden schreiben –, weil Ihnen, wie mir, dieses Problem unter die Haut ging, dann könnten Sie – wie ich – folgende Antwort bekommen: „... wir danken Ihnen für Ihren Brief ... Daß Ihnen dieses Problem unter die Haut geht, ehrt Sie ... Angesichts der drastisch zurückgehenden Schülerzahlen und des nachlassenden Bedarfs an Lehrern wird das Problem insgesamt aber nur durch eine berufliche Umorientierung der Betroffenen gelöst werden können. Es hat demgegenüber wenig Sinn, Forderungen nach weiteren Planstellen zu erheben. Solche Forderungen sind angesichts der ohnehin guten Unterrichtssituation in jedem Bundesland illusorisch.“ – D.h. „im Klartext“: Die „von außen“ sollen sich – bitteschön – beruflich umorientieren, und die „von innen“ sollen damit zurechtkommen, miteinander älter zu werden und zu „vergreisen“ ...)
Was sagen Kolleginnen und Kollegen dazu?
„Ich gehe in einem Jahr in Pension, und ich habe es immer als sehr schön empfunden, daß, vor allem in den letzten Jahren, mir Jüngere geholfen haben. Ich bin von Jahr zu Jahr müder geworden, und des öfteren habe ich resigniert. Da war es schon gut, daß mir andere Mut gemacht haben. Ich fürchte, wenn wir keinen Lehrernachwuchs mehr bekommen, dann wird es schlimm aussehen ...“
Schulleiter: „Wir haben jetzt seit über zehn Jahren keine jungen Lehrkräfte mehr bekommen; das spüren wir in unserem Kollegium. Früher haben wir uns noch mit den jungen Leuten auseinandergesetzt, gestritten, und wir haben manches Neue aus der Hochschule mitbekommen. Jetzt ver-

stummt das didaktische Gespräch immer mehr, obwohl ich über den menschlichen Kontakt nicht klagen kann. Aber uns fehlen halt Anregungen."
„Ich bin der einzige Sportlehrer an der Schule (jetzt 43 Jahre alt). Wenn die Schulentwicklung so weitergeht, dann werde ich auch in 15 Jahren noch der einzige sein, und die anderen Kollegen, die mich vertreten könnten, werden auch nicht jünger. Ich bin gespannt, wie das mal ausgeht." Und grinsend fügt er, sich selbst ironisierend, hinzu: „Ich kann mir gar nicht vorstellen, wie ich als 60jähriger Opa mit Brille über den Bock springe und mit den Kindern Seil hüpfe. Was sagen da meine Knochen?"
Lehrerin, Grundschule: „Wir sind an unserer Schule über 20 Frauen. Ich habe Angst, daß wir im Laufe der Jahre nur noch das Nötigste tun und resignieren, wenn keine Impulse mehr von außen kommen. Im Durchschnitt sind wir jetzt etwa 40 Jahre alt. Wie werden wir wohl mit 55 oder 60 sein?"

Hinter diesen Aussagen stehen Befürchtungen und Ängste, Fragen und Zweifel, die nicht zu überhören sind und eine deutliche Sprache sprechen:

- Die Lehrerinnen und Lehrer werden älter.
- Die Schüler/innen bleiben gleich alt/gleich jung.
- Die Kraft nimmt ab, die Impulse werden weniger, die Ideen schwinden ...
- Die Schwierigkeiten nehmen zu, die Probleme verstärken sich ...

Die Gesamtproblematik potenziert sich!

- Welche Erfahrungen haben Sie bisher an Ihrer Schule gemacht? (Altersstruktur, Altersunterschiede)
  Welche Befürchtungen und Ängste haben Sie, wenn Sie den Begriff „Vergreisung" hören?
  Was gedenken Sie zu tun, um sich beim „Miteinander-Älter-Werden" wohlzufühlen? (Oder empfinden Sie dies als Widerspruch?)
  Wie wohl fühlen Sie sich bei folgendem Gedanken:

Ihre Schüler werden immer fordernder, lebendiger, unruhiger, aggressiver ...
Sie selbst werden älter, vermutlich müder, weniger beweglich ...

Was ist zu tun, um im Miteinander-Älter-Werden auch Wohlfühlen erfahren zu können? Ich sehe vier Möglichkeiten:

a) sich durch Gespräche der Problematik bewußt werden, die teilweise bereits jetzt erfahrbar wird und die sich in Zukunft noch verstärken wird;
b) die Kommunikation und Kooperation ausbauen und vertiefen und die gegenseitigen Hilfen verstärken;
c) Impulse von außen wahrnehmen und vermehrt in die Schule hereinnehmen bzw. hereinlassen;
d) Möglichkeiten sehen und ergreifen, die die Arbeit entlasten.

Älter werden und miteinander alt werden:
Zusammenrücken und nicht auseinanderdriften!

Für die kollegialen *Beziehungen* bedeutet das:
- miteinander reden,
- miteinander im Gespräch bleiben,
- Solidarität üben,
- Anderssein akzeptieren,
- Störungen wahrnehmen,
- Störungen bewältigen.

Für das kollegiale *Arbeiten* bedeutet das:
- mit den Kräften ökonomisch umgehen,
- schulische Erfahrungen austauschen,
- gemeinsame Ziele erarbeiten,
- im „Verbundsystem“ arbeiten: Lehrer/innen als Partner und nicht als Konkurrenten oder Einzelkämpfer.

Das Verbundsystem setzt voraus bzw. erfordert:
- kollegiale Offenheit: Viele wünschen sie sich; wer beginnt?
- Fähigkeit zur Teamarbeit: Überwindung der inneren Reserviertheit.

- Kompromißbereitschaft: Auch der andere hat Ideen, Vorschläge, Wünsche.
- Investition von Zeit: Wieviel Zeitanteile bin ich bereit zu geben?
- Aktivität des einzelnen: Nicht auf Kosten der anderen leben!

Das Verbundsystem ermöglicht:
- Aufhebung der Isolation: Es muß niemand mehr Einzelkämpfer/in sein!
- Reduzierung seelischer Belastung: Ich bin nicht mehr allein mit meinen Problemen, Schwierigkeiten ...
- Erweiterung eigener Erfahrungen: Auch die anderen haben Erfahrungen gemacht ...
- Förderung persönlichen Lernens: Nicht nur der Kopf wächst, sondern der ganze Mensch.
- Zunahme an Verständnis: Weil wir mehr voneinander wissen, können wir auch unsere gegenseitigen Verhaltensweisen besser verstehen.
- Verteilung von Arbeiten: Nicht jeder muß alles machen.
- Abbau von Störungen: Reibungsflächen verringern sich.
- Verbesserung des Schulklimas: Wir fühlen uns wohler, weil ...

Das Miteinander-Älter-Werden und das stärkere „Zusammenrücken" will keinen „kollegialen Eintopf" herbeireden. Nach wie vor sind auch die Unterschiedlichkeiten zu berücksichtigen und zu achten:
- unterschiedliche Erwartungen des einzelnen,
- unterschiedliche Grundhaltungen und Lebensweisen,
- unterschiedliche Sichtweisen des Lehrerberufs,
- unterschiedliche Ziele.

● Was überwiegt für Sie in der Schule: Das Selbst-Sein oder das Miteinander?

Was wünschen Sie sich mehr?
Ist für Sie eine Balance zwischen Selbst-Sein und Miteinander erstrebenswert?
Haben Sie (an sich und die anderen) eine Wunschliste für das „Miteinander-Älter-Werden"?

4. Kapitel: Sich im Klassenzimmer wohlfühlen

Ihr dürft eure Kinder nicht dahin bringen wollen, zu werden wie ihr. Denn das Leben geht nicht rückwärts und hält sich nicht auf beim Gestern.
Chalil Dschibran

„Menschlicher Kot in mehreren Papierkörben, im Musikraum ...; etwa jeder 10. Schrank ... gewaltsam aufgebrochen ...; das Polster einer neuen Liege im Krankenraum ist mit dem Messer von einem Ende zum anderen aufgeschlitzt; ... das karge, äußerst solide Mobiliar ... zerstört ...; Türen eingetreten ... Es wird gestohlen ..." (Hartmut von Hentig: Psychische Gesundheit und Schule, in: Gerhard Nissen/Friedrich Specht, Hrsg.: Psychische Gesundheit und Schule. Neuwied 1976, S. 4f.)
Lehrer/innen werden seelisch und körperlich bedroht, mißachtet, beschimpft. Der tägliche Kleinkrieg zwischen Schüler/innen und Lehrer/innen ist zur Gewohnheit geworden, und friedliches Miteinander scheint die Ausnahme zu sein. Und angesichts der Tatsache, „daß ein Lehrer, wie Untersuchungen festgestellt haben, pro Unterrichtsstunde über 200 Entscheidungen zu treffen und rund 15 ‚erzieherische Konflikte' durchzustehen hat, aber immer erst im nachhinein Gewißheit erhält, wenn er falsch entschieden hat, ist es nicht verwunderlich, daß die beständige Unsicherheit, ob er die an ihn gestellten Anforderungen auch verwirklichen kann, ihn vor dem Unterricht Angst haben läßt". (Renate Mreschar: Die Angst des Lehrers vor dem Unterricht, in: Renate Mreschar (Hrsg.): Erzieher und Erzogene. Bonn-Bad Godesberg 1985, S. 33)
Lehrer/innen im Klassenzimmer: Von außen konfrontiert mit Schüleraggressionen, von innen mit ihren eigenen Ängsten! Wo soll da noch Platz sein für Wohlfühlen?
Dennoch gehe ich in diesem Kapitel auf die Suche nach Möglichkeiten, zusammen mit Schülerinnen und Schülern – allen Unkenrufen zum Trotz – Wohlfühlen herzustellen.

Stellen Sie sich vor: Ich bin fündig geworden! Ich mache die Klassenzimmertüren auf:

1. Kompetenzen und Grenzen

„Manchmal geht uns dort, wo alles klar zu sein scheint, plötzlich ein Licht auf. Ich erinnere mich an zwei solcher Aha-Erlebnisse besonders deutlich: Als junger Lehrer begegnete ich dem Begriff der *Rolle* ... Es ging mir auf: Im Unterricht bin ich nicht einfach *ich*, sondern ich habe eine Aufgabe übernommen, die mich bestimmten Erwartungen und Befürchtungen aussetzt, bestimmten Zwängen ausliefert und Spielregeln unterwirft ... Viele Enttäuschungen junger Lehrer ... kommen vermutlich daher, daß es ihnen so schwer fällt, die eigene Person von den Rollen zu unterscheiden, die sie in bestimmten Zusammenhängen übernommen haben.
Das zweite Aha-Erlebnis hatte ich, als K.E. Nipkow beim 1. Birkacher Kontaktgespräch einige Ergebnisse der Lebenslaufforschung vortrug. Was er über ‚Entwicklungs- und Lernaufgaben von Erwachsenen im Alter 30 bis 50' sagte, betraf mich ganz unmittelbar ... *Der Lehrer als Lernender mit spezifischen Lernaufgaben* – diese Einsicht wirkte auf mich und andere motivierend, fast möchte ich sagen, befreiend: ‚Ich muß nicht fertig sein. Ich darf Probleme haben. Ich muß nicht nur, ich darf Neues lernen.'" (Gerhard Martin: Der Lehrer als Person in der Schule, in: Birkacher Beiträge 2: Lehrer im Wandel ihrer Lebensstufen. Stuttgart-Birkach 1982, S. 5)
Dem *jungen* Lehrer Martin ging also ein Licht auf, als er erfuhr, daß er eine Rolle zu *spielen* habe. („Spielt" man eine Rolle oder hat man sie?) Und er erfuhr im Laufe der Jahre – wie vermutlich viele von Ihnen –, welche Belastungen mit dieser Rolle verbunden waren bzw. verbunden sind: Aufgaben erfüllen, Erwartungen entsprechen, Fähigkeiten beweisen, Kompetenzen vorweisen, Rollen erfüllen ... Oder auch: Sich anpassen, sich verstellen, unecht sein, mitspielen ... Wo hätte hier Wohlbehagen Platz?
Der *ältere* Lehrer Martin fühlte sich dann allerdings befreit, als er hörte, daß er auch ein Lernender sein *dürfe* (!) und nicht alles bereits können müsse. Er schlüpfte aus der Rolle

und hinein in seine eigene Person, was er als Befreiung erlebte: lernen dürfen, sich weiterentwickeln können, auf dem Weg sein, sich auf einen Prozeß einlassen ... Aus diesem Befreitwerden und Befreitsein entsteht ein Wohlgefühl trotz des Spannungsfeldes innerhalb der beiden Fragen:
Was kann – darf, muß – von einem Lehrer erwartet/gefordert werden? Was kann – darf, muß – er noch (hinzu-)lernen? Welcher eigene Entwicklungsprozeß wird ihm zugestanden bzw. welchen Lernprozeß gesteht er sich selbst zu? Wer setzt die pädagogisch-didaktische Meßlatte? Ministerielle Behörden, die Lehr- und Bildungspläne, die Eltern, die Schüler, die Lehrerinnen und Lehrer selbst? Wie groß ist der „Spielraum" im System Schule für Entwicklung, eigenes Lernen, Kreativität, vieles können dürfen und nicht alles können müssen? Wie sieht das Wohlfühlen aus zwischen erreichten Kompetenzen, noch nicht erlangten Fähigkeiten und immer wieder erfahrenen Grenzen?

Beispiele aus einer Umfrage:

Als Lehrer/in möchte ich:	*Aber:*
– mich für die Schüler einsetzen;	– Daran hindern mich auch manche Kollegen/innen, Eltern, die Institution Schule, bürokratische Forderungen, Situationen, Bedingungen; und manchmal stehe ich mir selbst im Weg.
– schwache Schüler fördern;	– Dies gelingt mir nicht immer. Sie und ich sind manchmal hoffnungslos überfordert.
– einfühlsam, liebevoll und verständnisvoll sein;	– Aggressive Schüler „zwingen" mich immer wieder zum „harten Durchgreifen". Hinterher habe ich des öfteren Schuldgefühle.

– loben und bestärken, Zuversicht wecken;	– Manchmal fehlen mir Geduld und „der lange Atem“.
– humorvoll, locker und gut gelaunt sein;	– Ich spüre zunehmend Ermüdungserscheinungen, Verschleiß und Resignation.
– Gefühle äußern, echt sein;	– Ich scheitere auch am Unverständnis der Schüler. (Erwarte ich zu viel?)
– den Schülern viel mehr eigene Entfaltung ermöglichen;	– Der „Außendruck“ (Vorschriften, Eltern, Stoff ...) zwingen mich wieder zu Direktiven und Druckmitteln.
– hilfreich und förderlich für das persönliche Lernen der Schüler sein;	– Manchmal bin ich selbst hilflos und komme mit meinem eigenen persönlichen Lernen nicht zurecht.
– mir und anderen Fehler zugestehen;	– Ich habe Angst: Bin ich dann noch ein guter Lehrer? Was denken die anderen über mich?
– weiterlernen, Neues aufnehmen, meinen Nachholbedarf decken;	– Manchmal fühle ich mich in meinen eigenen vier Klassenzimmerwänden eingesperrt und kann nicht raus ...

● Wie wirkt dieses „Ich möchte, aber ...“ auf Sie? Finden Sie sich in einigen Situationen wieder?
Welchen „Gewinn“ haben Sie, wenn Sie sich selbst unter Druck setzen?
Wer bestimmt bei Ihnen die Höhe Ihrer Meßlatte?
Welche Meinung haben Sie von sich als Lehrerin, als Lehrer?
Wie kompetent stufen Sie sich selbst ein?

Notieren Sie, was alles innerhalb eines Schultages, innerhalb einer Schulwoche von Ihnen (ab-)verlangt wird: Welche Gefühle haben Sie dabei, wenn Sie Ihren „Leistungskatalog“ betrachten?

Aus meinem Schulalltag, einem „gewöhnlichen Montagvormittag“:

6.00 Ich beginne ihn in meiner Wohnung mit einer Entspannungsübung als Vorbereitung auf meine fünf Stunden Unterricht (Grundschule).
7.00 Fahrt zur Schule: Im Auto vergegenwärtige ich mir immer wieder einzelne „Stationen“ des Vormittags: Schülerinnen/Schüler, Kolleginnen/Kollegen, Situationen ...
7.30 Auf dem Weg zum Schulgebäude höre ich ein leises „Hallo, Herr Miller!“ Ich drehe mich um. Oliver, 10 Jahre alt, sitzt auf einer Mülltonne, kaut an einem trockenen Brötchen. Seine Mutter setzt ihn jeden Tag schon um sieben Uhr ab. Ich drücke ihn an mich und merke an seiner Körperreaktion, daß es ihm gut tut.
7.35 Im Lehrerzimmer einige „Guten Morgen“, etwas Austausch, routinierte Handgriffe, eingeübte Erledigungen, gezielte Vorbereitungen ...
7.55 Im Musikzimmer haben einige Kinder bereits alles „erledigt“: Stühle aufgestellt, Noten verteilt ... Ich bin ganz überrascht, freue mich riesig, meine Klavierimprovisationen fallen dementsprechend aus: Ragtime, Blues als Vorspiel, bis alle „Sängerinnen“ und „Sänger“ eingetrudelt sind.
8.10 Ich sehe in viele müde Gesichter; ich gebe mir große Mühe, bin humorvoll, heitere auf ... immer wieder Gähnen, Abgelenktsein, körperliche Unruhe. Ich denke: Wie sehr sind die Wochenenden für „meine“ Kinder zur Belastung und wie wenig zur Erholung geworden ...
8.45 Auf dem Weg ins Klassenzimmer (4. Kl.) vergegenwärtige ich mir, was auf mich zukommen wird, um nicht zu sehr überrascht zu sein ... (Diese „Antizipation“ habe ich inzwischen als sehr hilfreich erfahren!) Und dann tatsächlich im Klassenzimmer: Lärm, Un-

ruhe ... Ich stehe in einer Traube von Mädchen und Jungen, tausend Satzfetzen stürmen auf mich ein. Es dauert, bis ich an meinem eigenen Platz bin. Einige wenige Kinder lesen, schreiben, malen, spielen. Erst allmählich nehmen wir uns alle wahr und beginnen mit einem Gesprächskreis und dann mit dem Unterricht: Ich erlebe die Kinder interessiert, unkonzentriert, neugierig, müde, anwesend und abwesend, körperlich unruhig, aktiv und passiv, phantasievoll, ideenreich, weit weg und nah, still und laut, geistig hier und anderswo, seelisch ausgeglichen und verwirrt, fröhlich, teilnahmslos, spontan, unkontrolliert, bei sich, bei mir, zufrieden ...

9.50 Während einer (relativen) Stillarbeitsphase lehne ich an der Wand, schließe die Augen, entspanne mich ... Wie leicht ist es, „bloß“ zu unterrichten, wie schwer aber, auf die so vielfältigen seelischen Zustände der Schülerinnen und Schüler – und auf die eigenen – einzugehen ...

10.30 Ich stehe mitten im Schulhof, bin froh um die Pausenaufsicht. Ich brauche Luft ... Nur ganz sporadisch nehme ich wahr: Lärmen, Laufen, Redefetzen, Essen und Trinken, Kinder in verschiedenen Kleidungen, Kinder, Gesichter, Kinder ... mittendrin mich im Zwiespalt: froh, wenn mich niemand anspricht, allein, weil mich niemand anspricht, doch wieder glücklich, daß mich jemand anspricht und Kontakt will ...

11.10 Wir kämpfen uns durch den Stoff ...

11.35 Zu Beginn der 5. Stunde biete ich den Schüler/innen eine Entspannungsübung an. Es hat keinen Sinn mehr, über deren Befindlichkeiten hinweg „einfach“ weiterzuunterrichten ...

11.50 Es geht weiter.

12.20 Ende des Unterrichtsvormittages: Alle „platzen“ aus dem Klassenzimmer. Ich bleibe zurück und begleite „meine“ Schülerinnen und Schüler gedanklich nach Hause. Wie werden sie den Nachmittag, den Abend, wie werden sie andere Menschen erleben? Eltern, Geschwister, Freunde ... Und morgen?

12.35 Ich fahre nach Hause ... Während der Fahrt blicke ich zurück; damals, vor 15 Jahren:

Ich habe mich als Lehrer im Klassenzimmer anfangs nicht wohlgefühlt – und meine Schüler/innen auch nicht: Ich habe nichts weiter gemacht, als das Verhalten meiner Lehrer aus meiner eigenen Schulzeit übernommen und den Druck weitergegeben, den ich selbst als Schüler verspürte: Strenge, Durchsetzung und Durchgreifen, Kriegsspiele und Stoffdruck, Grenzen bestimmen und Überschreitungen ahnden, Befehle geben und Verweigerer bestrafen ... Gott sei Dank hielt diese Phase nicht lange an: Ich erkannte mein Verhalten rasch als meine eigene Hilflosigkeit, sah darin auch Mangel an Alternativen und bekam Unterstützung von Kolleginnen und Kollegen, um allmählich ein anderes Klima herzustellen.
Heute, nach 15 Jahren, fühle ich mich im Klassenzimmer wohl – und meine Schüler/innen auch. Ich habe gelernt, für mich und andere einfühlend zu sein. Ich habe gelernt, echt zu sein, d.h. mein Fühlen, Denken und Handeln in Übereinstimmung zu bringen und dies ebenso auch anderen mitzuteilen. Und ich habe gelernt, mich und andere als Person zu akzeptieren. Ohne diese drei Grundeinstellungen, ohne dieses „Kapital“, könnte und möchte ich heute kein Lehrer sein. Diese Grundeinstellungen sind inzwischen für mich so zu tragenden Pfeilern geworden, daß ich mich sicher fühle und kaum mehr Ängste entwickle zwischen meinen eigenen Kompetenzen und meinen Grenzen.
Der Montagvormittag – wie jeder andere Schultag – zeigt aber auch, wie bedeutsam es ist, wie *ich* mich als Lehrer fühle, mit welcher Einstellung *ich* in die Schule komme, wie stabil *ich* bin und wie fähig und in der Lage, den heutigen Schulalltag *auszuhalten*. Meine bisher erworbenen Fähigkeiten als Didaktiker und Methodiker werden nicht mehr in dem Maße abverlangt wie es früher der Fall war; an erster Stelle steht nicht mehr der Lehrer als Lehrender, sondern derjenige, der mit Problemen und Konflikten, mit Schülerinnen und Schülern als Personen umgehen kann: „Es wird in Zukunft nicht primär auf überdurchschnittliche fachliche Leistung, methodische Perfektionierung des Unterrichts, auf reibungslose Organisation ankommen, sondern auf Menschen, die zu kommunizieren vermögen.“ (Wolfgang Hofsommer: Lehrerängste in Anforderungssituationen, in: Westermanns Pädagogische Beiträge 1980/1, S. 18)

Und ich fühle mich in meinem Tun bestärkt, wenn ich lese, was ein ehemaliger Kultusminister, ein Hochschullehrer und ein Hauptschullehrer schreiben:

- Kultusminister Remmers:
  „Für mich sind diejenigen die besten Lehrer, die meine Richtlinien und Erlasse als lockere Handlungsanweisungen verstehen und sie deshalb kreativ auslegen." (Zitiert in: Andreas Lindemeier: Wider die Resignation, in: Bildung. Friedrich-Jahresheft VI/1988, S. 110f.)

- Hochschullehrer Horst Rumpf:
  „Ich fände es an der Zeit, daß ein Kultusminister bei der Bilanzierung seiner Erfolge einmal nicht auf Zahlen und Abschlußzeugnisse verwiese, sondern darauf, daß es im Bereich seiner Verantwortung fünf Schulen gibt, an denen fünf Tage im Monat Menschen ohne Stoff-, Noten- und Zeitdruck Erfahrungen machen und sie gemeinsam nachdenklich durchdringen könnten." (Horst Rumpf: Die künstliche Schule und das wirkliche Lernen. München 1986, S. 96f.)

- Hauptschullehrer Andreas Lindemeier:
  Tanja hat mich als einen Freund bezeichnet, „mit dem es aber nicht immer leicht gewesen sei: ‚Fünf Jahre jeden Morgen das gleiche Gesicht, oft unausgeschlafen, nicht gekämmt und manchmal unrasiert, aber immer hatte er Zeit, nahm uns ernst, war nett und freundlich.'"
  „Ich habe in diesen drei Jahren gelernt, Vertrauen in die Fähigkeiten und Fertigkeiten meiner Schüler zu setzen."
  Meine Leitziele
  „– Rücksichtnehmendes, akzeptierendes und helfendes Verhalten, vor allem auch zwischen den Geschlechtern,
  - Vertrauen zwischen Lehrern, Schülern und Eltern, basierend auf einer Transparenz der Notengebung, der Unterrichtsinhalte und der Erziehungsziele,
  - Methodik lernen, Informationsquellen erschließen: das Lernen lernen,
  - Entwicklung geistiger Kreativität durch Spiel, Erkundungen, Projekte,

– selbständiges Arbeiten allein und in Gruppen,
– Freude am Lernen, Vertrauen in die eigene Person.“
Andreas Lindemeier: Wider die Resignation, in: Bildung. Friedrich-Jahresheft VI/1988, S. 110ff.)

Diese Aussagen befreien mich, weil ich in ihnen weit mehr Prozeßorientierung anstelle von Produktorientierung finde, weit mehr Offenheit und Kreativität erlebe als Einengung und Forderung nach Unfehlbarkeit.

● Wie erleben Sie diese Aussagen?
Wenn Sie an „meinen Montagvormittag“ denken: Wie haben Sie ihn empfunden?
Wie sieht Ihr „Montag, Dienstag ...“ aus?
Welche Möglichkeiten sehen Sie, Belastungen stärker auszuhalten!

Ich hätte mir früher nie im Traum einfallen lassen, daß ich

– vor einem Schulalltag Entspannungsübungen (Yoga, Meditation) mache;
– auf dem Weg ins Klassenzimmer mich innerlich auf die einzelnen Schüler/innen und Situationen einstelle;
– während des Unterrichts in einer stillen Phase mich selbst sammle und entspanne;
– viel Geduld entwickeln und abwarten kann, Schüler/innen *sein* lassen und individuell wachsen lassen kann;
– mit Schüler/innen Entspannungsübungen mache;
– als Lehrer für mich sein kann.

● Was hat sich bei Ihnen geändert?

Ich spüre deutlich, daß ich mich dann wohlfühle, wenn ich zum einen meine Fähigkeiten wahrnehme und sie zu erweitern suche; das erfordert Einfühlungsvermögen in mich selbst und Offenheit für die Rückmeldung anderer. Zum anderen aber bin ich nicht (mehr) bereit, mich unter Druck setzen zu lassen von Forderungen dritter, die nicht einfühlend genug sind und sich nicht die Mühe machen herauszufinden, was ich wirklich zu leisten in der Lage bin.
Ein Kollege sprach mir aus dem Herzen:

„Ich bin bereit, Belastungen auf mich zu nehmen, die sinnvoll für meine Schüler und für mich sind. Ich weigere mich aber, Belastungen auszuhalten, die dadurch entstehen, weil *andere* träge, gedankenlos, lieblos, bequem, intolerant und egoistisch sind ...Wenn die Gesellschaft, die Umwelt, ihren ‚Müll' von oben in die Schule wirft, muß sie sich nicht wundern, daß ich nicht in der Lage bin, unten ‚Glanzlichter' für sie abzuliefern."

Zwei Beispiele im Umgang mit Kompetenzen und Grenzen:

a) Aus verschiedenen Gründen bat mich mein Schulleiter, im kommenden Schuljahr das Fach Bildende Kunst zu geben, obwohl ich wußte, daß ich in keiner Weise dafür ausgebildet war. (Um gerecht zu sein, er hatte zu diesem Zeitpunkt keine andere Wahl, als mich zu nehmen.) Am ersten Elternabend gab ich den Eltern, sinngemäß, etwa folgende Erklärung: „Ich bin zum ersten Mal im Fach Bildende Kunst eingesetzt. Eine andere Möglichkeit gibt es derzeit nicht. Ich bin in diesem Fach nicht ausgebildet, sondern Laie wie Sie auch. Erwarten Sie deshalb keine Höchstleistungen von mir. Ich nehme begleitend an einer AG teil. Sollten Sie Mängel entdecken, wenden Sie sich bitte an den Schulleiter." Die Transparenz meiner Möglichkeiten und Grenzen war mir in meiner Aussage wichtig.

b) Auf einem Elternabend wies ich auf die Einflüsse hin, denen Kinder ausgesetzt sind: Freizeitangebote, Medien u.a.m., und ich verdeutlichte die Wirkungen, die sie auf die Schüler/innen haben bzw. haben können. Ich gab deutlich zu verstehen, welche Möglichkeiten ich bzw. wir Lehrer/innen hätten und welche Grenzen sich von diesen Einflüssen her ergeben würden. In diesem Fall war mir wichtig, die Erwartungen zu relativieren und die Eltern zu bitten, ihrerseits die Möglichkeiten und Grenzen wahrzunehmen.

- Welche *Möglichkeiten* und *Grenzen* haben *Sie*?
  Z.B.:

– Unterricht vorbereiten, – offen und freundlich sein,	– nicht immer vorbereitet sein können (Routine tut's auch!),

- Gespräche mit Kollegen/innen führen,
- sich außerschulisch engagieren,
- eigenes Verhalten transparent machen,
- innerlich zur Ruhe kommen,
- für Neues offen sein.
- Probleme auch mal stehen lassen können,
- sich zurückziehen dürfen,
- Fehler machen und korrigieren dürfen,
- nicht für alles zuständig sein müssen.

Ich fühle mich als Lehrer wohl, weil ich Kompetenzen habe und weil ich mir gleichzeitig einen Lernprozeß zugestehe, in dem ich Kompetenzen erwerbe bzw. erweitere. Sie werden für mich in den folgenden fünf Bereichen deutlich:

1. Selbstkonzept:	Persönlichkeitsfördernde Einstellungen und Verhaltensweisen
2. Kommunikation:	Beziehungsfördernde Verhaltensweisen
3. Kooperation:	Beziehungsfördernde Arbeitsweisen
4. Fachkompetenz:	Fachliche und didaktische Fähigkeiten
5. Realitätssinn:	Realistische Sicht- und Handlungsweisen

Dabei geht es nicht um die Vollständigkeit eines Verhaltenskataloges oder um Perfektionismus (der uns wieder unter Druck setzen würde), sondern um den *Weg* (der das Ziel ist), also um einen Prozeß und nicht um einen abgeschlossenen Zustand.
Lassen Sie sich bitte durch die Fülle der nachfolgenden Möglichkeiten nicht erschlagen. Eine ganze Menge haben Sie bestimmt schon hinter sich, oder nicht? (Vgl. auch: Lehrer lernen, S. 52ff.)

Chancen, die ich wahrnehmen kann:

1. Förderung meines Selbstkonzepts:

Ich kann
- eigene Einstellungen, Verhaltensweisen, Gedanken, Gefühle, Körperreaktionen wahrnehmen und reflektieren;
- Rückmeldungen von anderen annehmen und überdenken;
- Gespräche über mich mit anderen führen;
- an Lehrgängen, Tagungen, Kursen, berufsbezogenen Gesprächsgruppen (sog. Balintgruppen) und personenzentrierten Gesprächsgruppen (sog. Selbsterfahrungsgruppen) teilnehmen;
- mir Wissen über die Entwicklung der Persönlichkeit, über Selbstwahrnehmung, Akzeptanz, Einfühlung und Echtheit ... aneignen;
- mich auf Erfahrungen einlassen und eventuell Unsicherheiten in Kauf nehmen;
- Aktivitäten ausführen, durch die mein Selbstbewußtsein und mein Selbstwertgefühl gestärkt werden.

2. Förderung der Kommunikation:

Ich kann
- mir Wissen über förderliche Beziehungen zu Menschen aneignen;
- Blockaden abbauen und Offenheit für mich und andere entwickeln;
- an Tagungen, Seminaren und anderen Trainingsmöglichkeiten zum Thema Kommunikation teilnehmen;
- Gespräche mit Schüler/innen, Kolleg/innen und Eltern führen, um die Kommunikationserfahrung und -kompetenz zu erweitern;
- eigene Wünsche und Bedürfnisse äußern und auf Wünsche und Bedürfnisse anderer eingehen.

3. Förderung der Kooperation:

Ich kann
- über eigenes Arbeitsverhalten in bezug auf andere nachdenken und Rückmeldungen einholen;
- bisherige Aktivitäten in Arbeitsgruppen reflektieren und für Rückmeldungen offen sein;
- Schwierigkeiten wahrnehmen und äußern, die sich in Arbeitsgruppen ergeben;
- Unterricht planen und durchführen, der vielfältige Arbeitsformen enthält;
- Tagungen und Kurse besuchen, bei denen kooperative Arbeitsweisen bevorzugt werden.

4. Förderung der Fachkompetenz:

Ich kann
- fachbezogene Literatur lesen;
- Tagungen, Lehrgänge, Seminare besuchen, die fachwissenschaftliche und fachdidaktische Schwerpunkte anbieten;
- mich mit Kolleginnen und Kollegen über fachliche Probleme unterhalten;
- den Unterricht anderer besuchen und andere zu meinem Unterricht einladen;
- mit anderen Unterricht vorbereiten.

5. Förderung des Realitätssinns:

Ich kann
- eigene Gedanken, Meinungen ... zu Beruf und Schule überdenken, notieren und mit anderen im Gespräch erörtern;
- Realitäten wahrnehmen, annehmen und ggf. auch aushalten;
- eigene Wünsche und Vorstellungen anderen mitteilen und sie auf ihre Realisierung hin überprüfen;
- Wünsche und Bedürfnisse anderer wahrnehmen und sie mit den eigenen vergleichen.

(Vgl. auch 3. Kapitel, 4. Abschnitt S. 167)

- Sie wollen Ihr Wohlbefinden im Klassenzimmer erhöhen:
  Notieren Sie Ihre Kompetenzen als *Voraussetzung* für Ihr Wohlbefinden, z.B.:
  Ich fühle mich wohl, weil
  – ich didaktisch-methodisch versiert bin;
  – ich fachlich auf dem laufenden bin;
  – ich im Unterricht flexibel reagiere;
  – ich mit mir zurechtkomme;
  – ich ...

Es ist unumstritten und keine Frage, von der Lehrerin als Fachfrau, dem Lehrer als Fachmann Qualitäten und Kompetenzen erwarten und verlangen zu dürfen wie von anderen Menschen in verschiedenen Berufen auch:

- Welche Erwartungen haben Sie an Ihren Hausarzt, Ihren Bäcker von nebenan, Ihren Kfz-Meister, Ihre Friseuse, Ihren Steuerberater ...?
  Als Vater/Mutter: Welche Erwartungen, Forderungen, Wünsche haben Sie an Ihre Kinder?
  Als Lehrerin/Lehrer: Welche Erwartungen, Forderungen, Wünsche haben Sie an Ihre Schülerinnen und Schüler?

Erwartungen und Forderungen sind sinnvoll. Doch wer bestimmt den Grad der Fähigkeiten und die Menge der Kompetenzen? Die „offiziellen" Forderungen beispielsweise in den Lehr- und Bildungsplänen sind meist formaler Art und helfen hier nicht weiter: „angemessen, entsprechend ..." Die Antwort auf die Frage nach der „Qualitätsmenge" kommt aus der täglichen Schularbeit selbst und aus der Beziehung zu den Menschen dort: dem Schulleiter, den Kolleginnen und Kollegen, den Schülerinnen und Schülern, den Eltern ...
Welches Wissen brauche ich? Auf welche Erwartungen kann ich zurückgreifen? Was darf und kann ich von mir erwarten und fordern? Welche Erwartungen der anderen sind sinnvoll und realistisch?
Und schließlich: Wo sind meine Grenzen? Wo kann und darf ich nein sagen, Einhalt gebieten, mich zurückziehen, ja

sogar verweigern? Welche „natürlichen Grenzen“ gibt es, die ich nicht auf mich oder gar auf mein „eigenes Versagen“ zurückführen muß:

„Mit den unterschiedlichen, oft widersprüchlichen Erwartungshaltungen bin ich im Schulalltag tagtäglich konfrontiert, sie lösen bei mir Angst und Identitätsunsicherheiten aus. Für mich wirkt es angstmindernd, Konflikte als objektive Rollenprobleme zu sehen und nicht nur auf eigenes Versagen zurückzuführen. Es scheint mir bedeutsam, mich als Lehrer persönlich und möglichst offen ins Unterrichtsgeschehen einzubringen und bestehende Gefühle wie Ängste, Unwohlsein, Unbehagen – aber auch Freude und Zufriedenheit – zu zeigen.“ (Angelika Klaus u.a.: Wenn ich an die Schule denke, verkrampft sich in mir alles, in: Westermanns Pädagogische Beiträge 1980/1, S. 7)

Diese Lehrerin geht mit ihren Möglichkeiten und Grenzen, mit ihren Gefühlen wie Angst oder Freude sehr offen um. Wer so mit der Realität umzugehen gelernt hat, hat zwar auch weiterhin vermutlich Ängste, gehört aber nicht zu den Ängstlichen, für die Schule wohl nicht der rechte Ort ist:

„Ob das all diejenigen Menschen bedachten, die sich für den Lehrberuf entschieden haben? Nichtpädagogen sind häufig der Ansicht, daß Menschen, die ein Leben lang nicht aus der Schule wollen, die von der Schule über die Schule wieder in die Schule gehen, nicht gerade vor Kühnheit strotzen.“ (Gerhard Ortner: Positive Pädagogik. Frankfurt 1987, S. 128)

Und in einer großen Tageszeitung lese ich (April 1987):

„Auf geradem Weg: Schüler – Student – Lehrer – Rektor – Einführung des neuen Rektors H.M.: ... Seit 38 Jahren ist die Schule seine Welt. Zunächst als Schüler in F., später als Student an der Pädagogischen Hochschule in H. und schließlich als Lehrer in H. ... und nunmehr als Rektor in M.“ (Alle anderen Daten verschweige ich aus Fairneß dem Rektor gegenüber.) Ob ein Mensch, der 38 Jahre Schule seine Welt nennt, dort all das lernen kann, was er als Lehrerin, als Lehrer braucht? Vielleicht sind manchmal „krumme Wege“ hilfreicher, ein kompetenter Lehrer zu werden und zu sein.

Sie müssen aber auch nicht „vor Kraft strotzen“, um ein „normaler Lehrer“ zu sein. Vielleicht helfen Ihnen die nachfolgenden *Schüleraussagen*, um für sich herauszubekommen, wo Ihre Kompetenzen, Ihre Möglichkeiten und Grenzen sind: Nach Meinung von Schüler/innen arbeiten sie selbst gut mit, stören wenig, sind positiv zum Lehrer eingestellt, wenn dieser folgende Verhaltensweisen aufweist:

1. Er bemerkt meist alles, was in der Klasse vor sich geht.
2. Er ist gleichbleibend gerecht und streng.
3. Er greift relativ rasch ein, wenn ein Schüler zu stören beginnt.
4. Er läßt Schüler häufig vieles selbst entscheiden.
5. Er gliedert die Unterrichtsstunde in Abschnitte.
6. Er kontrolliert Schüler, wie sie arbeiten und was sie können.
7. Er versucht, Schüler auch dann zu verstehen, wenn sie Schwierigkeiten machen.
8. Er tut vieles, damit eine gute Klassengemeinschaft entsteht.
9. Er macht sich über sein eigenes Verhalten häufig Gedanken.
10. Er achtet darauf, daß Schüler im Unterricht beschäftigt sind.
11. Er spricht auch immer wieder über Unterricht und über die gegenseitige Beziehung.
12. Er ist gepflegt und gebildet und verhält sich in allem vorbildlich.
13. Er lobt häufig Schüler, die sich so verhalten, wie er es haben möchte.
14. Er kann sehr viel in seinem Fach und unterrichtet sehr interessant.
15. Er bemüht sich, ausgeglichen und humorvoll zu sein.
16. Bei ihm wissen Schüler genau, welches Verhalten er erwartet.
17. Wenn er etwas verspricht oder ankündigt, dann hält er es auch ein.
18. Wenn es mit den Schülern Schwierigkeiten gibt, dann redet er manchmal mit den Eltern.
19. Er bespricht sich häufig mit anderen Lehrern, wenn es Schwierigkeiten gibt.
20. Er ist zu Schülern offen und ehrlich.
21. Er beginnt jede Stunde freudig und zuversichtlich.

22. Er ist überzeugt davon, ein guter Lehrer zu sein, und nimmt seinen Beruf ernst.
23. Wenn sich Schüler falsch verhalten, redet er vernünftig mit ihnen.
24. Er setzt sich dafür ein, daß an der Schule etwas verbessert wird.
25. Er ermutigt Schüler, auch ihre Gefühle auszusprechen.
26. Wenn sich Schüler falsch verhalten, dann haben sie manchmal (des öfteren) damit zu rechnen, daß er sie bestraft.
27. Er sorgt dafür, daß Schüler viel lernen.
28. Wenn ein Schüler stört, dann blickt er ihn an oder verändert seine Stimme.
29. Bei ihm wissen Schüler genau, wie sie zu arbeiten haben.
30. Er mag die Schüler und legt Wert auf Nähe und Distanz.

(Vgl. Johannes Mayr u. a.: Mitarbeit und Störung im Unterricht – Konzept für ein Lehrertraining zur Verbesserung pädagogischen Handelns, in: Jörg Schlee/Diethelm Wahl: Veränderung subjektiver Theorien von Lehrern. Oldenburg 1987, S. 138ff.)

Wenn es auch problematisch erscheint, über Schülerbefragungen herauszubekommen, welchen Lehrer sie gut finden und welchen nicht („Unser Lehrer ist der beste, weil er öfters mal 'nen Kasten Bier spendiert!"), so zeigen diese Aussagen doch eine Reihe von Verhaltensweisen und Kompetenzen, die – jenseits von Gut und Bös' – vom Lehrer erwartet werden dürfen, z. B.:

- fachliches Wissen
- didaktische Fähigkeiten
- methodisches Geschick
- Beziehungsfähigkeit
- Einfühlung und Echtheit
- Gerechtigkeit
- Transparenz
- Erwartungshaltung den Schülern gegenüber
- Leistungsbereitschaft sich gegenüber
- Leistungsforderungen den Schülern gegenüber
- Ausgeglichenheit, Belastbarkeit

● Mit welchen der angegebenen Schüleräußerungen können Sie sich anfreunden bzw. identifizieren?
Welche lehnen Sie ab, welche halten Sie für diskussionswürdig?

Welches Lehrerbild haben die Schüler/innen, wenn Sie deren Aussagen überdenken?

Eine Kollegin (die wie Sie und ich „auf dem Weg ist") schrieb mir:
„Ein Erfolgserlebnis bekam ich im Herbst in meiner Klasse, zusammengeworfen aus zwei sechsten Klassen, jetzt mit 27 Schülern in der 7. Klasse, mit dem üblichen Ausländeranteil von ca. 60%. Gleich am ersten Tag stieg ich in das Problem ‚Klassengemeinschaft' ein – und bis zu den Herbstferien hatten weder die Schüler noch ich das Gefühl, daß da zwei Klassen sind. Wir haben's geschafft, wirklich eine Gemeinschaft zu werden. Es lohnt sich, wenn man öfters mal den Lehrstoff sein läßt und über Probleme und Beziehungen spricht! Allerdings: die wöchentliche Spielstunde habe ich noch nicht geschafft, da stehe ich selbst noch unter Leistungsdruck. Es ist manchmal sehr schwer, über den eigenen Schatten – sprich die genossene eigene Erziehung – zu springen!"

- Können wir – mit gegenseitiger Unterstützung – über unseren eigenen Schatten springen? – Fangen wir an!

2. Personenzentriertes Lernen

- Denken Sie jetzt bitte an Ihre Aufgaben in der Schule ..., an die Anforderungen, die an Sie dort gestellt werden ..., an Ihre Erfahrungen, wie Sie bisher als Lehrer/in waren ..., und an Ihre Vorstellungen, wie Sie gerne sein wollen ...
  Welche der nachfolgenden Wörter sind Ihnen angenehm, vertraut und erscheinen Ihnen sinnvoll?

Der Lehrer/die Lehrerin als

– Therapeut/in	– Kontaktperson
– Beamte	– Wissensvermittler/in
– Lehrende	– Ansprechpartner/in
– Beratende	– Beurteilende
– Informierende	– Lernpartner/in

– Chancenverteiler/in	– Begleitende
– Helfende	– Vorbild

Als Lehrer/in bin ich derzeit hauptsächlich:	Als Lehrer/in möchte ich aber auch gerne sein:
______________________	______________________

Wenn Sie sich Erfahrungen von Kolleginnen und Kollegen, die Sie bisher in diesem Buch gelesen haben, vergegenwärtigen und Ihre eigenen Erfahrungen dazunehmen, so wird vermutlich deutlich, daß wir Lehrer/innen als nur Lehrende und Unterrichtende, als Wissensvermittler und Fachspezialisten nicht mehr die zentrale Stelle einnehmen, sondern daß die *Person* des Schülers, mit all seinen *persönlichen* Belangen, Schwierigkeiten, Problemen in den Mittelpunkt rückt – und daß sich dadurch die Aufgaben des Lehrers bedeutend verlagert haben. (Tendenz: Vom „Pauker" zum Sozialarbeiter!)
In den Bildungs- und Lehrplänen wird die *Person* des Schülers sehr ernst genommen, auch wenn die Schulrealität dann anders aussieht. Die Erziehungsziele wie Menschlichkeit, Friedensliebe, Eigenverantwortung, Achtung vor der Würde der Person, soziale Bewährung, Entfaltung der Persönlichkeit weisen sehr deutlich auf das persönliche Lernen hin. Leider geht „man" viel zu rasch zu den *Stoff*plänen über (weil „man" sich dort wohler und sicherer fühlt?).
Mit meinem Plädoyer für personenzentriertes Lernen möchte ich nicht das Lernen mit und an Stoffen und Sachen mindern, sondern auf die Bedeutung hinweisen, die das persönliche Lernen für Schüler/innen und Lehrer/innen in Zukunft haben wird und haben muß. Denn leider sieht die „Politik der traditionellen Schule" immer noch so aus: *„Der Lehrer ist die Quelle des Wissens, der Schüler ist in der Position des Empfängers.* Lehrer und Schüler sind durch einen Statusunterschied getrennt. *Die zentralen Elemente dieser Art des Unterrichts sind der Vortrag als Instrument der Wissensvermittlung an den Empfänger und die Prüfung als Meßinstrument, um festzustellen, wieviel er davon aufgenommen hat. Der Lehrer ist der Inhaber der Macht, der Schüler hat zu gehorchen … Autoritäre Herrschaft ist im Klassenzimmer die*

Regel. Neuen Lehrern wird oft geraten: ‚Sehen Sie vom ersten Tag an auf die Disziplin der Schüler.' *Es herrscht ein Minimum an Vertrauen.* Am auffallendsten ist das Mißtrauen des Lehrers gegenüber dem Schüler. Es wird nicht erwartet, daß der Schüler zufriedenstellend arbeitet, ohne daß ihn der Lehrer ständig überwacht und überprüft. Das Mißtrauen des Schülers gegenüber dem Lehrer ist diffuser – er hat wenig Zutrauen zu den Motiven, der Ehrlichkeit, der Fairneß und der Tüchtigkeit des Lehrers." (Carl Rogers: Die Kraft des Guten. Frankfurt 1986, S. 86)
Schüler/innen, die dauernd in der Position des Empfängers sind, haben kaum Gelegenheit, auf ihre eigenen Erfahrungen, auf ihre eigenen Prozesse zu hören und zu vertrauen. Lehrer/innen, die permanent Weisungsempfänger von oben und Weitergabeinstanzen von Wissen sind, haben kaum Gelegenheit, auf ihre eigenen inneren Vorgänge zu achten. Selbstentfremdung und Fremdbestimmung herrschen auf beiden Seiten vor, und Wohlfühlen im Klassenzimmer kann sich auf diese Weise nicht ereignen. Die Änderung der erlernten Fremdbestimmung hin zur Autonomie ist aber möglich:
„Die extrem häufige Entfremdung des Menschen von seinen richtungsweisenden organismischen Prozessen ist kein unvermeidlicher Teil unserer menschlichen Natur. Vielmehr ist es etwas Erlerntes ... Die natürliche und effiziente Lebensweise des Menschen weist diese Dissoziation, diese Spaltung nicht auf. Der psychisch reife Mensch vertraut den Anweisungen seiner inneren organismischen Prozesse, die ihn zu einer totalen, ganzheitlichen, integrierten, adaptiven und wechselhaften Begegnung mit dem Leben und seinen Herausforderungen befähigen, wobei sein Bewußtsein in koordinierter, nicht konkurrierender Weise beteiligt ist. Die Tragik der Menschheit besteht darin, daß sie das Vertrauen zu ihren eigenen unbewußten inneren Richtstrahlern verloren hat." (Carl Rogers: Die Kraft des Guten ... S. 277)
In personenzentrierten Gesprächsgruppen teilen mir Lehrer/innen immer wieder mit, wie weit sie von ihrem eigenen Wahrnehmen und Fühlen entfernt sind und wie sehr sie von fremden, ihnen nicht gemäßen Einflüssen und für sie nicht stimmigen Verhaltensweisen bestimmt wurden und immer noch werden. Vor allem im Klassenzimmer macht sich dies

dann bemerkbar, und die Entfremdung und das innere Gespaltensein eskalieren auf beiden Seiten.

Beispiele:

Lehrer A:
– Wenn Schüler mich provozieren, dann kontere ich ziemlich schnell. Ich möchte auf keinen Fall als Unterlegener das Klassenzimmer verlassen. Das würde ich als Schwäche auslegen.
– Das Verhältnis zu den Schülern allerdings wird immer gespannter. Wir lauern gegenseitig, was nun wieder kommen würde: Ich auf deren Provokation, sie auf meine Reaktion ...
– Jetzt, da ich mir Zeit nehme nachzufühlen und nachzudenken, wird mir deutlich, daß ich Angst habe, nicht die Oberhand zu behalten. Von anderen Lehrern habe ich gelernt: Der Lehrer muß immer die Oberhand behalten!
– Am liebsten würde ich den Schülern mitteilen, wie mir wirklich zumute ist und was ich gerne möchte: Sie und mich akzeptieren wie wir sind ... Aber dazu habe ich jetzt noch nicht den Mut.

Lehrerin B:
– Während einer Pausenaufsicht spielen Schüler Fußball, obwohl dies verboten ist. Mir bleibt nichts anderes übrig, als ihnen den Ball wegzunehmen. Im Nu umringen mich einige Schüler, bedrohen mich, rempeln mich an, und einer schreit mich voller Wut an: „...“ (Ein für mich erniedrigendes und zutiefst beleidigendes Zitat!) Ich kann mich gerade noch aus der Umzingelung befreien.
– Ich bringe die Angelegenheit in einer Konferenz zur Sprache; die Eltern werden benachrichtigt. Es wird entsprechend bestraft. Seit der Zeit träume ich immer wieder von diesem Vorfall. Ich mache Umwege, damit ich nicht am Klassenzimmer der Klasse X vorbei muß, in dem diese Jungen sind. Vor meinem Pausenaufsichtstag habe ich jedes Mal Angst.
– Heute wird mir zweierlei bewußt: Zum einen die Wut des Jungen, der letztlich nicht mich meinte, sondern einfach seiner Enttäuschung und seinem Frust Luft machen mußte,

und zum anderen meine eigene Hilflosigkeit, die ich durch harte Bestrafung überdeckte.
– Ich gehe den bestraften Jungen aus dem Weg, weil ich Angst habe, daß sie mich – auf ihre Art – neu bestrafen ... Sie haben nicht gelernt, mit ihrer Wut, mit ihrer Enttäuschung umzugehen, und ich nicht mit meiner Hilflosigkeit. Wie weit sind wir doch von uns selbst und einander entfernt.

Lehrer C:
– Mir wird bewußt, daß ich mich viel zu sehr *für* Schüler verantwortlich fühle. Ich glaube, ich bin ein sehr strenger Lehrer, manchmal sogar unerbittlich. Ich kontrolliere sehr häufig, bestrafe ziemlich rasch ... Ich spüre selbst den Druck, den ich mir mache. Ich akzeptiere mich nur, wenn ich etwas leiste. Und genau den Druck gebe ich an die Schüler weiter. Ich akzeptiere sie nur, wenn sie Entsprechendes leisten. Wenn ich ganz ehrlich bin, möchte ich das eigentlich gar nicht. (Nach einer längeren Pause) „Mein Vater hat mich nur akzeptiert, wenn ich gute Noten heimbrachte ... gelobt wurde nie, kritisiert fast immer.“

- In welchen Situationen im Klassenzimmer erleben Sie sich „innerlich“ gespalten? Sie verhalten sich so und so, aber *eigentlich* möchten Sie anders sein!
  Spüren Sie nach: Wo liegen die Gründe?
  Was können Sie ändern?
  Wieviel Kraft haben Sie dafür?
  Wo können Sie beginnen, Ihrem eigenen Wahrnehmen und Fühlen näherzukommen?
  Welche Möglichkeiten haben Sie, Ihren Schüler/innen mehr zu vertrauen und ihnen mehr Autonomie zuzugestehen (selbst auf die Gefahr des Mißbrauchs hin)? Was wäre für Sie ein erster Schritt?

Wir haben bisher zu sehr auf das geachtet, was *uns* als Lehrer/innen wichtig war und auf das, was wir *meinten*, es könnte/müßte auch für die Schüler/innen wichtig sein. Die oben genannten Beispiele zeigen, wie wichtig das persönliche Lernen in der Schule ist. Unsere Belastungen kommen weit mehr aus dem persönlichen Bereich und den persönlichen Beziehungen als aus dem Sachbereich. Unser Wohlfühlen sitzt hauptsächlich im „Bauch“ und nicht so sehr im Kopf!

Lehrer/innen, die in zunehmendem Maße Helfer und Förderer des persönlichen Lernens der Schüler/innen sind, könnten mit Carl Rogers sagen:

„Ich habe es ermöglicht, daß dieser Mensch etwas ist und leistet, das er vorher nicht sein oder leisten konnte ... Es erfüllt mich mit tiefer Befriedigung, ein *Förderer des Werdens* zu sein.“ Ich habe es als nicht effektiv empfunden, „wenn ich versuchte, etwas in ein anderes Individuum einzupflanzen, das nicht in ihm vorhanden war, aber ich habe festgestellt, daß diese positive richtungsweisende Tendenz konstruktive Resultate zeitigt, wenn ich die *Bedingungen* schaffen kann, die dem Wachstum förderlich sind“. Die Folge wäre dann ein Individuum, „welches gegenüber den zwei wichtigsten Quellen voll aufgeschlossen ist: den Daten, die ihm seine *inneren Erfahrungen*, den Daten, die ihm seine *Erfahrungen der Außenwelt* liefern ... Ein solch ganzheitlich funktionierendes Individuum bildet die beste Ausgangsbasis für sinnvolles Handeln ...“ Und unser vordringlichstes (Erziehungs-)Ziel wäre dann, die Zahl der Individuen zu mehren, „die der Vorstellung vom ganzheitlichen Menschen nachkommen – Individuen, die zunehmend um ihre innersten Erfahrungen wissen und in Harmonie mit diesen leben und die mit der gleichen Aufgeschlossenheit alle Daten der Personen und Objekte in ihrer äußeren Umgebung in sich aufnehmen ... Ich bin mir bewußt, daß diese Vision manchen hoffnungslos idealistisch, anderen als gefährliche Verhöhnung geheiligter Autoritäten und wieder anderen einfach bizarr erscheinen wird. Doch für mich stellt sie die größte Annäherung an die Wahrheit dar, zu der ich fähig bin, und sie erfüllt mich mit Begeisterung und Hoffnung.“ (Carl Rogers: Die Kraft des Guten ... S. 110, 268 und 279f.; Hervorhebungen R.M.)

Ein Mensch, der personenzentriertes Lernen betont, ist noch lange kein Lehrer, aber ein Lehrer, der nur Unterrichtsplanung und -durchführung, nur Unterrichtsorganisation, Lerntechniken, Lernziele und Lernergebnisse im Kopf hat, ist noch lange kein Förderer des Wachstums von Kindern und Jugendlichen. Erst die Verbindung von personen- und stoff-/themenzentriertem Lernen gibt dem Schulleben Sinn. Sie werden sich vermutlich fragen, inwieweit dieser personenzentrierte Ansatz überhaupt in der Schule verwirklichbar ist, noch dazu, wenn Sie lesen, was andere Lehrer dazu meinen:

„Unter den üblichen Kursbedingungen konnten sich nur wenige Lehrer mit personenzentrierten Ansätzen anfreunden. Diese wurden als ‚idealistisch' und ‚wirklichkeitsfremd' klassifiziert. Oft belegten Lehrer dieses Urteil durch den Hinweis auf eigene Erfahrungen, die ihnen gezeigt hätten, ‚daß man so bei Schülern nicht durchkommt'. Manche erlebten die Auseinandersetzung mit solchen Konzepten zwar als persönliche Bereicherung, die Auswirkungen auf das pädagogische Handeln blieben jedoch gering." (Johannes Mayr u. a.: Mitarbeit und Störung im Unterricht – Konzept für ein Lehrertraining zur Verbesserung pädagogischen Handelns, in: Jörg Schlee/Diethelm Wahl: Veränderung subjektiver Theorien von Lehrern. Oldenburg 1987, S. 138)

● Wie sind Ihre Erfahrungen?
Die Erfahrungen, die in den oben genannten Aussagen enthalten sind, möchte ich für mich klären:

- Wer sich für den personenzentrierten Ansatz entscheidet, setzt andere Ziele als der, dem es vorwiegend um Sachen, Lehrstoff, Lernziele und Leistungen geht. Für mich ist der personenzentrierte Ansatz überhaupt nichts Neues, wenn ich die Bildungs- und Erziehungsziele der Lehrpläne ernst nehme; da entdecke ich Ziele, die mit Personen und nicht mit Sachen zu tun haben, nämlich Erziehung zur Menschlichkeit, zur Friedensliebe, zur Achtung der Würde und Überzeugung anderer, zur Wahrnehmung von Rechten und Pflichten, zur Eigenverantwortung, zur *Entfaltung der Persönlichkeit* (!) ...
- „Unter den üblichen Kursbedingungen ... konnten sich nur wenige Lehrer ... anfreunden ...", heißt es. Ich wünsche mir sehr, daß Lehrer immer mehr in der Lage sind, *„Kursbedingungen"* zu ändern, damit die Entfaltung der Persönlichkeit der Schüler stärker möglich wird.

- Wenn der personenzentrierte Ansatz als „idealistisch“ und „wirklichkeitsfremd“ angesehen wird, dann hätte das zur Folge, daß auch das Erziehungsziel „Entfaltung der Persönlichkeit“ gestrichen werden müßte, was einer Bankrotterklärung der Schule gleichkäme.
- Daß man „damit bei Schülern nicht durchkomme“, heißt, daß die Person nicht so wichtig ist. Wichtiger sind Durchsetzung eigener Ziele, die Erreichung von Stoffzielen, die Aufrechterhaltung von Disziplin ...
- Wenn der personenzentrierte Ansatz „zwar als persönliche Bereicherung“ erlebt wurde und wird, aber in der Schule nicht durchführbar ist, so spricht das gegen das System Schule (übrigens: Wir sind *Teile* des Systems!) und nicht gegen den personenzentrierten Ansatz!
- Ich vermute, daß die „Abneigung“ gegen diesen Ansatz auch darin die Ursache hat, weil persönliches Lernen, im Gegensatz zum Sachlernen, weit mehr Zeit benötigt und des öfteren große Schwierigkeiten bereitet. Und wer hat schon Geduld und „den langen Atem“!?

Der personenzentrierte Ansatz hat zweifellos Grenzen in einem Schulsystem, in dem *andere* über Leistungen und Ziele bestimmen und in dem es Bewertungen und Noten, Zeugnisse und Klassifikationen gibt. Ich sehe aber innerhalb dieser Grenzen eine Fülle von Möglichkeiten, persönliches Lernen zu initiieren und den personenzentrierten Ansatz immer weiter auszudehnen. Das Erziehungsziel „Entfaltung der Persönlichkeit“ möchte ich nie aus den Augen verlieren.
Es gibt aber noch weit mehr Ziele, die die *Person* betreffen und die Lehrer/innen für wichtig erachten, z. B. Spontaneität, Kreativität, Selbständigkeit, Rücksichtnahme u. ä. Wie sollen diese Ziele erreicht werden, wenn sich die Person der Lehrerin/des Lehrers hier nicht einbringt und wenn nicht *persönliches* Lernen im Vordergrund steht?

- Denken Sie an Ihre eigene Lebensgeschichte:
  Welche Menschen haben Ihnen bei der Entfaltung Ihrer Persönlichkeit geholfen?

Welche Menschen waren Ihnen auf diesem Wege hinderlich? (Sollten auch Lehrer/innen dabeigewesen sein?)
Welche Schwierigkeiten haben Sie in der Schule, Ihren Schüler/innen die Entfaltung der Persönlichkeit zu ermöglichen?

Wie bereits im 2. Kapitel ausgeführt, stützt sich der personenzentrierte Ansatz vor allem auf die Grundhaltungen Einfühlung, Echtheit und Akzeptanz. In diesem 2. Kapitel (1. Abschnitt) ging es darum, diese Grundhaltungen auf die eigene Person zu beziehen. Jetzt, im Umgang mit den Schüler/innen im Klassenzimmer und auf der Suche nach Möglichkeiten, sich dort wohlzufühlen, werden diese Grundhaltungen auch auf den anderen, in unserem Falle auf die Schüler/innen bezogen:

Einfühlung:
- ihnen einfühlendes Verstehen vermitteln;
- an ihrer inneren Welt teilnehmen;
- nach deren „guten Gründen des Handelns" fragen;
- deren Sichtweisen ansehen;
- ihren Gefühlen vertrauen;
- Vertrauen in sie setzen.

Echtheit:
- ihnen Echtheit zugestehen und ermöglichen;
- ihnen keine Unechtheit unterstellen;
- ihnen Echtheit erlauben;
- sie sein lassen können;
- sie nicht zu Verstellungen „nötigen".

Akzeptanz:
- sie als Personen achten und ernstnehmen;
- wissen, daß auch deren unverständliches Anderssein ihre „guten Gründe" hat;
- bedenken, daß nur Leistungen bewertbar sind, nicht aber ihre Person;
- die Lebensgeschichte der einzelnen annehmen.

- Welche Erfahrungen haben Sie mit „Einfühlung, Echtheit, Akzeptanz" im Klassenzimmer gemacht?
Auf welche Schwierigkeiten sind Sie gestoßen?
Wie haben Sie sich gefühlt?

Es ist für mich ein ganz wichtiges Ziel geworden, gerade als Lehrer, der „andere immer irgendwo hinbringen muß“, mich umzustellen und meinen Schüler/innen Wege zu ebnen, damit sie zu selbstverantwortetem Lernen (= Leben) kommen. Wie sehr diese Fremdbestimmung selbst in uns Lehrer/innen noch steckt (und die wir des öfteren unreflektiert weitervermitteln), zeigen nachfolgende Beispiele aus der *Erwachsenenwelt*:

a) „Ich bin für mich verantwortlich.“

Als ich noch studierte, gab uns ein Dozent in einem Seminar bestimmte Aufgaben. Wir erklärten uns einverstanden, für die nächste Seminarveranstaltung einiges vorzubereiten ... Zu Beginn des nächsten Seminars war niemand von uns „präpariert“. Wir erwarteten, daß der Dozent nun seinerseits „etwas aus der Tasche ziehen“ würde. Weit gefehlt: Das Thema dieser Veranstaltung wurden nun wir selbst, unsere Verantwortlichkeit, unsere Unlust, unser „der wird's schon machen“ ... Für mich eine heilsame Seminarerfahrung, durch die ich (u. a.) begann, allmählich mein eigenes Schülerverhalten aus der Gymnasialzeit zu reflektieren und hinter mir zu lassen.

b) „Ich habe meine Hausaufgaben vergessen.“

Zwanzig Jahre später, Seminar mit Lehreranwärter/innen: Diesmal bat *ich* sie, für die kommende Veranstaltung zum Thema „Hausaufgaben“ etwas vorzubereiten. Alle erklärten sich damit einverstanden und fanden die Vorbereitung auch sinnvoll ... Zu Beginn der nächsten Sitzung stellte sich heraus, daß nur wenige an die Vorbereitung gedacht hatten; erstaunt haben mich die Entschuldigungsgründe (obwohl ich gar keine verlangte): „vergessen, nicht drangedacht, zu Hause gelassen ...“ Allerdings konnte ich mir keinen besseren Einstieg in die Hausaufgabenproblematik wünschen ...

c) „Das haben wir in der Schule nie gemacht."

Zu Beginn eines jeden Seminarkurses gebe ich die (vorgegebenen) Themenschwerpunkte bekannt mit der Bitte um *gemeinsame* Planung und Durchführung. Häufig löse ich damit Erstaunen, Verwunderung, ja manchmal Widerstand aus, und ich bekomme Rückmeldungen wie: „Die Seminarveranstaltung ist doch Ihre Sache ... In der Schule und in der Hochschule haben wir das nie gemacht ..." (In der Schule Selbstverantwortung nie lernen können – kaum Vertrauen in die eigene Person entwickeln dürfen – Welche Konsequenzen hat dies für das persönliche Lernen mit Schüler/innen!?)

d) „Warum haben Sie uns nicht geholt?"

Während einer Tagung mit Lehrer/innen gab es jeweils nach etwa zwei Arbeitsstunden Pausen. Wir vereinbarten gemeinsam die Länge der Pause. Nach den abgesprochenen 20 Minuten setzte ich mich auf meinen Platz und wartete ... Nach weiteren 20 Minuten waren die letzten Teilnehmer im Saal. Als ich wieder beginnen wollte, sprach mich ein Kollege an, warum denn die Pause so lange gedauert habe. Und als er meine Antwort hörte („Ich habe gewartet, bis alle im Saal sind"), meinte er: „Ja, warum haben Sie uns denn nicht geholt. Sie hätten zumindest in die Hände klatschen können." (Es handelte sich hier *nicht* um einen Grundschullehrer!)

- Wie erleben *Sie* Selbst- und Fremdbestimmung?
  Wie bewußt gehen Sie mit Ihrer Selbstverantwortung um?
  z.B.: Als Autofahrer/in: Verhalten Sie sich anders, wenn Sie ein Polizeifahrzeug oder Polizeibeamte wahrnehmen?
  z.B.: Als Kollegin/Kollege: ...

Zurück in mein Klassenzimmer, in dem ich das persönliche Lernen in den Vordergrund stelle: Vier Beispiele, die zeigen, wie wichtig die *Personen* sind; erst in zweiter Linie kommen die Sachen!

Übrigens, es stimmt trotzdem: Weil es unter uns *Personen* im Klassenzimmer klappt, klappen auch die *Sachen* viel besser!

a) „Bei Ihnen haben wir keine Angst mehr ..."

Ich übernahm als Klassenlehrer eine fünfte Klasse, die ich sehr „versteckt" erlebte: Keine Offenheit mir gegenüber, Verweigerung, Motzen und Stänkern, sehr wertende und abfällige Äußerungen ... Erst ganz allmählich begriffen die Schüler/innen, daß sie sich frei äußern können, und zusammen machten wir die Erfahrung, daß persönliches Lernen nicht mit Bestrafung gekoppelt sein muß. Es dauerte allerdings bis in die Mitte der 7. Klasse, bis völlig freie Äußerungen möglich waren. Ein Kollege war darüber sehr erstaunt und bekam von einem Schüler die Antwort: „Warum, bei Herrn Miller haben wir ja keine Angst." (Ich als Lehrer allerdings auch nicht vor meinen Schülern ...)

b) Bernd macht keine Hausaufgaben.

9. Klasse, Fach Deutsch: Ich kontrolliere die Hausaufgaben; Bernd hat sie nicht gemacht, auch am nächsten und übernächsten Tag nicht. Zusatzaufgaben, Elternbrief, weitere Ermahnungen und wieder Zusatzaufgaben ... Bernd macht keine Hausaufgaben. Ich bin mit meinem Latein am Ende, weil ich weitere Druckmittel für sinnlos halte. Ich spüre: Bernd kratzt an meinem Selbstverständnis: Das geht doch nicht, daß da einer verweigert ... Die anderen in der Klasse fragen mich: Warum bestrafen Sie ihn nicht? Warum „darf" der das ...? Ich warte ab bis zur nächsten Klassenarbeit. (Insgeheim denke ich: Na, da werden die Konsequenzen sichtbar werden.) „Leider" schrieb Bernd eine Zwei in der Arbeit. Als ich sie ihm zurückgebe, grinst er mich an, freundlich, nicht hämisch. (Insgeheim schäme ich mich wegen meiner Gedanken ...) Schließlich halte ich es nicht mehr aus und rede offen mit der ganzen Klasse: Meine Schwierigkeiten mit Bernd, meine Forderungen an alle, meine Gedanken über Sinn und Zweck der Hausaufgaben ... Wir haben

lange miteinander geredet, und gemeinsam haben wir die Vereinbarung getroffen, nach „individuellem Bedarf“ die Hausaufgaben zu machen ...
Diese Situation ist nun schon acht Jahre her; von Bernd und den anderen habe ich gelernt, Vertrauen in die Selbstverantwortlichkeit meiner Schüler zu bekommen. Heute bin ich froh, das Risiko damals eingegangen zu sein. (Übrigens: Als Bernd aus der Schule entlassen wurde, schrieb er mir zu Weihnachten eine Karte ...)

c) „Legen Sie sich doch auch hin!“

In meiner 4. Klasse haben wir eine Spielecke, in der ein Sofa steht. Es dient auch ab und zu als Liege für jemanden, dem es momentan nicht gut geht. Es hat sich eingespielt: Wer sich nicht wohlfühlt, legt sich hin und kommt dann wieder zum Unterricht zurück. Anfangs war vielen plötzlich übel; ich überging's mit Humor. Inzwischen bleibt das Sofa meist leer und wird wirklich nur im Notfall benutzt.
Eines Tages fühlte *ich* mich nicht sehr wohl. Die Schüler/innen müssen es mir angesehen haben ... Plötzlich sagte jemand zu mir: „Herr Miller, legen Sie sich doch hin, wir arbeiten inzwischen still weiter!“ Schließlich drängten mich alle in die Ecke, legten mir ein Kissen unter den Kopf und ließen mich wirklich in Ruhe ... und ich konnte innerlich sogar ja dazu sagen ... (Lernziel: „Gegenseitige Rücksichtnahme“ ist doch nicht utopisch!).

d) „Unser schönstes Erlebnis“

In der fünften Klasse haben wir uns kennengelernt, Ende der achten Klasse bereiten wir uns auf das Schullandheim vor. Fast vier Jahre lang sind wir nun schon zusammen und eine richtige Gemeinschaft geworden ... Nach drei Tagen im Schullandheim bekommen wir alle eine Magen-Darm-Infektion. Unsere Schlafräume werden zu Krankenzimmern, der Arzt versorgt uns mit Medikamenten, ansonsten sind wir ganz alleine auf uns angewiesen: Wir versorgen uns gegenseitig (auch uns Lehrer hat es „erwischt“). Wer noch ein bißchen Kraft hat, kocht (Hunger hat sowieso fast niemand); langsam erholen wir uns, kommen zu Kräften. Mit bleichen Gesichtern, etlichen Pfunden weniger und müde fahren wir nach drei Tagen nach Hause, traurig zwar, daß wir unseren Aufenthalt abbrechen mußten, glücklich aber über unsere Erfahrungen, uns gegenseitig so geholfen zu haben. Als wir aus dem Bus aussteigen und uns verabschieden, haben manche Tränen in den Augen. Wir umarmen uns. Also dann, bis Montag ...

- Was trauen Sie sich im Klassenzimmer bereits zu? Worin sehen Sie Ihre „ersten Schritte“?
  Ich vermute: Je mehr Sie selbst bereit sind, persönlich (weiter-)lernen zu wollen, desto fähiger werden Sie auch, dies Ihren Schüler/innen zuzugestehen, und desto weniger halten Sie sich (krampfhaft) an „Sachen“ fest. Was meinen Sie dazu?

Ich bin um all die Erfahrungen mit meinen Schüler/innen froh; wir haben miteinander und voneinander gelernt. Damals, vor acht Jahren, konnte ich dies beim Abschlußfest „meiner Neunten“ bereits sagen:
„... und mich beschäftigt heute abend auch die Frage, was ihr denn in den zurückliegenden 10000 Stunden gelernt habt:
Wahrscheinlich werdet ihr antworten: Lesen und Schreiben, Mathematik und Religion, Sport, Zeichnen und Werken, Musik, Biologie und Erdkunde, Geschichte und Englisch – und alles, was noch zu diesen Fächern gehört. Insofern war Schule wichtig für euch, sonst wäre der Weg zu einer weiterführenden Schule oder zu einer Lehrstelle versperrt. Aber ihr habt noch weit mehr gelernt als nur Fächerinhalte, Stoffbereiche und Wissensgebiete ... Ihr habt gelernt, euch durchzusetzen und zu behaupten, d.h., ihr seid jedes Jahr ein Stückchen selbständiger geworden – meistens konnten wir dies mit Freude feststellen, manchmal ging es uns Lehrern zu schnell, und einige Male habt ihr uns sicher überfordert. Ihr habt gestritten und euch wieder vertragen, ihr habt gelacht und ihr habt geweint. Ihr habt allmählich Vertrauen zueinander und zu uns gewonnen. Ihr seid aber auch enttäuscht worden, habt wieder Mut gefaßt, neu anzufangen.

Ihr habt manchmal Angst gehabt, aber euch letztlich doch nicht unterkriegen lassen. Ihr habt uns gegenüber Aggressionen bekommen, und manchmal hattet ihr eine ganz schöne Wut auf euch selbst. Aber all dies hat uns nicht auseinander gebracht, sondern wir haben gelernt, damit umzugehen, und ihr habt erfahren, daß dies nicht nur zur Schule, sondern zu euerem Leben gehört.
Manchmal habt ihr viel gelernt und manchmal wenig, und zwischendurch haben wir uns immer auch wieder wehe getan, sei es durch mangelndes Verständnis, sei es durch Überheblichkeit, Unachtsamkeit oder Leichtsinn. Aber wir haben uns gegenseitig wieder entschuldigt, uns die Hand gegeben und gesagt, wir wollen weitermachen.
Ihr habt Kameradschaften und Freundschaften begonnen. Ihr seid euch näher gekommen und habt versucht, in diesen vielen tausend Stunden nicht nebeneinander oder gegeneinander, sondern in den meisten Fällen miteinander zu leben. Ihr habt also nicht nur die äußere Welt der Dinge, Sachen und Gegebenheiten gelernt, sondern ihr habt euch auch in eurer inneren Welt, in der Welt eurer Gefühle und Empfindungen, in der Welt eurer Wünsche, Träume und Hoffnungen weiterentwickelt. Und ihr habt uns Anteil nehmen lassen. Dafür danke ich euch.
Ihr ward aber auch des öfteren enttäuscht von uns, wie wir es auch von euch waren. Wir waren gegenseitig enttäuscht, weil nicht eingetreten ist, was wir gegenseitig voneinander erwartet hatten. Und wahrscheinlich ist es das, was ich in den letzten Jahren von euch und mit euch am meisten gelernt habe: Nicht zu viel von euch zu erwarten, – denn woher weiß ich so sicher, zu welcher Entwicklung ihr fähig seid? –, sondern mehr auf euch zu warten und auf das, was ihr zu geben bereit seid. Ich glaube nicht, daß dies weniger wäre als sonst. Sondern ich glaube daran, daß meine Offenheit als Lehrer euch gegenüber euch nicht lernfaul macht, sondern daß ihr diese Chance zu nutzen wißt. Die Erfahrungen mit euch bisher bestärken mich: In den meisten Fällen habt ihr meine Offenheit nicht ausgenützt, sondern mich akzeptiert wie ich bin – so wie ich es euch gegenüber auch getan habe. Und deswegen können wir unter unsere gemeinsame Schulzeit einen Schlußstrich ziehen und sagen: Wir gehen im Guten und in gegenseitiger Achtung auseinander."

- Fühlen Sie sich überfordert oder wohl bei dem Gedanken, sich als *Person* so „einzubringen“, um Ihren Schülern eine Vorstellung zu vermitteln, was es heißt, friedlich miteinander auszukommen?

So wie es Hartmut von Hentig schreibt:
„Ich bin Lehrer und kann Kindern und jungen Leuten eine Vorstellung davon geben, was uns ermöglicht, friedlich miteinander auszukommen: von den Mitteln, mit dem man einen Streit schlichtet, von der Klugheit der guten Form, von der Macht der Wahrheit – und umgekehrt von dem Mittel der Verleumdung, von den Torheiten der Provokation, von der Verteufelung oder Erniedrigung des Gegners, von den Folgen der Gewalt. Ich kann und muß ihnen vor Augen führen, wie wichtig die Vernunft für die Wahrung des Friedens ist, und zugleich, daß sie Grenzen hat.“ (Hartmut von Hentig: Aufgeräumte Erfahrungen. München 1983, S. 59)
Ich möchte Kinder und Jugendliche bei ihrer Entfaltung begleiten. Die Gedanken von Chalil Dschibran, einem arabischen Dichter, gehen mir dabei nicht aus dem Sinn:
„Eure Kinder sind nicht euer Besitz. Sie sind die Söhne und Töchter der Sehnsucht des Lebens nach sich selbst. Sie kommen durch euch, aber nicht von euch. Ihr könnt ihnen eure Liebe geben, aber nicht eure Gedanken. Ihr könnt ihren Körpern ein Zuhause geben, aber nicht ihren Seelen. Denn ihre Seelen wohnen in dem Haus von morgen, das ihr nicht besuchen könnt, nicht einmal in euren Träumen. Wenn ihr wollt, könnt ihr euch bemühen zu werden wie sie. Aber ihr dürft sie nicht dahin bringen wollen, zu werden wie ihr. Denn das Leben geht nicht rückwärts und hält sich nicht auf beim Gestern.“

- Wohin wollen *Sie* Ihre Schüler/innen bringen?
  Wo stehen Sie selbst?

3. Erziehen! – Aber wie?

Schulleiter klagen: „Wir kommen nicht mehr zurecht“, und Lehrer fragen: „Was sollen wir tun?“, wenn sie die Erziehungsvorstellungen mit ihrer Schulwirklichkeit vergleichen:

- Jeder hat das Recht auf Leben und körperliche Unversehrtheit. (Grundgesetz, Art. 2,2)
- Niemand darf wegen ... seiner Rasse, seiner Heimat und Herkunft ... benachteiligt oder bevorzugt werden. (Grundgesetz, Art. 3,3)
- Die Jugend ist in der Ehrfurcht vor Gott, im Geiste christlicher Nächstenliebe, zur Brüderlichkeit aller Menschen und zur Friedensliebe zu erziehen (Landesverfassung Baden-Württemberg, Art. 12,1).
- Bildung des Charakters und die Entfaltung gefühlsmäßiger und schöpferischer Kräfte und die Ausbildung sozialer, ethischer und religiöser Wertvorstellungen und Verhaltensweisen (Bildungsplan Baden-Württemberg 1984: Der Erziehungs- und Bildungsauftrag der Schule).
- Einübung von Verhaltensweisen und Umgangsformen, die für das Zusammenleben – im besonderen in der Schule – gelten (Bildungsplan Grundschule, Baden-Württemberg).

- Im Klassenzimmer drückt Fred Michael an die Wand, würgt ihn und läßt ihn erst wieder los, als dieser kurz vor dem Ersticken ist.
- Abdullah, seit fünf Jahren in Deutschland, wird von den Mitschülern ausgelacht, gestoßen, geschlagen, isoliert ...
- Notizen einer Schulwoche: schlagen, zwicken, kratzen, treten, spucken, boxen, würgen, Haare ziehen und reißen, beschimpfen, lächerlich machen, bloßstellen, beleidigen, konkurrieren, Machtkämpfe austragen ...
- „Wie bahne ich sittlich wertvolle Einstellungen an, z. B. angesichts katastrophaler Familienverhältnisse?“
- „Was mache ich gegen die wertwidrigen Medieneinflüsse? Ich fühle mich machtlos!“
- „Die gefühlsmäßigen Kräfte meiner Schüler erlebe ich hauptsächlich als Aggressionen.“
- „Zur Einübung komme ich gar nicht; ich bin schon froh, wenn ich die Streithähne überhaupt auseinander bekomme!“

– ... die Schüler auf die Wahrnehmung ihrer verfassungsmäßigen staatsbürgerlichen Rechte und Pflichten vorzubereiten und die dazu notwendige Urteils- und Entscheidungsfähigkeit zu vermitteln ... (Bildungsplan Hauptschule, Baden-Württemberg).

– Schüler stänkern und motzen, übernehmen keinerlei Pflichten und Ämter, Lehrer weigern sich, die Funktion des Vertrauenslehrers anzunehmen ...

– Urteils- und Entscheidungsfähigkeit: „Den meisten meiner Hauptschüler ist es völlig egal, was geschieht. Sie lassen sich treiben ...“.

– Ein Lehrer zu einem Schüler: „Unterlaß, bitte, deine unflätigen Ausdrücke!“

– Antwort: „Warum? Das sagt mein Vater jeden Tag zu meiner Mutter.“

Wir spüren in der Schule

a) den *Verlust*
– einheitlicher Erziehungsvorstellungen, Normen und Werte ...;
– an Geborgenheit, Zugehörigkeitsgefühl, Fürsorge, Zuwendung, Vertrauen, Nähe ...;
– an Eigenaktivität, Kreativität, Arbeitsfreude, Ideenreichtum, Selbstwahrnehmung und Selbständigkeit;
– von Sensibilität für sich und andere.

b) die *Zunahme*
– einer nicht mehr überschaubaren, desorientierten Pluralität in vielen Lebensbereichen;
– alleinerziehender Mütter und Väter, berufstätiger Eltern *und* arbeitsloser Väter und Mütter;
– an Gewalttaten, Brutalität, Kriminalität, Gleichgültigkeit und Interesselosigkeit;
– an Angst und Depressionen, Todeswünschen, Selbsttötungsversuchen und Selbsttötungen von Kindern und Jugendlichen;
– der Technisierung, Konsumhaltung, Fremdbestimmung, Medieneinflüsse und freizeitlicher Überangebote.

Die Auswirkungen von *Verlust* und *Zunahme* sind in der Schule geballt zu erfahren:

- Die vielfältigen Erziehungsvorstellungen und Erziehungseinwirkungen desorientieren Lehrer, Eltern und Schüler.
- Jedes Wohnzimmer ist (via Fernsehen) zum „Marktplatz der Welt" geworden, so daß Schule in den meisten Fällen nicht mehr Welt eröffnen kann, sondern die diffusen Welterfahrungen der Schüler ordnen muß.
- Viele Lernangebote können nicht mehr beeindrucken, da die Angebote außerhalb der Schule viel interessanter sind.
- Interesselosigkeit, Langeweile und Abgestumpftheit verhindern vielfältiges Lernen und fördern Aggressionen gegen Menschen und Dinge.
- Zwischenmenschliche Beziehungen verarmen, und die Fähigkeit, befriedigend miteinander zu leben, verkümmert immer mehr, weil das „Übungsfeld des Miteinander" immer kleiner wird.
- Arbeit als Freude, Befriedigung und Erfüllung wird weniger erfahren. „Jobeinstellung" und „Was krieg' ich'n dafür?" stehen im Vordergrund.
- Fremdbestimmung und Entfremdung bekommen ein Übergewicht.

Vgl. auch: Lehrer lernen, S. 13f. u. S. 21

- Wie kommen Sie in *Ihrer* Schulwirklichkeit klar?
  Wie erleben Sie Ihre Schule: als Tollhaus oder als Treibhaus?
  Wenn Sie sie als Tollhaus sehen, was gedenken Sie zu tun: Gegendruck erzeugen, auswandern, resignieren, „Jetzt-erst-recht-Stimmung" erzeugen ...?

- Zurück zu Ihrer eigenen Erziehung: Was empfinden Sie, wenn Sie daran denken?

Ich habe Erziehungserfahrungen von Lehrer/innen aus ihrer Kindheit gesammelt; hier einige Kostproben:

- Geh aufrecht, halt dich gerade!
- In der Bibel steht ...
- Solange du die Füße unter meinen Tisch streckst ...

- Ach, stell dich nicht so an!
- Beiß die Zähne zusammen!
- Laß den Kopf nicht hängen!
- Sei still!
- Warum? Das ist halt so!
- In meiner Jugend ...
- Entweder macht man es richtig oder gar nicht.
- Was, du weinst? Du kriegst gleich Grund zum Weinen.
- Mein Vater redete tagelang kein Wort mit mir.
- Du sollst nicht! Paß auf! Sei vorsichtig!
- Das macht man nicht. Das ist halt so.
- Mach dem Papa keinen Kummer.
- Jetzt ist Mama aber traurig.
- Wir meinen es doch gut mit dir.
- Ich muß auch tun, was mir keinen Spaß macht.
- Jetzt störst du schon wieder.

● Welche Erfahrungen haben *Sie*?
Worunter leiden Sie heute noch?

Lehrer/in sein heißt auch, mit der eigenen Erziehungsgeschichte leben: „Was früher ihnen selbst angetan wurde, das tun sie nun ihren Schülern an. Ein Teufelskreis?" Und: „Wir Erwachsene verstehen die Kinder nicht, weil wir unsere eigene Kindheit nicht mehr verstehen." (Horst Brück: Das Kind vor dem Lehrer und das Kind im Lehrer, in: Westermanns Pädagogische Beiträge 1980/1, S. 8 und S. 12.)
Sind wir nicht hoffnungslos überfordert angesichts der oben genannten Schulwirklichkeit und unserer eigenen (häufig defekten) Erziehungsgeschichte? Der Rückgriff auf Autoritäten im Hintergrund löst aber schwerlich die Erziehungsprobleme, so verlockend und verführerisch es sein mag, nun doch wieder – aus Hilflosigkeit? – zu Strenge und Disziplin zu greifen:
„Der Lehrer im ersten Drittel (und zum Teil noch bis in die sechziger Jahre) dieses Jahrhunderts hatte das Problem zu lösen: Wie verwirkliche ich *mit Hilfe der* mir von der Gesellschaft zur Verfügung gestellten *Autorität* die gewünschte Disziplin, Ordnung, Leistung und Gesinnung? Demgegenüber fragt sich der heutige Lehrer: Wie erreiche ich *ohne den Rückgriff auf Autorität* selbstverantwortliches Handeln, Of-

fenheit, Engagement und kritisches Bewußtsein?" (Rainer Winkel: Antinomische Pädagogik und Kommunikative Didaktik. Düsseldorf 1986, S. 150)
Wir können heute weder auf eine zur Verfügung gestellte Autorität zurückgreifen noch auf eine wie auch immer geartete „Erziehungseinheit" von Familie, Schule, Kirche, Staat und Gesellschaft. Die Einflüsse auf Kinder und Jugendliche, auf unsere Schülerinnen und Schüler sind vielfältiger geworden:

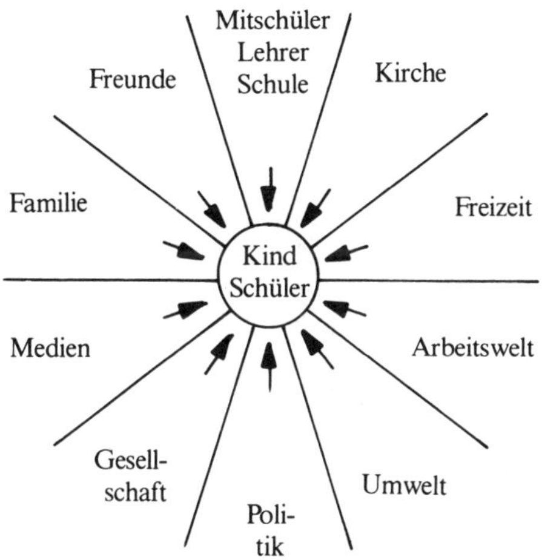

(Aus: Lehrer lernen, S. 82)

Es ist aber nicht nur die Vielfalt, die Erziehung erschwert, sondern vor allem die Art und Weise, *wie* die verschiedenen Institutionen und Gruppen auf die Schüler wirken. An der „Spitze des Eisberges" werden in der Schule gravierende Störungen spürbar (siehe Abb. S. 210).
Wir werden mit den Folgen der tieferliegenden Ursachen konfrontiert. Wie groß sind angesichts dieses „Eisberges" überhaupt unsere Chancen und Möglichkeiten, in der Schule zu wirken, zu beeinflussen und zu verändern? Wie sollen Lehrer/innen agieren und reagieren? Druck, Zwang, Strafen? Einfühlung, Verständnis, Zuwendung? Grenzen, Rückzug, Resignation? Die Antwort wird ein „Weg der Mitte" sein zwischen Freiheit und Bindung, zwischen Fordern und Fördern, zwischen Distanz und Nähe. Die Kluft zwischen

Erziehungszielen und Erziehungswirklichkeit zeigt, wie sehr *diese* Art von Erziehung notwendig ist:
„Liebe und Geborgenheit und Lob und Anerkennung auf der einen, Suche nach neuen Erfahrungen und nach Verantwortung und Selbständigkeit auf der anderen Seite: in diesen Paaren drückt sich Notwendigkeit beschützender Hilfe einerseits, freigebende Hilfe andererseits deutlich aus.

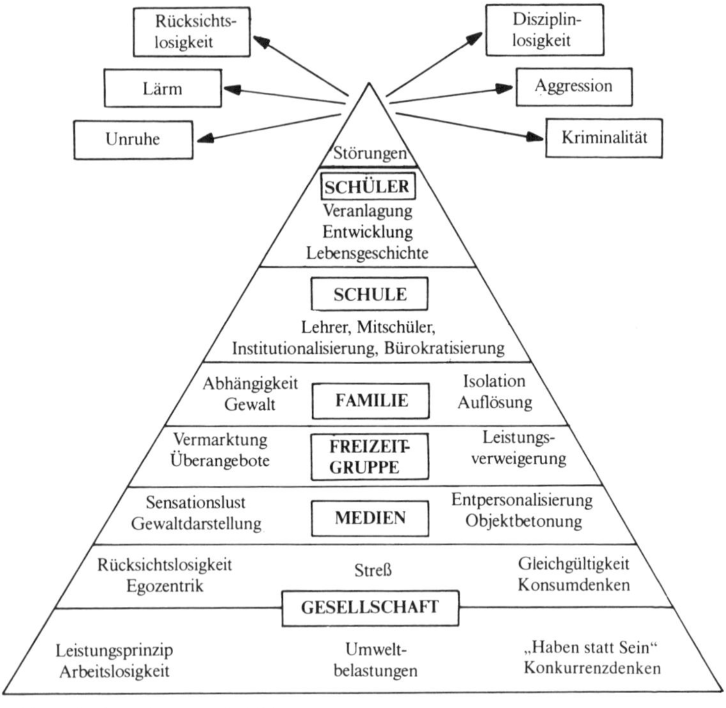

(Aus: Lehrer lernen, S. 167)

Zu fördern sind
1. kognitive Konzentration (Sammlung, Stille, Ruhe),
2. motorisches Ausgreifen (Eroberung, Körperbewußtsein),
3. emotionale Stabilität (Geborgenheit, Gewißheit, Anerkennung, Liebe),
4. soziale Offenheit (Freundlichkeit, Wandel, Verantwortung, Selbständigkeit),

5. ästhetische Sensibilität (Freude an Farben und Formen, Genußfähigkeit, Kreativität)."

(Dieter Baacke: Die 6–12jährigen und die Schule, in: Zeitschrift Pädagogik 1988/3, S. 14)

Schule kann heute weder eine heile Welt ersehnen noch heraufbeschwören oder so tun, als gäbe es diese heile Welt, sondern sie muß sich den Forderungen und Anforderungen stellen:

– Je stärker die Technisierung zunimmt, desto intensiver muß gleichzeitig die *Beziehung* zwischen Menschen gelernt und gelebt werden. Die Zurücknahme der Person zugunsten der Technik wäre verheerend.
– Menschliche Beziehungen erfordern Sensibilität für sich und andere, persönliche Offenheit und Mitteilungsbereitschaft, Akzeptanz der Verschiedenheit und Andersartigkeit.
– Lehrer haben mehr Unterrichten und weniger Erziehen gelernt. Erziehung als *Beziehung* ist heute nicht (mehr) nur auf das Elternhaus bezogen, sondern weist auf die Schule hin. Die Frage „Wie leben wir miteinander?" ist von großer Bedeutung für Lehrer und Schüler, und die befriedigende Beantwortung für beide Seiten lebensnotwendig geworden.
– Schüler kommen mit unterschiedlichen Lernvoraussetzungen und Wissensbeständen in die Schule. Wissen muß demnach ergänzt, geordnet und verantwortungsvoll verfügbar gemacht werden.
– Die unterschiedlichen Erfahrungen und Lebensgeschichten der Schüler müssen auch unterschiedlich verarbeitet werden.
– Schüler und Lehrer werden zu Lernpartnern, und die jeweiligen Lernanteile in dieser Partnerschaft erwachsen aus den jeweiligen Lernsituationen: Offenheit füreinander ist hier Voraussetzung.
  (Vgl. auch: Lehrer lernen, S. 13 f.)

Aus der reflektierten Wahrnehmung der Erziehungswirklichkeit ergibt sich die Erkenntnis, daß Erziehungsziele meist nur langfristig zu erreichen sind und daß Lehrer Schülern einen Lernweg zugestehen, der sich immer mehr der Eigen-

bestimmung nähert. Erziehungs*kataloge* sind wenig differenziert und machen kaum Aussagen über Erziehungs*prozesse.* Im inneren und äußeren Dialog mit den Schülern geschieht Erziehung. Der Lehrer versteht sich dabei als begleitender Helfer, und er darf sich nicht verleiten lassen, den Zeitpunkt zu bestimmen, wann welche Schüler welche Ziele erreicht haben *müssen.* Die Freiheit der Person umfaßt auch die Entscheidung, eigenes Wachsen und Reifen selbst zu bestimmen, freilich auch in der Wahrnehmung des Wachsens und Reifens anderer.
Welche Lehrerin/welcher Lehrer könnte hier mit Bestimmtheit zeitliche Fixierungen festlegen, ohne Schüler/innen in ein Erziehungskorsett zu stecken, das Entfaltung verhindert, statt ermöglicht?

- Wieviel Entfaltungsraum können Sie Ihren Schüler/innen geben, ohne selbst auf der Strecke zu bleiben?
  Wie ist das bei Ihnen mit der Selbstbestimmung der Schüler/innen?
  Bejahen Sie auch, was Karin Nowack, Rektorin, über ihre Schüler schreibt: „Das sind alles entmutigte, zerfallene kleine Persönlichkeiten." Die Schüler/innen sind „immer mehr gestörte und seelisch tote Kinder". (Spiegel-Artikel: Tollhaus Schule, vom 11.4.1988, S. 35)

Ich muß mir als Lehrer/in immer wieder neu bewußt werden, was ich mache, wie ich handle, was ich fordere, anrege, vermittle und wie ich wirke ...

Im Bereich der Erziehung überfordern wir Schüler/innen häufig, weil *wir* die Ziele rasch erreichen wollen, denn: Noch nicht erbrachtes Sozialverhalten wird von uns meist als Störung empfunden, und Störungen sollten doch – bitte schön – rasch beseitigt werden! Oder sind Störungen nicht auch eine Chance? Oder mehr noch: Wilfrid Schley „versteht Unterrichtsstörungen als ‚Signale', die es zu entziffern gelte. Schleys Übersetzungsvorschläge für Boxhiebe, Zwischenrufe und anderes: ‚Ich komme nicht zurecht', ‚ich leide', ‚ich muß mich wehren' und ‚ich brauche Hilfe'." (Spiegel-Artikel S. 42)

- Hören Sie Signale der Schüler/innen?
  Wenn ja: Welche?
  Was sagen *Ihnen* Schülerstörungen?

Vielleicht auch, daß der (Ihr) Unterricht langweilig ist: „Langeweile ist denn auch die von Schülern am häufigsten genannte Störungsquelle." Und: „Nach wie vor werden 90 Prozent aller Schulstunden im eintönigen Frontalunterricht erteilt. Aufgelockerte Unterrichtsformen sind in der pädagogischen Theorie so beliebt wie in der Praxis selten." (Spiegel-Artikel S. 35 und S. 42)

- Wie „frontal" ist Ihr Unterricht?
  Wie gern würden Sie als Ihr eigener Schüler/eigene Schülerin in Ihren Unterricht gehen?
  Wie leicht, wie schwer machen Sie sich Ihre Unterrichtsvorbereitung?

Während eines Trainingslehrgangs äußerte sich eine Teilnehmerin: „Ich weiß, im Grunde genommen verlange ich von meinen Schülern ein Verhalten, das sie in dem hohen Maß noch gar nicht zeigen können. Der Hauptgrund liegt darin, daß *ich* es leichter haben möchte. Ich denke zu wenig daran, ob die Schüler meine Forderungen auch wirklich erfüllen können. Oft überfordere ich sie."
Die Schule ist nicht nur im unterrichtlichen (fachlichen) Bereich, sondern auch im erzieherischen Bereich *Lernfeld*. Deshalb auch hier: Der *Weg* ist das *Ziel*! Dieser Erziehungsweg erfordert von Lehrerinnen und Lehrern allerdings „Tugenden", die sie dauernd mit ihrer eigenen Haltung konfrontieren: Geduld, innere Ruhe, Ausdauer, Toleranz ...

Erziehungsbeispiele:
Während ich die Treppe zu meinem Klassenzimmer hochgehe, kommt mir ein Kollege entgegen, der einen Schüler, zusammen mit zwei Mitschülern, in den Schulhof trägt. Dieser ist fast bewußtlos, weil ein anderer „ja nur" seinen Kopf und Hals zwischen die Knie genommen und zugedrückt hat.

- Mit welchen Gefühlen bestrafen Sie den Übeltäter?
  Was ist hier noch an *Erziehung* möglich?

Während einer Gruppenarbeitsphase hören Sie, wie ein Schüler zu einem Nachbarn ziemlich aggressiv sagt, Sie seien das größte Arschloch der Schule. Einige Schüler/innen hören diese Aussagen ebenfalls.

- Wie würden Sie reagieren?
  Was bedeutet für Sie in diesem Fall *Erziehung*?

- Ein Schüler kommt vom Papierkorb und fegt grinsend das Arbeitsmaterial eines Mitschülers vom Tisch.
- Anke, 8. Klasse, steht plötzlich auf und will das Klassenzimmer verlassen mit der Bemerkung: „Mir reicht's!"
- Während Sie vorlesen, beobachten Sie, wie Michael ein Pornoheft unter der Bank liest.
- Peter greift Sabine während des Unterrichts an den Busen, wobei sie (mehr amüsiert als wütend) laut „Du alte Sau" ruft.

- Erziehung! – Aber wie?

Dieser Erziehungsweg, auf dem Schüler/innen und Lehrer/innen gemeinsam auf oft steinigem und holprigem Boden gehen, ist der Weg vom kindlichen „Lustprinzip" zum erwachsenen „Realitätsprinzip":
"1. Jede Erziehung muß zwingend dem Lustprinzip des Kindes das Realitätsprinzip des gesellschaftlichen Umfeldes als Erwachsenheit entgegenhalten und diesem zum Sieg verhelfen; zuerst und vor allem in der Familie und sekundär dann in der Schule. Dies ist nicht ohne Angst und Verführung auf beiden Seiten zu leisten.
2. Dabei kommt es in jedem Fall zu mehr oder weniger schweren Verletzungen und zu Verdrängungen ins Unbewußte. Ein großer Teil dieser leidvollen Verletzungen ist prinzipiell überflüssig und wird im Sinne von Wiederholungszwang der nächsten Generation nur zugefügt, weil er der vorigen zugefügt worden, jedoch unbewußt geblieben ist". (Horst Brück ... S. 12f.)
Um die „leidvollen Verletzungen" zu reduzieren (und vielleicht einmal gänzlich zu verhindern), ist – wieder einmal – der Blick auf die *Beziehung* zwischen Schüler/innen und Lehrer/innen von entscheidender Bedeutung:

„Erziehung ist nicht eine Fertigkeit oder Technik, die man unabhängig von der eigenen Person ausüben kann. Als *Beziehung* zwischen Personen kann sie niemals von einem Automaten übernommen werden. Pointiert ausgedrückt: Der Pädagoge ist sein eigenes Instrument.“ (Peter Grundke/Rüdiger Stüwe: Pädagogische Konflikte im Kollegium, in: Westermanns Pädagogische Beiträge 1980/10, S. 389f. Hervorhebung R.M.)

Der Pädagoge ist sein eigenes Instrument. Aber welches? Und: Welches Instrument, welche Instrumente brauchen die Schüler/innen?

„Unsere heutigen Schüler brauchen weder den stahlharten deutschen Blick, noch permissives Gehabe, weder Peitsche noch Zuckerbrot. Autoritäre Erzieher schaden ihnen nicht weniger als prinzipielle Spontis. Mauern und Stacheldrähte sind genauso schlechte Wegmarkierungen wie Styropor oder Watte. Heutige Schüler brauchen den didaktisch sich umorientierenden, humorvollen, gelassenen und eindeutigen Lehrer sowie einen Erwachsenen, der Widersprüche und Spannungen durchzuhalten vermag, der also fordert und fördert, wagt und wägt, arbeitet und spielt, bewahrt und verändert, Freiheit ermöglicht und Bindungen zumutet.“ (Rainer Winkel: „Dann machen wir Sie fertig!“, in: Die Zeit Nr. 51 vom 16.12.1983, S. 33)

„Es geht darum, die Spannbreite der verschiedenen Erziehungsstile produktiv zu nutzen. 80 Lehrer können kein collegium pädagogicum werden, wenn der eine die Zigarette der Schüler für Zeichen ihrer Selbstbestimmung hält und ein anderer darüber in Harnisch gerät. Ohne *Minimalkonsens* (Hervorhebung R.M.) sind Lehrer isolierte Einzelkämpfer und Schüler desorientierte Erziehungsobjekte.“ (Rainer Winkel ... ebd.)

- Denken Sie an Ihre Schulzeit, an Ihre spätere Lebensgeschichte: Haben wir jemals kooperieren gelernt?

Ohne Kooperation, z.B. der Klassen- und Fachlehrer, ist also keine vernünftige und wirksame Erziehung möglich. Pädagogisches Einzelkämpfertum ist bereits in den Anfängen zum Scheitern verurteilt. Dabei heißt Kooperation nicht „Verbrüderung“ der Lehrer/innen gegen die aufmüpfigen

Schüler/innen, sondern Abstimmung der verschiedenen Einstellungen, um Erziehung zu verwirklichen.
Sinnvollerweise weitet sich die Kooperation auf das Elternhaus aus, so daß sich an gemeinsamer Arbeit ergeben kann:

- intensive Gespräche mit Eltern führen;
  - Wie sicher fühle ich mich in der Gesprächsführung?
- Absprachen unter den Lehrer/innen und mit den Eltern vereinbaren;
  - Wie leicht, wie schwer fällt mir dies?
- gemeinsam an Problemen arbeiten, die die Erziehungsarbeit behindern;
  - Was fällt mir ein, wenn ich „gemeinsam“ höre?
- Elternkontakte verstärken;
  - Was hindert mich, das zu tun?
- außerunterrichtliche Aktivitäten mit Eltern suchen;
  - Wieviel an Gemeinsamkeiten ist mir möglich?
- sich Hilfen bei der Lösung von Einzelproblemen geben;
  - Was fällt mir schwerer: Hilfen zu geben oder Hilfe zu suchen?

Unterschiedliche Sichtweisen zu erkennen und nach gemeinsamen Erzieherhaltungen zu suchen, das bleibt eine dringliche Aufgabe von Elternhaus und Schule. Kinder und Jugendliche brauchen Partner, die helfen und begleiten und nicht durch zu unterschiedliche Verhaltensweisen verunsichern.

- Welche Erfahrungen haben Sie im Kollegium gemacht, was Ihren „Minimalkonsens“ betrifft?
  Erziehung in der Schule? Dies dürfte inzwischen keine Frage mehr sein (obwohl es immer noch Pädagogen gibt, die sie stellen: „Erziehung oder Nichterziehung?“). Mir ist die Frage nach dem *Wie* inzwischen viel wichtiger geworden.
  Wie interpretieren *Sie* Erziehung, und welchen Handlungsspielraum haben Sie in Ihrer Schule?

Mir geht es so:

Mein Interpretations- und Handlungsspielraum ergibt sich aus

- meinem Menschenbild und dem daraus resultierenden Verständnis von Erziehung;
- der Beziehung zu meinen Schülerinnen und Schülern und deren Bedürfnissen, Wünschen, Interessen, Lebensumständen;
- den Gegebenheiten, Situationen und Forderungen der Umwelt;
- aus den Erziehungszielen der Bildungspläne.

Daraus ergeben sich Prinzipien für mein erzieherisches Handeln, z.B.:
- Achtung der Person: Wahrnehmung ihrer Berdürfnisse;
- Selbstachtung: Wahrnehmung meiner Bedürfnisse;
- Verständnis: Einfühlung in den anderen;
- Akzeptanz: Bejahung der Person;
- Gerechtigkeit: Ablehnung schädlicher Handlungen;
- Verantwortung: Förderung der Selbständigkeit;
- Beachtung: Vermittlung von Nähe und Wärme;
- Friedensliebe: Integration statt Konfrontation;
- Leistungswille: Bestätigung und Verstärkung ... usw.

Die *Prinzipien* und *Methoden* stecken also in den *Erziehungszielen*! D.h., diejenigen Verhaltensweisen, die Schüler/innen erreichen/erwerben sollen (Erziehung zu ...), sind und sollen auch meine Verhaltensweisen als Erzieher sein. (Die Frage des Vorbilds beantwortet sich somit von selbst.) Für den konkreten Schulalltag bedeutet dies z.B.:

Erziehung	*bedeutet für mich als Lehrer*
– zur Menschlichkeit	– Schüler nicht abwerten und bloßstellen, sie nicht für „dumm, blöd, frech, unmöglich ...“ halten, sie nicht klein machen, *sondern* sie in ihrer *Person* annehmen und akzeptieren, sie in *ihrer eigenen Welt* zu verstehen versuchen ...;
– zur Friedensliebe	– sich nicht auf „Kriegsspiele“ mit Kindern einlassen, Schülern keinen „Kampf“ ansagen, sich nicht zu Drohungen verleiten lassen ...,

	sondern ihnen zeigen, wie man mit Konflikten umgeht, kompromißbereit ist, friedfertig eigene Standpunkte deutlich vertritt und andere Sichtweisen wahrnimmt;
– zur Achtung der Überzeugung anderer	– sich nicht in autoritäres Gehabe und dirigistische Verhaltensweisen flüchten oder anderen eigene Überzeugungen überstülpen, *sondern* Offenheit und Toleranz zeigen, eigene Überzeugungen artikulieren und andere einfühlend wahrnehmen, die Lebensgeschichte des andern (als Ursache für seine Überzeugungen) erspüren;
– zur Eigenverantwortung	– nicht ständig Schüler bevormunden, nicht der Meinung sein, man wisse immer, „wo es für die Schüler langginge“ ..., sich nicht vor Verantwortung drücken (Schule, Kollegium), *sondern* Schülern Aufgaben übertragen und ihnen Lösungen zutrauen (und dabei auch Mängel in Kauf nehmen) und selbst verantwortlich handeln;
– zum Leistungswillen	– sich nicht Anforderungen entziehen und den Schülern keine Leistungen abverlangen, ihnen keine Leistungen zutrauen, *sondern* sich Anforderungen stellen und sie erfüllen, klare Erwartungshaltungen aussprechen, Schülern Hilfen bei deren Erfüllung geben;
– zur sozialen Bewährung	– nicht die Schüler in ihrem sozialen Verhalten über einen Kamm scheren, ihre soziale Herkunft nicht beachten, *sondern* jedem einzelnen einen sozialen Lernweg zugestehen und selbst soziale Verhaltensweisen leben.

- Wie stark erleben Sie die Übereinstimmung bzw. Nichtübereinstimmung von Erziehungszielen und Erziehungsmethoden?
  Bei Nichtübereinstimmung: Was bringt Sie (immer noch/immer wieder) in diese Diskrepanz? („Eigentlich möchte ich, aber ...")

Zur Konkretion drei Beispiele aus dem Schulalltag:

a) Erziehung zur Konfliktfähigkeit:

Während eines Schulbesuchs in einer großen Gewerbeschule fragte ich den Schulleiter, wie er denn – bzw. die Schule – mit den Disziplinproblemen zurechtkäme und welche Schwierigkeiten und Konflikte er mit den Schüler/innen hätte. „Wissen Sie", antwortete er mir, „wir haben hier eigentlich keine Probleme; wir haben hier noch jeden kleingekriegt."

- Versetzen Sie sich in die Lage des Schulleiters: Was sagt er *eigentlich* über sich selbst aus? Wie fühlt er sich? Was steckt hinter seinen Aussagen?
  In seinen Worten drückt sich folgendes Erziehungsverständnis aus: ...
  Lernen Schüler/innen hier, mit Konflikten umzugehen, wenn sie die Erfahrung machen, bei auftauchenden Problemen „kleingemacht" zu werden? (= Groß ist der, der andere kleinmacht!)

b) Der Lehrer als Vorbild:

Auf einem Schulhof von mir beobachtet: Ein Lehrer hat Hofaufsicht und raucht dabei eine Zigarette. Hinter einem Mauervorsprung entdeckt er einige Schüler, die rauchen. Mit der brennenden Zigarette in der Hand geht er auf die Jungen zu, brüllt sie an, sie sollen die Zigaretten sofort wegwerfen, und schickt die Schüler ins Rektorat. Ein Schüler „wagt" es zu antworten: „Aber Sie rauchen ja auch!" Die Antwort des Lehrers: „Erstens geht dich das nichts an, zweitens bin ich erwachsen und drittens werde ich dir deine Frechheit schon noch austreiben."

- Mit welchen Gefühlen verlassen Sie (als Schüler) den Schulhof?
  Antworten Sie spontan dem Lehrer, was Sie ihm gegenüber empfinden?
  Was würden Sie diesem Kollegen in einem Gespräch unter vier Augen mitteilen?

c) Aug' um Aug', Zahn um Zahn ...:

Ein Kollege bat mich um eine Unterrichtsbeobachtung, weil er mit einigen Schülern in der Klasse große Probleme habe. In einer Stunde erlebte ich folgende Situation: Aus einer Frustration heraus schreit ein Schüler den Lehrer an und attackiert ihn verbal, worauf der Kollege aufgebracht zurückschreit: „Wenn du mir so kommst, dann komme ich dir ganz anders!" Und eine wütende Wortkanonade prasselt auf den Schüler nieder ...

- Ihre Empfindungen und Reaktionen?
  Wie gehen die beiden mit ihren Gefühlen um?
  Beide könnten aus dem Vorfall lernen und hätten eine große Chance: Der Lehrer äußert seine *wirklichen* Gefühle, der Schüler wird sich seiner eigenen Gefühle bewußt und erfährt zugleich, wie sie der Lehrer mitteilt.

So aber eskaliert das gegenseitige Verhalten, der „Teufelskreis" wird nicht unterbrochen: Brüllst du, brülle ich lauter, brüllst du noch lauter, brülle ich am lautesten ... dir werd' ich's zeigen, ich dir auch, ich dir noch mehr ...

Erziehungsziele aufzustellen bzw. zu setzen und entsprechende Prinzipien und Methoden anzuwenden bedeutet nicht, als Lehrer/in fehlerlos und blockadenfrei zu handeln. Entscheidend ist, die erzieherische Verhaltensweise transparent zu machen und mit Fehlern konstruktiv umzugehen: akzeptieren, verdeutlichen, sich entschuldigen, wieder gutmachen, ändern, verändern ...
Die gesamte Literatur im Bereich von Erziehung, Erziehungsschwierigkeiten, Störungen und Störungsbewältigung verweist auf kommunikative und kooperative Verhaltensweisen und Methoden: „Heute können Eltern und Lehrer ein

Kind nicht mehr zwingen, sich zu benehmen. Die Wirklichkeit fordert, daß wir neue Wege einschlagen, um auf die Kinder einzuwirken und sie zur Mitarbeit motivieren. Strafen ... sind unwirksame Wege, Kinder zu disziplinieren.“ (Rudolf Dreikurs u. a.: Lehrer und Schüler lösen Disziplinprobleme. Weinheim 1987/4, S. 106)
Strafmaßnahmen relativieren sich somit höchstens als „Notmaßnahmen in Grenzsituationen“, sie sind aber kein durchgängiges erzieherisches Prinzip. (In allen meinen Lehrgängen zum Thema „Disziplin in der Schule“ haben Lehrer/innen überwiegend Strafmaßnahmen abgelehnt, wenngleich sie in der *Schulwirklichkeit* immer wieder „gezwungen“ wurden zu strafen: Keiner will's, viele tun's! Ein Widerspruch, den nur der einzelne selbst auflösen kann.)
Wesentlich bedeutsamer ist es, die Schüler/innen mit den *Folgen* ihres Handelns zu konfrontieren, d. h., die Erfahrung zu verstärken, daß ihr Handeln etwas mit ihnen selbst (und den anderen) zu tun hat und daß sie selbst dafür verantwortlich sind, während Strafe als „schmerzhafte Einwirkung von außen“ erlebt und somit als fremdgesteuertes Lernen erfahren wird. Und zudem wird Strafe „vom Erwachsenen ohne direkten Bezug zum Fehlverhalten verhängt. Sehr häufig verbindet das Kind Strafe nicht mit seinem Tun, sondern mit dem Strafenden.“ (Rudolf Dreikurs ... S. 111)

- Wie ist Ihre Erfahrung: Zusammenhang von Fehlverhalten und Erziehungsmethoden (Strafen?)?
  Wie fühlen Sie sich als strafende Person?
  Welche Erfahrungen haben Sie als Kind, als Schüler/in mit Strafen gemacht?

Ob wir nun strafen oder nicht, ob wir nun erzieherische Erfolge aufweisen können oder nicht, immer wieder stoßen wir an Grenzen unseres Handelns und unserer Belastungsfähigkeit. Die Erwartungen an die Schule und an uns Lehrerinnen und Lehrer müssen schon von daher relativiert und reduziert werden. Wir können nur einen *Teil* der Erziehung übernehmen und bewältigen:
– Unterricht und Erziehung beginnen in der Schule für Kinder im Alter von durchschnittlich sechs bis sieben

Jahren. Sie haben bereits einige Jahre an Sozialisation hinter sich und sind geprägt von verschiedenen Erziehungseinflüssen.
- Die Verhaltensweisen sind sehr weit gestreut und sehr unterschiedlich. Ich kann nicht von allen Schüler/innen das gleiche Sozialverhalten erwarten. Nicht alle Defizite können ausgeglichen werden.
- Schüler/innen verbringen nur einen Teil ihres Lebens in der Schule. Andere Erziehungseinflüsse sind des öfteren intensiver und wirksamer als die der Schule.
- In Schulen, in denen Fachlehrer und Einzelfächer überwiegen (anstelle von ganzheitlichem Unterricht), reduzieren sich erzieherische Einflüsse erheblich.
- Schule kann nicht immer alles reparieren, was außerhalb kaputtgemacht wird: Gefühle, Beziehungen ..., und sie kann nicht immer geben, was außerhalb verweigert wird: Zuwendung, Verständnis, Wärme, Nähe, Beachtung, Vertrauen ...

Und dennoch:
Warum nehme ich, warum nehmen wir Lehrer/innen immer wieder diese Belastungen auf uns? Warum beginnen wir immer wieder neu mit unseren Schüler/innen zu lernen, zu leben? Vermutlich deshalb, weil wir sie mögen, und Erziehung hat letztlich nur dann Sinn und Erfolg, wenn wir unsere Schüler/innen in ihrer *Person* annehmen und akzeptieren. Es gehört ein gutes Stück Liebe dazu, Lehrer/in und Erzieher/in zu sein.
Vielleicht möchten Sie manchmal die Flinte ins Korn werfen, den ganzen „Erziehungskrempel“ hinter sich schmeißen, die Klassenzimmertür für immer verschließen, im Lotto gewinnen und auswandern ...!?
Für diejenigen, die dennoch dableiben, habe ich etwas gefunden. Sie, ich, können auch *hier* auf „Schatzsuche“ gehen:
„Wenn daher eine Übung zu empfehlen wäre, dann nach dieser Richtung: in jedem Übel, in jedem Mangel, in jeder Schwierigkeit, in jedem Mißerfolg, in jeder Gefahr, in jeder Häßlichkeit und in jedem unangenehmen Menschen nach etwas zu suchen, was ich bewundern könnte, ... was mir gefällt, was ich wertschätzen könnte, kurz: das Körnchen Gu-

tes, das in jedem Übel steckt und das letztenendes der Sinn jeden Übels ist ... Das bedeutet doch, wenn wir liebevoll bis auf den Kern des Ungemachs dringen und diesen Kern von seinem Fluch oder Zauber befreien, dann wird uns durch das Übel (Frosch) ein ganzes Königreich (Prinz) geschenkt." (Gustav Großmann: Persönlichkeitsprivileg. Manuskript. München 1953)

- Gehen Sie manchmal auf „Prinzensuche"?

Erziehung: Als Lehrerin und Lehrer nicht nur Stoffvermittlung und Sachen im Auge behalten, sondern sensibel werden für sich und andere und mit Schüler/innen lernen, Bedürfnisse und Wünsche, Hoffnungen und Ängste, Freuden und Erwartungen wahrnehmen. Vieles ergibt sich dann im Tun, und aus *Er*-ziehung wird immer mehr *Be*-ziehung!

4. Lehrer-Schüler-Beziehung

„Widerwillen gegen die und Angst vor der Schule resultieren wohl zu einem nicht unerheblichen Teil aus unbefriedigenden und unbefriedigten *Beziehungen* der Schüler zu ihren Lehrern und der Schüler untereinander." (Ulrike Lorenz: Die Interaktion zwischen Schüler und Lehrer, in: Ulrike Lorenz/Heinz-Jürgen Ipfling, Hrsg.: Freude an der Schule. München 1979, S. 31, Hervorhebung R. M.)
Die Beziehungen sind u. a. auch deshalb so „unbefriedigend und unbefriedigt", weil die Frage nach dem „emotionalen Wohlbefinden" zu selten gestellt wird, nämlich „die Frage an den Lehrer: ‚Wie fühlen Sie sich beim Unterrichten?' – und die daraus entspringenden Fragen: ‚Freuen Sie sich auf den Unterricht oder gehen Sie widerwillig hin? Haben Sie Angst vor Ihren Schülern oder fühlen Sie sich wohl? Erleben Sie sich gespannt oder gelockert? Mögen Sie Ihre Schüler oder lehnen Sie sie ab?' Die entsprechende Frage an die Schüler: ‚Wie fühlt ihr euch eigentlich hier im Unterricht?' – Mit den weiterführenden Fragen: ‚Fühlt ihr euch wohl in diesem Klassenzimmer? Geht ihr gern hinein oder graust euch davor? Wann freut ihr euch auf die Schule und wann habt ihr eine Abneigung dagegen? Was ist für euch das

Schönste und was das Schlimmste am Schulunterricht? Müßt ihr manchmal Angst haben – in welchen Situationen? Wie erlebt Ihr es, wenn Ihr vor der Klasse etwas sagen müßt?‘ Zu selten gehört es zum Problemkatalog von Seminarleitern und Schulräten, nach dem emotionalen Wohlbefinden der Lehrer und Schüler zu fragen, also einfach danach, wie sie sich fühlen. Dabei hätten solche Fragen schicksalhaftere Bedeutung als die nach einem fehlenden Hefteintrag, nach einem nicht durchgenommenen Stoffpensum oder nach einem methodischen Fehler beim Aufbau einer Unterrichtsstunde.“ (Kurt Singer: Emotionalität und Kontakt im Lehrer-Schüler-Bezug, in: Ulrike Lorenz ... S. 43)
Wird die „anfängliche Freude gar ausgetrieben“ (Heinz-Jürgen Ipfling: Marginalien über die Freude im pädagogischen Zusammenhang, in: Ulrike Lorenz ... S. 23) und die Emotionalität so wenig beachtet, weil Lehrer/innen und Schüler/innen zu sehr unter Zwängen stehen? Die Lehrer/innen *fordern*, weil äußere Instanzen und innerer Druck sie zwingen, und Schüler/innen *gehorchen*! Wie soll Freude unter Zwang und Gehorchen entstehen können? Es wäre schlimm um die Schule bestellt, wenn nachfolgende Zeilen totaliter zuträfen:
„Stillehalten ist wichtiger als Bewegung, Auswendig unüberdacht wiedergeben ist wichtiger als Gefühle zeigen und selber denken, Teilnahmslosigkeit (Neutralität) ist wichtiger als Anteilnahme (die immer Partei nimmt), Gehorchen wichtiger als Denken, theoretisch formale Intelligenzleistungen wichtiger als vielseitige Interessen, stumpfe Pflichterfüllung wichtiger als Phantasie usw.“ (Felix Mattmüller-Frick: Plädoyer für eine Schule mit Pfiff. Bern–Stuttgart 1985, S. 62)
Wenn Wohlbefinden und Freude erleben für die Schüler/innen (u. a. auch) heißt, in Bewegung sein dürfen, Gefühle zeigen dürfen, vielseitige Interessen haben und Phantasie entwickeln dürfen, dann bedeutet dies für Lehrer/innen selbst wiederum eine große Herausforderung. Sie wird sichtbar in der Art und Weise, wie sie mit Schülerinnen und Schülern umgehen, wie also die Beziehung aussieht:
„Zunächst muß bedacht werden, daß die Beziehung eine wechselseitige ist. Sie kann nur gelingen, wenn sich auch der Schüler dem Lehrer gegenüber öffnet, sich zuwendet und als er selbst mit dem Lehrer in Kommunikation tritt ... Wer

also Beziehungen aufbauen möchte, muß immer zugleich Schüler motivieren, in eine solche Beziehung einzutreten." (Ludwig Kerstiens: Die Lehrer-Schüler-Beziehung in der Diskussion, in: Lehren und Lernen 1981/7, S. 9)

- Wie sieht Ihre Motivation aus, mit Schüler/innen in Beziehung zu treten?
  Welche „Brücken" bauen Sie, wieviel „Hand-Reichungen" geben Sie?
  Oder: Ich entdecke ziemlich Blockaden in mir ...
  Inwieweit können *Sie* Schüler/innen motivieren, mit *Ihnen* eine förderliche Beziehung zu beginnen und aufrecht zu erhalten?

„Um selber ein Beziehungsangebot machen zu können, muß man jedenfalls die Beziehung auch selber erfahren; das gilt für den Schüler und den Lehrer in gleicher Weise. Wer als Lehrer keine Beziehungen hat, in denen er Vertrauen und Öffnung, Wertschätzung und Anerkennung gewinnt, wird schwer anderen ein solches Angebot machen können." (Ludwig Kerstiens ... S. 9)
In vielen Gesprächen mit Kolleginnen und Kollegen erfahre ich von ihnen, daß sie konstruktive Beziehungen zu ihren Schüler/innen *wollen*, sich aber nicht immer fähig fühlen, sie auch zu verwirklichen und zu leben. Wir können uns also vor der Frage des Verhaltenstrainings nicht drücken, auch wenn sie kontrovers diskutiert wird: Ablehnung und Befürwortung von Verhaltenstrainingsmethoden. Ich vertrete folgenden Standpunkt:
Zuerst kommen Grundhaltungen und Einstellungen und dann das jeweilige Verhalten; es erwächst also gleichsam aus meinem Inneren. (Vorsicht: „Natürlich" sind auch Grundhaltungen und Einstellungen gelernt, bzw. sie haben sich aufgrund von inneren und äußeren Erfahrungen entwickelt.) Ich strebe danach, mein Verhalten in Übereinstimmung mit meiner Grundhaltung zu bringen (Stichwort Kongruenz / Echtheit). Dennoch: „Es ist möglich, daß Beziehung und Einstellung eines Menschen durchaus wünschenswert gelingen, zugleich aber sein *Verhalten* das nicht zum Ausdruck bringt. Verhaltensrituale können sich so einprägen, daß man sie nur schwer wieder los wird. Fast jeder Lehrer wird selbst-

kritisch feststellen können, daß sich *bestimmte Reaktionsformen verfestigt haben*; wenn man darauf aufmerksam gemacht wird, schüttelt man den Kopf über sich selbst." (Ludwig Kerstiens ... S. 8, Hervorhebung R.M.) Um die *Übereinstimmung zwischen Einstellung und Verhalten* zu erreichen, ist es notwendig, beide bewußtzumachen, zu reflektieren und ggf. das Verhalten zu ändern. Ziel ist also die *Übereinstimmung* und nicht ein bloßes Verhaltenstraining, losgelöst von bestimmten Grundhaltungen. Dabei ist es wichtig zu wissen, was innerhalb des „Trainings" unter Verhalten verstanden wird, d.h., was denn verändert werden kann:

„Als ‚Verhalten' bezeichnen wir jede *beobachtbare* Äußerung des Menschen. Dazu gehört nicht nur das bewußte Handeln, sondern jedes Tun, Sprechen, jeder sprachfreie Ausdruck von Gefühlen in Gestik und Mimik, ja selbst die Signale, die die Verweigerung von Kommunikation anzeigen sollen." (Ludwig Kerstiens ... S. 1, Hervorhebung R.M.)

Damit ist m.E. die Frage nach einem Verhaltenstraining beantwortet: Wer glaubt, sein Verhalten würde mit seiner Einstellung übereinstimmen, der kommt ohne Verhaltenstraining aus und kann sich glücklich preisen.

Wer nach größerer Übereinstimmung zwischen seinen Grundhaltungen und seinem konkreten Verhalten sucht, der wird danach trachten, sein Handeln und Tun, sein verbales und nonverbales Verhalten zu reflektieren und entsprechendes Verhalten einzuüben.

● Wie „stimmig" erleben Sie sich, wenn Sie an Ihre Grundhaltungen und Ihre entsprechenden Verhaltensweisen denken?
  Wie offen sind Sie für Rückmeldungen? Z.B.: „Sie sagen so, verhalten sich aber ganz anders ..."
  Wie ist Ihre Meinung zum Thema Unterrichtstraining?
  Ich möchte ändern ... (Wissen Sie bereits wie?)

Ob es Erziehungsziele aus den Bildungs- und Lehrplänen sind oder persönliche Grundhaltungen und Einstellungen: Immer geht es um die Verringerung der Kluft zwischen Anspruch (Postulate) und Wirklichkeit (konkretes Verhalten). Wenn Lehrer/innen meinen, Schüler/innen müßten autoritär erzogen werden, und ich beobachte an ihnen autoritäre Verhaltensweisen, so wäre hier ein Verhaltenstraining unangebracht. Hier ist eine Diskussion und Argumentation zum Thema Erziehungsstile und deren Auswirkungen notwendig. Wenn eine Kollegin oder ein Kollege von sich behauptet, z. B. das Erziehungsziel Toleranz oder Konfliktbereitschaft als sehr bedeutsam anzusehen, dann suche ich in ihrem/seinem Verhalten entsprechende Äußerungsweisen; ich frage also nach der Übereinstimmung zwischen der Grundhaltung und der verbalen und nonverbalen Mitteilungsform. Entdecke ich Widersprüche, teile ich sie mit und biete ein Verhaltenstraining an.

Beispiele der Nichtübereinstimmung:

a) Eine Kollegin behauptete, die Schüler/innen in ihrer Klasse seien so unselbständig, und sie würde doch *alles* tun, um sie zur Selbständigkeit zu erziehen. Während einer Unterrichtsstunde beobachtete ich jedoch über 30 (!) Direktiven und Weisungen. (Nehmt bitte, mach doch, du sollst jetzt, hör auf, nimm endlich ...)
b) Nach einem Unterrichtsbesuch bei einem Kollegen fragte ich ihn, ob er sich für tolerant hielte und die Meinungen seiner Schüler/innen gelten ließe. Er bejahte meine Frage und war gleichzeitig erstaunt über meine Rückmeldung im Anschluß an eine Unterrichtsstunde, in der er häufig Meinungen „abwürgte“: „Das stimmt nicht, so kannst du das nicht sagen ...“ Sein verbales Verhalten stimmte also nicht immer mit seiner Grundeinstellung und Meinung überein.
c) Immer wieder bejahen auf Trainingskursen die Teilnehmerinnen und Teilnehmer, daß sie z. B. die Grundhaltung „Achtung vor der Person“ sehr ernst nehmen würden. In verschiedenen Übungen wird aber dann sichtbar, wie die eigene Person und andere Personen mißachtet werden; z. B.:
- eigene Person: zu wenig körperliche Bewegung, zu viele Kopftätigkeiten, zu wenig Schlaf, zu viel Rauchen und Alkohol, zu wenig Gefühlsbeachtung, Verdrängung von Problemen, „Fluchttendenzen“ u. a. m.
- andere Personen: zu wenig Einfühlung, zu viele verbale Attacken ... Ironie, Abwertung, Mißbilligung, Vorurteile, Vereinnahmung, Grenzüberschreitungen ...

Aus dem Protokoll einer Beratungslehrerin:

Dieses Gespräch wurde aufgrund von Aufzeichnungen und Schilderungen einer Beratungslehrerin nachgespielt. Die Ausgangssituation: Eine Schülerin, 17 Jahre alt, Gymnasium, verweigert die Mitarbeit bei einer Lehrerin; ein Vorgespräch mit der Beratungslehrerin hat bereits stattgefunden. Jetzt will sie zwischen der Lehrerin und der Schülerin vermitteln:

L: Also, Helga, ich kann dir keine mündliche Note geben. Du sagst ja nie etwas im Unterricht. Was soll ich denn da machen?

Sch: (sehr leise) Keine Note geben.

L: Keine Note ist dann 6. Das ist doch auch keine Lösung.

Sch: Nichts sagen ist aber auch keine Note.

L: Ich bin aber verpflichtet, dir eine Note zu geben. Es ist doch dein Problem, wenn du nie etwas sagst. Du läufst weg, wenn ich mit dir reden will. Das ist völlig unmöglich von dir. Das ist ein psychopathisches Verhalten. Das kannst du nachlesen, wenn du willst. Ich gebe dir jede Menge Literatur, damit du weißt, was dein Verhalten für ein Verhalten ist.

Sch: Da kann ich sowieso jetzt nichts mehr sagen.

BL: Du machst bei Frau F. im Unterricht nicht mit. Was empfindest du denn dabei?

Sch: Ich habe Angst, im Unterricht etwas zu sagen.

BL: Hast du Ursachen dafür?

Sch: Genau das, was sie gesagt hat: Wenn ich was sagen möchte, dann stempelt sie mich doch gleich als Psychopathin ab ... und dann sag' ich lieber gleich gar nichts.

L: Aber die Klasse sieht dich ja auch so. Wenn ich dich aufrufe, dann halten doch alle schon den Atem an: Was wird wohl jetzt sein, wie wird sie jetzt wohl reagieren? Das ist doch bezeichnend.

Sch: Ja, verstehen Sie denn nicht, daß ich in so einer Situation erst recht nichts sagen kann? Ich fühl' mich immer bloßgestellt.

L: Das ist wieder so ein typisches Beispiel! Das kannst du doch überhaupt nicht einschätzen, ich meine, die Lage in der Klasse ... Und überhaupt: Du mußt einfach eine mündliche Leistung bringen, und du mußt halt einfach reden. Jetzt kannst du es ja auch; das ist schon erstaunlich.

Sch: Ja, aber nur, um mich zu rechtfertigen. (Pause) Ich rede nur, weil ich muß – jetzt –, am liebsten würde ich jetzt auch nichts sagen wollen ...

L: Also, ich glaube, so kommen wir auf keinen Punkt. Gut, in Ordnung ... Ich laß dich in Zukunft in Ruhe. Aber für mich steht fest ...

Sch: ... daß ich eine Psychopathin bin?

(Das Gespräch wurde hier abgebrochen. Die Beratungslehrerin fühlte sich nicht in der Lage, zwischen der Lehrerin und der Schülerin zu vermitteln. Deshalb wollte sie im nachhinein, im Rollenspiel, Hilfen für zukünftige Problemgespräche erhalten.)

- Lassen Sie bitte das Gespräch noch einige Zeit auf sich wirken ...
  Wie hätten Sie sich als Beratungslehrer/in verhalten?
  Sollten Sie jetzt Partei ergreifen wollen: Bitte tun Sie es (noch) nicht, sondern:
  Versuchen Sie, *beide* Seiten zu verstehen, auch wenn Ihnen vielleicht eine Seite momentan näher steht oder hilfebedürftiger erscheint.
  Zu welchen Ergebnissen kommen Sie?
  Was sagt die Lehrerin, was sagt die Schülerin über sich aus?

Bemerkungen:

Sachlich geht es um die Verweigerung der mündlichen Mitarbeit. Dahinter steht ein Beziehungsproblem „Schülerin – Lehrerin“. Die Schülerin signalisiert sehr deutlich ihren seelischen Zustand. Die Lehrerin „hört“ kaum das Hauptproblem der Schülerin heraus. Auf der einen Seite ist sie zu sehr von ihrer Leistungsforderung befangen, auf der anderen Seite hilflos, mit den Gefühlen der Schülerin umzugehen. Sie „rettet“ sich in die „objektive Beschreibung“: Psychopathin. Beiden gelingt es nicht, auf der betroffenen Ebene zu kommunizieren, nämlich auf der Beziehungsebene: Stigmatisierung, Abwertung, Blockierung, Hilflosigkeit (Lehrerin) auf der einen Seite, Hilflosigkeit, Minderwertigkeit, Isolation, Blockierung, Verweigerung auf der andern Seite (Schülerin).

Wie sehr Verhaltenstraining nützlich und sinnvoll sein kann, zeigt das sogenannte „Konstanzer Trainingsmodell" (Kurt-Christian Tennstädt u. a.: Das Konstanzer Trainingsmodell. Ein integratives Selbsthilfeprogramm für Lehrkräfte zur Bewältigung von Aggressionen und Störungen im Unterricht. Bern–Stuttgart 1987). In diesem Modell versuchen Lehrer/innen in Partnerschaft (sogenannten „Tandems"), Verhalten zu beobachten und entsprechend zu verändern. Welche Auswirkungen dies für Lehrer/innen *und* Schüler/innen haben kann, verdeutlichen Ausschnitte aus einer Rundfunksendung zum Thema KTM (Süddeutscher Rundfunk, Sendung vom 20. 8. 1987):

Lehrer: „Ich hatte ... richtig Einbrüche im Unterricht. Das ging so weit, daß Schüler gemacht hatten, was sie wollten ... Ich kam mir damals vor wie mit dem Rücken zur Wand stehen. Ich sah keine Möglichkeiten mehr. Das ging so weit, daß ich rausgegangen bin (aus dem Unterricht). Ich hab's dann nicht mehr geschafft." (Jetzt erfährt der Lehrer das KTM als Hilfe.)

Schüler: „Ich kann mit dem KTM-Lehrer viel besser umgehen. Der hat mehr Verständnis. Ich glaube, der kennt auch die Schüler ein bißchen viel besser. Unser Klassenlehrer weiß, auf was wir am meisten reagieren; der weiß, was uns am meisten Spaß macht und auf was es ankommt ...
Ich finde, ein KTM-Lehrer ist viel besser auf die Schüler eingestellt. Er probiert halt, so gerecht wie möglich zu sein – und mit dem können wir uns besser verstehen ... und er versetzt sich auch meistens in unsere Lage."

Lehrerin: „Wir besuchen uns gegenseitig im Unterricht, haben Problemfälle herausgenommen ... die Stunde wird hinterher besprochen ..."

Lehrer: „‚Ihr Gelalle geht mir auf den Wecker, ich geh' raus.' (Schüler) Vor dem KTM hätte ich wahrscheinlich gebrüllt und mich reingesteigert und wäre dann auf der Verliererseite gestanden und hätte dann noch mehr Aggressionen erzeugt ...“

Lehrer: „Ich habe beobachten gelernt ... um mich kontrollierter zu verhalten.“

Lehrer: „Durch das KTM kommt so langsam die Zusammenarbeit unter Kollegen in Gange, daß wir nicht als Einzelkämpfer dastehen.“

Rektor: „Man braucht nicht zu glauben, daß die Schule in kurzer Zeit die Kinder, die in Jahren in vielen Bereichen geprägt wurden, verändern kann zu einer anderen Lebenseinstellung. Wir müssen einfach lernen, damit umzugehen, wie die Schüler sind. Und die sind, pauschal gesehen, anders als vor 20 Jahren. Warum? Die Schule ist mehr oder weniger gleich geblieben. Und die Jugend verändert sich immer rascher.“

Und viele weitere Äußerungen sogenannter „KTM-Lehrer/innen“ bestätigen die oben genannten Erfahrungen: Verhaltensänderung durch Verhaltenstraining!

- Sie werden es in der Zwischenzeit sicher bemerkt haben: Ich halte Verhaltenstraining für sehr sinnvoll, allerdings nur unter bestimmten Voraussetzungen und Bedingungen:

  - Wer sich ändern will, muß es selbst wollen. „Trainer“ können „nur“ Helfer sein. Jeder kann nur sich selbst ändern.
  - Das Klima, in dem Änderungen möglich sind, muß erfüllt sein von gegenseitiger Achtung, Akzeptanz, Einfühlung.
  - Jeder, der bei sich Veränderungen in Gang setzen will, geht Risiken ein, wird verunsichert, ist offen und damit auch verletzbar. Deshalb ist jeder autonom in seinen Entscheidungen, inwieweit er Veränderungen herbeiführen will.

- Welche Erfahrungen haben Sie bisher zum Thema „Verhaltenstraining“ gemacht?
  Welche Gefühle, vielleicht sogar „gemischte Gefühle“, haben Sie jetzt?

Letztlich kommen Verhaltensänderungen den Schüler/innen zugute, und die Lehrer-Schüler-Beziehung verbessert sich generell. Auf meinem Weg zu diesem förderlichen Umgang bin ich auf Gedanken von Hubertus von Schoenebeck gestoßen, die mich sehr beeindruckt haben (Der Versuch, ein kinderfreundlicher Lehrer zu sein. Frankfurt 1980). Dort schreibt er über seine Beziehung zu den Schülern (S. 9):
„Ich nehme dich ernst. Es interessiert mich, wer du bist. Was du denkst und wie du die Welt siehst ... Ich versuche, mit deinen Augen zu sehen. Es fällt mir, der ich 27 Jahre alt bin, schwer, die Welt noch einmal zu sehen, wie du sie siehst. Um mit dir in Beziehung treten, um dir helfen zu können, wird es aber wichtig, daß ich lerne, mit deinen Augen zu sehen. Ich versuche es ...
Ich möchte einen wohltuenden emotionalen Bezug zu dir herstellen. Mein theoretisches Wissen und meine auf Beobachtung beruhende Erfahrung teilen mir mit, wie wichtig für dich ist, einen emotional wohltuenden Bezug zu mir, mit dem Erwachsenen, zu haben. Ich möchte das nicht ignorieren ... Ich möchte dir etwas mitteilen. Ich bin von anderen dazu verpflichtet, dir etwas mitzuteilen. Und ich stimme darum überein, dir etwas vom heutigen Wissen um die Welt mitzuteilen. Ich glaube, daß dir diese Mitteilungen helfen können ... Ich bitte dich, mir zuzuhören. Ich bin darauf angewiesen ..., daß auch du auf mich zugehst ... Wenn du nicht bereit bist, mich an dich herankommen zu lassen, dann ‚geht nichts mehr‘.“
Hubertus von Schoenebeck hat später die Konsequenzen gezogen und der Schule den Rücken gekehrt: „Es ist nicht einfach, das Lager zu wechseln: Doch auf der Seite derer, die die Unantastbarkeit der Würde des Menschen auch für Kinder gelten lassen, ist jeder willkommen.“ (Der Versuch ... S. 12)
Viele Lehrer/innen bleiben allerdings in der Schule (nicht nur des Geldes und der Ferien wegen). Sie bleiben „im System“, weil ...

- sie auch dort kinderfreundlich sein und bleiben können;
- dort Kinder kinderfreundliche Lehrer/innen brauchen;
- die Schule immer kinderfreundlicher werden soll;
- die anderen nicht kinderfreundlicher werden, wenn die Kinderfreundlichen gehen ...

Den kinderfreundlichen Lehrer/innen geht es um den Dialog zwischen ihnen und ihren Schüler/innen. Es geht ihnen um Partnerschaft in der Schule, die keine Utopie ist, wenngleich sie auch Grenzen hat. Ich stimme Rainer Winkel sehr zu, wenn er deutlich sagt (Antinomische Pädagogik ... S. 5), daß das „Alles-oder-Nichts-Denken" beiden Seiten nicht förderlich ist (z. B. entweder „kinderfreundlich" oder gleich „autoritär" usw. Als ob es keine Mitte gäbe und als ob Pole gleich feindlich wären ...). Die Schule lebt in der Spannung zwischen bewahren und verändern, belohnen und bestrafen, fordern und fördern, unterrichten und erziehen, festlegen und offenhalten, verstehen und widerlegen ... Die Lehrer-Schüler-Beziehung lebt in der Spannung zwischen Nähe und Distanz, Nähe, die Geborgenheit gibt und Vereinnahmung vermeidet, und Distanz, die Selbstfindung ermöglicht und Autonomie zuläßt. Es geht immer wieder darum, diese Balance zu finden und zu halten.

- Wenn Sie an Ihre Beziehung zu Ihren Schüler/innen denken: Wohin neigen Sie? Nähe? – Distanz?
  Tauchen bei Ihnen Unsicherheiten und Fragezeichen auf?
  Welche Bedürfnisse vermuten Sie bei Ihren Schüler/innen?

Erfahrungen aus dem Schulalltag sollen auf den folgenden Seiten verdeutlichen, was zu tun ist, um förderliche Beziehungen zwischen Lehrer/innen und Schüler/innen herzustellen, um die Balance zwischen Distanz und Nähe zu ermöglichen und um sich miteinander im Klassenzimmer wohlzufühlen.

Beispiel I: „Bei mir hat er keine Chance!“

„Ein Kollege spricht mich an, um mir wegen eines schwierigen Schülers einen Ratschlag zu geben: ‚Bei ihm müssen Sie es so und so machen ... Ich mache kurzen Prozeß mit ihm. Bei mir hat er keine Chance. Ich habe hier langjährige Erfahrungen mit solchen Schülern. Schließlich wohne ich ja auch in diesem Viertel ...‘“

- Vermuten Sie: Welche Erfahrungen könnte der Lehrer bisher „mit solchen Schülern“ gemacht haben? Aufgrund *seiner* Erfahrungen hat er gelernt, sich entsprechend zu verhalten!

- Sie sind Kollegin/Kollege: Wie fühlen Sie sich angesichts eines solchen Ratschlags?
  Was sagt der Lehrer damit über sich selbst aus?
  Welches „Schülerbild“ haben Sie vor Augen, wenn Sie hören, daß der Schüler „keine Chance hat“? (Keine Chance zum Stören, zum „Bösesein“, zur Artikulation, zur persönlichen Entfaltung ...?)
  Welche Antwort bekämen Sie vom Schüler, welche vom Lehrer, wenn Sie die beiden nach ihrer gegenseitigen Beziehung fragen würden?
  Was würde jeder über den *anderen* sagen?
  Wie geht es Ihnen, wenn Sie sich in die Rolle des Schülers versetzen?

Bemerkungen:

Aufgrund seiner langjährigen Erfahrung mit schwierigen (aggressiven, provozierenden, störenden ...) Schüler/innen hat der Lehrer Erfolg mit seiner „Methode“: Störung stoppen, hart durchgreifen, kurzen Prozeß machen, keine Chance geben. Mir wird deutlich, daß es in diesem Klassenzimmer ziemlich „störungsfrei“ zugeht. Jedoch: Um welchen Preis? Unterschwellig, und in dem/in den Schüler(n) wird es brodeln. (Welche Fachlehrer/innen werden wohl dafür büßen müssen?)
Der Lehrer fragt nicht (mehr) nach den einzelnen Personen,

nach deren Motiven, nach deren „Schrei“ (= Fehlverhalten, Störung). Sie kommen nicht (mehr) zur Sprache, haben keine Chance, einen „fairen Prozeß“ zu bekommen. Die Probleme und Konflikte werden unter den Teppich gekehrt, um (Grabes-)Ruhe zu haben, aber nicht langfristig bewältigt. Ob es dem Lehrer (wieder) gelingt, offen zu werden für sich und den „Störer“?

Für sich: Was macht der Schüler mit mir? Wo ist mein Problem?
Was stört mich? Warum gebe ich ihm keine Chance mehr?
Wie bin ich verletzt worden, daß ich so reagiere?
Warum habe ich zu resignieren begonnen?
Für den Schüler: Was möchte er mir mitteilen?
Was hat ihn zum Störer, zum schwierigen Schüler gemacht?
Womit wird er nicht fertig? Was schafft er nicht mehr?

Beispiel II „Hört mit eurer Maulerei auf!“

9b: Der Klassenlehrer ist erkrankt. Die Schülerinnen und Schüler sind der Meinung, die letzte Unterrichtsstunde würde deshalb ausfallen. Die meisten stehen noch vor dem Rektorat, um Gewißheit zu erfragen. Da gibt der Rektor bekannt, daß die letzte Stunde nicht ausfallen würde und daß ein Vertretungslehrer käme. Daraufhin fangen einige laut zu schimpfen an, worauf der Konrektor antwortet: „Ihr hört jetzt sofort mit eurer Maulerei auf und geht ins Klassenzimmer. Dort werden wir dann die Angelegenheit besprechen.“

- Versetzen Sie sich in die Lage / Stimmung der Schüler/innen: Wie ist Ihnen jetzt zumute? Wie gesprächsbereit sind Sie dem Lehrer gegenüber?
  Sie sind der Rektor und wollen gerade der vor Ihnen stehenden Klasse 9b bekanntgeben, daß sie dableiben müßte. Wie fühlen Sie sich? Mit welchen Empfindungen gehen Sie in die Klasse, um die „Angelegenheit“ zu besprechen?

Haben Sie sich durch die „Maulerei“ provoziert gefühlt? Schildern Sie *Ihre* Frustrationen!

Bemerkungen:

Die Schülerinnen und Schüler hatten die Erwartung, der Unterricht würde ausfallen. Nun sind sie „natürlich“ frustriert und geben ihrer Enttäuschung lautstark (dem Rektor gegenüber unangemessen) Ausdruck. Der Rektor handelt sachlich richtig in der Bekanntgabe des Vertretungslehrers. Die „Maulerei“ als Gefühlsausdruck der Schüler/innen würgt er allerdings ab, ist aber dennoch gesprächsbereit. Hier können beide Seiten noch „Lernmöglichkeiten“ ausschöpfen:
Die Schüler/innen:

- Wir können Frustrationen auch angemessen äußern, d.h. annehmbar für das Gegenüber.
- Wir dürfen Gefühle äußern, werden ernst genommen, werden für „gesprächsfähig“ erachtet.

Der Rektor:

- Schüler/innen sind noch nicht (nicht immer) in der Lage, ihre Gefühle angemessen zum Ausdruck zu bringen. Ich gebe ihnen „Lernzeit“.
- Ich kann es aushalten, wenn Gefühle unkontrolliert und für mich (eigentlich noch) unannehmbar geäußert werden: Dampf ablassen!
- Ich möchte heraushören, was die Schüler/innen wirklich meinen.
- Mein Ziel: Gefühle zulassen und lernen, mit ihnen umzugehen: Schüler/innen haben eine hohe Wahrnehmungsfähigkeit, aber sie können ihre Gefühle (noch) nicht entsprechend ausdrücken!

Beispiel III „In einem halben Jahr sind wir ihn ja sowieso los.“

Eine Kollegin: „Ein Schüler, der sich einiges zuschulden hatte kommen lassen, sollte für zwei Tage vom Unterricht ausgeschlossen werden. Meine mehrmaligen Anläufe, dem Schüler doch Stützen zu geben, Gespräche anzubieten und noch andere Maßnahmen zu versuchen, wurden entweder überhört oder mehr oder weniger abgewiesen: ‚In einem halben Jahr sind wir ihn ja sowieso los.'"

- Sie hören als Schüler zufällig diesen Satz: Was empfinden Sie jetzt? Sind Sie „heilfroh" oder innerlich ganz schön getroffen?
  Sie haben sich für den Schüler eingesetzt: Was geht in Ihnen vor, wenn Sie so abgewiesen werden?
  „In einem halben Jahr sind wir ihn ja sowieso los." Vermuten Sie: Welche Mitteilungen stecken hinter dieser Aussage?
  Angenommen, Sie haben sich so geäußert: Welche Gefühle haben Sie dabei?

Bemerkungen:

Ich nehme an, das Kollegium hat schon vieles versucht, um mit dem Schüler zurechtzukommen; vermutlich vergebens. Ratlosigkeit, Hilflosigkeit ...? Eine Kollegin resigniert noch nicht, will noch weitere Hilfen anbieten, möchte dem Schüler noch Chancen geben ...
Ich rüttle nicht daran, daß die meisten Lehrer/innen vermutlich am Ende ihres erzieherischen Lateins sind und daß ihnen „nur" noch der zeitweilige Ausschluß als Notmaßnahme übrigbleibt. Es wäre blauäugig zu meinen, dies dürfe nicht sein oder ginge an der Erziehungsrealität vorbei.
Was mich bewegt, ist die Antwort des Lehrers: „In einem halben Jahr sind wir ihn ja los." Mir fehlt hier seine Echtheit, und ich höre hinter seiner Aussage den Satz: „Eigentlich weiß ich auch nicht mehr weiter. Aber das kann/darf ich ja nicht zugeben. Wenn wir ihn loswerden, haben wir auch keine Probleme mehr."
Der Schüler wird nach zwei Tagen wieder in die Klasse kommen. Wie wird die Beziehung zwischen ihm und diesem Lehrer sein? Gekennzeichnet von Angst, Aggressionen, gegenseitigem Argwohn und Belauern, Ablehnung, Verkrampfung, Unsicherheit, Vorsicht, Provokation ...? Wie sich

wohl beide angesichts solcher Verhaltensweisen fühlen werden?

Beispiel IV: „Ich wisch' die Sauerei nicht auf!"

Nach einer großen Pause komme ich ins Klassenzimmer meiner 7a. Alle sitzen auf ihren Plätzen; Schweigen ... Die meisten der 24 Schülerinnen und Schüler sehen mich erwartungsvoll an:
Mitten im Klassenzimmer „entdecke" ich eine Colapfütze, darin die umgekippte, leere Dose. Ich blicke erwartungsvoll in die Runde ... Volker: „Die stand unter meiner Bank, gehört mir aber nicht. Als ich an meiner Bank rückte, flog sie runter ... Ich wisch' die Sauerei nicht auf!"
Petra: „Die gehört mir. Ich hab' sie nicht unter die Bank gestellt. Ich denk' nicht dran aufzuwischen." (Ziemlich trotziges Gesicht!)

- Der leidige Handlungsdruck von uns Lehrer/innen: Was hätten Sie in diesem Moment getan?
  Unter welchem „Druck" stehen Sie als Volker, als Petra? (Ich bin's nicht gewesen, ich hab's nicht verschuldet, also ...!)
  Angenommen, Sie „zwingen" jemanden: Was dann?
  Angenommen, Sie warten: Was dann? (Es könnte ja sein, daß Sie heute noch warten würden!)

Bemerkungen:

Das war vor zehn Jahren: Damals habe ich noch einige Minuten gewartet. Als sich immer noch nichts rührte, habe ich vor den Augen aller mit dem Tafelschwamm „die Sauerei" aufgewischt, verbunden mit einigen „moralischen" Bemerkungen. Dann ging ich ohne Kommentar zum Unterrichtsgeschehen über. Ich kam mir damals „toll" vor, aber ich glaube, ich habe die Schüler/innen ziemlich beschämt ...

- Wie würden *Sie* den Fall heute lösen?

Heute würde ich mich anders verhalten und anders reagieren:
Ich würde die Sichtweise der beiden voll akzeptieren und würde diesen Vorfall zu einem allgemeinen Thema machen: Wie oft kommt es gerade heute vor, daß andere etwas verursachen, wofür wir „die Zeche" bezahlen müssen. Wir haben nur dann vermehrt Chancen zu überleben, wenn wir des öfteren handeln, *obwohl* wir nicht die Verursacher sind. (Sie sehen, zu welchem hochbrisanten Thema so eine Colapfütze werden kann!) Dann würde ich ohne großen Kommentar und mit Humor allein oder mit anderen „den Saft" aufwischen. (Auch wenn die *Handlung* die gleiche war wie vor zehn Jahren, so hat sich doch meine *Einstellung* geändert: Ich habe die Sache zu einem allgemeinen und für uns wichtigen Thema gemacht, und ich habe die beschämende Moral weggelassen.)

- Gelebte Werterziehung – unendlich wichtig, aber auch unendlich schwierig!
  Wie denken Sie darüber?

Beispiel V: „Hast wohl eine tolle Nacht hinter dir gehabt!?"

Ein Lehreranwärter kommt, ziemlich geknickt, in die Seminarveranstaltung und erzählt uns ein Ereignis aus einer 8. Hauptschulklasse: Montag, 1. Stunde, Geschichte: „Während ich unterrichte, sehe ich, wie ein Mädchen, den Kopf auf der Bank, schläft. Ich rüttle Susanne auf und sage zu ihr (meinem Empfinden nach teils verärgert, teils burschikos): Na, hast wohl 'ne tolle Nacht hinter dir und mußt dich jetzt noch ausschlafen!? Schweigen ... Das Mädchen sieht mich ziemlich verstört an und fängt dann an zu weinen ... (Spätestens zu diesem Zeitpunkt habe ich meine Äußerung auch schon bereut und als ziemliche Verletzung erkannt.) In der Pause frage ich bei einigen Mitschülerinnen nach, und ich erfahre, daß die Mutter des Mädchens im Krankenhaus liegt, und daß es seit zwei Wochen den Vater und zwei kleinere Geschwister im Haushalt versorgt ..."

- Auch wenn der Lehreranwärter im Augenblick verletzend agiert hat, so hat er doch sofort erkannt, was er falsch gemacht hat. Erkennen Sie seinen „Fehler"?
  Wie hätten Sie der schlafenden Susanne gegenüber reagiert?
  Was müßte hier geklärt werden?
  Wie könnte die „Wiedergutmachung" aussehen?

Der Lehreranwärter hat sich in einem Einzelgespräch bei Susanne entschuldigt und noch länger mit ihr über ihre Familiensituation gesprochen; er hatte auch Gelegenheit, der Klasse gegenüber zu verdeutlichen, was er „wirklich" sagen wollte, nämlich:

- Ich sehe, daß Susanne schläft. (Wahrnehmung)
- Gefühlsmäßig ärgert mich das. (Empfindung)
- Ich sage jetzt nicht, was ich *meine* (Interpretation, die ja auch eine *Fehl*interpretation sein könnte – was sie ja in Wirklichkeit auch war, mit Folgen!),
- sondern ich sage, was ich *sehe*: Susanne, was ist mit dir, du schläfst ja!?
- Susanne hat somit Gelegenheit, *ihre* Version mitzuteilen, und sie macht in der Beziehung zum Lehrer nicht die Erfahrung, vorverurteilt zu werden. Susanne kommt selbst zu Wort.

Erkenntnis: Nicht *Gedankenlesen*, sondern sich an der *sinnlich überprüfbaren Wahrnehmung* (Was sehe, höre, rieche ... ich?) orientieren!

Beispiel VI: „Der Unterricht ist so langweilig."

Schülerinnen und Schüler der 7a beklagen sich beim Klassenlehrer über ihre Englischlehrerin, der Unterricht sei so langweilig ...
Die Englischlehrerin wiederum beklagt sich bei ihm über die mangelnde Disziplin während ihres Unterrichts ...

- Sie sind Klassenlehrer. Was würden Sie jetzt tun?
  Könnten Sie sich ein Gespräch aller Beteiligten (Klassen-

lehrer, Englischlehrerin, Klasse) vorstellen? Vermuten Sie: Wie würde es wohl verlaufen, wie würde es ausgehen? Welche Konsequenzen könnten sich ergeben?

Es ging in Wirklichkeit folgendermaßen weiter:

- Der Klassenlehrer teilte beiden Seiten die entsprechenden Klagen mit. Die Klasse behauptete nach wie vor, sie würde deswegen „undiszipliniert" sein, weil der Unterricht so langweilig sei.
- Der KL sprach mit der Englischlehrerin und bot ihr einige Unterrichtsbesuche an, die sie gerne annahm.
- Der Unterricht war „objektiv" betrachtet sehr schematisch, eintönig aufgebaut und durchgeführt. „Verständlich", daß die Schüler/innen sich langweilten und störten.
- In einigen Gesprächen gelang es, der Lehrerin die Eintönigkeit ihres Unterrichts zu verdeutlichen (Tonbandaufnahme, Beobachtungsbogen). Die Kollegin war sehr gesprächsbereit und offen gegenüber den Rückmeldungen des Klassenlehrers.
- Daraufhin erfolgte, mit Zustimmung (und großer Bereitschaft) aller Beteiligten, ein Gespräch: Verdeutlichung der verschiedenen Sichtweisen, Wünsche der Schüler/innen, Möglichkeiten (und Grenzen) der Lehrerin (und des Faches); der Klassenlehrer verstand sich hier als Vermittler zwischen der Lehrerin und den Schüler/innen.
- Die Schüler/innen konnten sehr deutlich ihr Gelangweiltsein artikulieren, und die Lehrerin war (nach anfänglicher Zurückhaltung) in der Lage, die Äußerungen der Schüler/innen anzunehmen.
- Das Klima besserte sich zunehmend, und es gab sogar Situationen, in denen die Lehrerin mit den Schüler/innen zusammen den Unterricht plante.

Fazit: Kooperation ist sogar zwischen Schüler/innen und Lehrer/innen möglich!

● Liebe Kolleginnen und Kollegen: Schade, daß Sie jetzt nicht hier sind! Mich würde brennend Ihre Meinung dazu interessieren!

Bemerkungen:

Alle drei Seiten konnten zur Lösung des Konflikts etwas beitragen, weil sie füreinander offen und miteinander gesprächsbereit waren: Die Englischlehrerin blockte nicht ab und zog sich nicht auf ihre (unantastbaren) Kompetenzen zurück. Sie nahm die Rückmeldungen des Beobachters an und versuchte, Änderungen zu initiieren.
Die Schüler/innen beklagten sich zwar anfangs, waren aber im Gespräch dann ebenfalls offen für Vorschläge. Von beiden Seiten wurde die Vermittlerrolle des Klassenlehrers akzeptiert, der allerdings in der Lage war, die anfänglich auftauchenden Schuldzuweisungen aus dem Gespräch zu nehmen und die einzelnen Sichtweisen zu verdeutlichen. Die gegenseitigen Beziehungen besserten sich dann auch aufgrund des veränderten Unterrichts.

Beispiel VII: „Ich möchte anfangen!“

Ich unterrichte in einer 3. Klasse Heimat- und Sachunterricht. Zu Beginn jeder Stunde erlebe ich, wie es „entsetzlich lange dauert“, bis mich die Schüler/innen bemerken, aus der Spielecke kommen, sich auf ihre Plätze begeben, die gegenseitigen Gespräche beenden usw. Ich möchte auf der einen Seite den Schüler/innen etwas Zeit geben, sich zu sammeln, auf der anderen Seite aber auch nicht *zu* lange warten. Was ist zu tun, damit beide Seiten sich wohlfühlen?

- Sie sind Schüler/in in dieser Klasse und *vor* der Stunde sehr aktiv. Plötzlich hören Sie die Stimme des Lehrers/der Lehrerin: „Ich möchte anfangen.“ Welches Gefühl haben Sie jetzt?
  Sie möchten wirklich anfangen, aber die Schüler/innen nehmen Sie kaum wahr. Was machen Sie mit Ihrem Ärger, Ihrer Ungeduld? (Oder haben Sie keine?)

Und so ging es wirklich weiter:
In der nächsten Stunde bringe ich einen Cassettenrecorder mit und nehme die Anfangssituation auf. Gleichzeitig schreibe ich an die Tafel, was ich beobachte (keine Wer-

tung!): Fünf spielen, einige unterhalten sich, einige lesen, malen, laufen herum ... Schließlich wird es still. Die Schüler/innen fragen mich, was ich denn da mache. Gemeinsam hören wir auch die Bandaufnahme an: „Was, sind wir *so* laut?“
Diese „Beschreibungssituation“ ist der Beginn eines Gesprächs zum Thema Unterrichtsanfang. Gemeinsam vereinbaren wir bestimmte Verhaltensweisen (verdeutlicht durch mehrere Rollenspiele und Wechsel der Sichtweisen). Nach kurzer Zeit war das „Anfangsproblem“ kein Problem mehr ...

- Wie sehen Sie mein Verhalten und unsere Maßnahmen? Was ist für Sie auf ähnliche Situationen übertragbar?

Bemerkungen:

Während eines Lehrgangs zum Thema „Disziplinschwierigkeiten“ spielte ich diese Anfangssituation mit Lehrern in einem Rollenspiel: Die Anwesenden waren Schüler/innen, die vor Beginn sehr angeregt kommunizieren sollten; ich spielte den Lehrer, der anfangen wollte. Meine Maßnahmen durchzukommen und beginnen zu können, waren im Spiel ziemlich autoritär. Im Auswertungsgespräch empfanden mich die „Lehrer-Schüler“ als Eindringling in ihre Kommunikation, als Störer und Zerstörer. Manche waren wütend auf mich, und eine Kollegin äußerte sinngemäß sogar: „Ich hab' mich so schön mit meiner Nachbarin über den gestrigen Sonntag unterhalten, und da kommen Sie daher und zerstören das ganze Gespräch und unsere Stimmung ...“
Nicht die Schüler/innen waren also die Störer, sondern ich! In meiner Klasse wollte und will ich nicht „Störer und Zerstörer“ sein, sondern den Kindern Eingewöhnungszeit geben. Gleichzeitig möchte ich nicht „ewig“ warten (müssen), denn dann wird meine Stimmung auch zerstört. Im Gespräch konnten wir unsere gegenseitigen Empfindungen mitteilen und einen Mittelweg finden und einüben, in dem beide Seiten sich letztlich wohlfühlen.

Beispiel VIII: „Haben Sie 'ne neue Freundin?"

8b: Ein Mädchen ist wegen eines Streits mit einer ihrer Mitschülerinnen sehr aufgebracht und fängt plötzlich fassungslos zu weinen an. Ich setze mich neben sie und nehme sie in den Arm. Es dauert lange, bis sie sich beruhigt, und ich spüre, daß ihr meine Nähe gut tut. Die anderen Schülerinnen und Schüler haben die Situation mitbekommen ... Es ist still in der Klasse. Plötzlich höre ich, wie Andreas zu mir – ziemlich spöttisch – sagt: „Na, Herr Miller, haben Sie 'ne neue Freundin?"

- Bitte antworten Sie jetzt gleich: Was sagen Sie zu Andreas? ...
  Was haben Sie dabei empfunden, als Sie den Satz von Andreas hörten? Haben Sie *echt* geantwortet? (oder flapsig, ironisch, bewertend, aggressiv ...?)
  Was mag wohl in Andreas vorgegangen sein?
  Welche Antwort ist hilfreich und förderlich für alle Beteiligten?

Und so ging es wirklich weiter:
Ich sagte zu Andreas in sehr ruhigem Ton: „Nein, ich habe keine neue Freundin; aber ich tröste die Ulrike, weil sie sehr traurig ist." Stille in der Klasse, Andreas stützt die Hände in den Kopf, sagt nichts. Auf mich wirkt er nachdenklich ... Erst am anderen Tag greife ich die Situation noch einmal auf (Gefühle zeigen, helfen und trösten, Nähe, Zärtlichkeit ...)

Bemerkungen

Als ich Andreas' Bemerkung hörte, wurde mir deutlich, daß ihm irgend etwas unbehaglich, ungewohnt war, ja ihn vielleicht sogar verlegen machte. Gleichzeitig wollte ich ihm auf seine Frage meine ehrliche, echte Antwort geben (was ich dann auch tat). Es lag nun in der Entscheidung von Andreas, was er mit meiner Antwort machen würde. Sein Schweigen akzeptierte ich. Da ich aber vermutete, daß mehr hinter seiner Frage stand, griff ich die Problematik am nächsten Tag (nach einer gewissen emotionalen Beruhigung) noch einmal, ohne Vorwürfe oder Schuldzuschreibung, auf. (Erst viel später, während eines Schullandheimaufenthaltes, als sich eine Gelegenheit ergab, fragte ich Andreas, was er denn damals gemeint habe, und er antwortete mir freimütig, daß er die Ulrike ziemlich gern gehabt habe und eifersüchtig auf mich gewesen sei. „Und deswegen wollte ich Ihnen eins auswischen! ...“)

Beispiel IX: „Gell, ich werd' auch noch so groß wie die anderen!?“

Der Rektor einer Schule berichtet: In der großen Pause kommt ein Schüler der 3. Klasse mit hängendem Kopf auf mich zu (Krankheit Zwergwuchs – was ich wußte) und sagt: „Gell, Herr X., ich werd' auch noch so groß wie die anderen!?“ – und er deutet auf seine Klassenkameraden.
Ich sehe die Tränen in seinen Augen und antworte: „...“

- Was hätten Sie geantwortet?
  Was empfindet der Schüler, was empfinden Sie in dieser Situation?

Damals antwortete ich ihm: „Ja, du wirst bestimmt so groß wie die anderen; es dauert nur ein bißchen länger.“ Heute würde ich anders antworten ...

Bemerkungen:

Der Ausgangspunkt ist die seelische Not des Jungen: Irgendetwas muß im Schulhof vorgefallen sein, was ihn sein Kleinsein drastisch erfahren ließ. Fast verzweifelt kommt deshalb die Frage: „Gell, ...“ Der Junge braucht in diesem Moment Zuwendung und Trost. Seine Frage ist keine wirkliche Frage, sondern sie drückt seinen Wunsch aus, auch so groß wie die anderen werden zu wollen. Deshalb geht es zu diesem Zeitpunkt nicht um die Beantwortung der Frage, sondern um das Mitfühlen und „bei ihm sein“.
Im nächsten Schritt ist es wichtig zu erfühlen, wieviel an Realität der Junge zu diesem Zeitpunkt annehmen bzw. aushalten kann, aber erst, nachdem er sich innerlich beruhigt

hat. Der Satz: „Du wirst auch so groß wie die anderen“ ist deshalb so „gefährlich“, weil der Junge im Laufe der Zeit die Erfahrung machen wird, daß er nicht so groß werden wird *und* daß er belogen worden ist. (Schon wieder hat sein Vertrauen zu Erwachsenen durch eine Lebenslüge einen Knacks bekommen.)
Wichtig für das Vertrauen und für die gegenseitige Beziehung sind die Einfühlung in das seelische Befinden und die innere Annahme seiner Not-Situation, verbunden mit der verbalen und/oder körperlichen Zuwendung. Behutsam beginnt das Gespräch über *seine* Wirklichkeit und das Herantasten an *seine* Wahrheit.

Resümee:

- Lassen Sie bitte alle neun Beispiele noch einmal vor Ihrem Auge Revue passieren: Gibt es so etwas wie einen „roten Verhaltensfaden“? Entdecken Sie Grundeinstellungen und Verhaltensweisen, die – je nach Unterschiedlichkeit der Gegebenheiten – immer wieder auftauchen?
  Was fördert, was blockiert, was verhindert die verschiedenen Möglichkeiten der Lehrer-Schüler-Beziehung?

In meinem Bemühen, Beziehungen förderlich zu gestalten und mich darin – mit dem jeweiligen Gegenüber – wohlzufühlen, habe ich einige für mich wichtige Einstellungen und Verhaltensweisen herausgefunden:

1. Ich versuche, meine Wahrnehmungsfähigkeit zu vertiefen, um möglichst nahe an mich und meine Kommunikationspartner „heranzukommen“: an meine Gedanken und Gefühle, an das, was mich betrifft und was ich mitteilen möchte und an das, was die anderen mir mitteilen möchten.
2. Aus der verstärkten Wahrnehmung ergibt sich ein intensiveres Einfühlungsvermögen in meine eigene innere Welt und damit in die innere Welt meines Gegenübers. Ich bin aber auch durch die größere Offenheit verletzbarer geworden.

3. Ich erfahre immer wieder, wie sehr jeder Mensch „seine guten Gründe“ hat, etwas zu denken und entsprechend oder widersprüchlich zu handeln. Ich möchte die jeweiligen „guten Gründe“ herausfinden, auch wenn ich sie nicht immer gleich verstehe.
4. Ich versuche herauszufinden, was der andere mir mitteilt, was er von *sich* sagt, verdeckt oder offen, und *was das mit mir zu tun hat.*
5. Ich akzeptiere mich in meiner Person und mit meiner Lebensgeschichte genauso wie die anderen Menschen, auch wenn es mir nicht immer leicht fällt, manche Verhaltensweisen zu bejahen.
6. Ich sage, was mich bewegt, freut, verletzt, was mir schwer fällt oder was mich belastet und welche Schwierigkeiten ich habe. Ich verstecke mich nicht. Ich kann aber auch Gefühle und Gedanken für mich behalten, wenn es nicht sinnvoll ist, sie zu äußern.
7. Ich achte nicht nur auf das bloß Gesagte, sondern ich versuche, möglichst viele „Schwingungen“ und Signale wahrzunehmen.
8. Mir sind Empfindungen und Gefühle genauso wichtig geworden wie Gedanken und Meinungen; ich möchte deshalb möglichst umfassend und ganzheitlich wahrnehmen und verstehen.
9. Meine Sichtweisen, Meinungen, Vorstellungen, Gedanken, Gefühle ... sind genauso bedeutsam wie die Sichtweisen ... der anderen Menschen. Der Austausch unserer Erfahrungen und die gegenseitige Offenheit sind mir näher als die Durchsetzung von Argumenten oder die Aufrechterhaltung von „unabdingbaren Grundsätzen.“
10. Ich entscheide nicht über andere und ich verantworte nicht für andere, sondern ich trage nur für mich Verantwortung. Ich möchte aber hilfreich sein, damit andere Menschen zu ihrer eigenen Verantwortung und zu ihren Entscheidungen kommen.

In der „Schule des Wohlfühlens“ bin ich auf dem Weg, zwischen den Sonnen- und den Schattenseiten, manchmal auf Gratwanderung, manchmal in Balance, manchmal im Ungleichgewicht. Manchmal spüre ich Gras und Moos unter meinen Füßen, ab und zu aber auch Staub und Steine. Oft spüre ich eine Hand in meiner Hand, und manchmal bin ich alleine. Manchmal ist mein Gepäck leicht und manchmal schwer. Ich gehe weiter ...

5. Spannungen – Entspannungen

Spannungen im Klassenzimmer, ob bewußt wahrgenommen oder unbewußt „spürbar“, sind normal und verständlich, wenn Sie betrachten, was alles als Ursache in Frage kommen kann:

- Klassen sind soziale Zwangsgebilde, die nicht aus Sympathie der Schüler/innen und Lehrer/innen zustande kommen, sondern aufgrund äußerer Gegebenheiten.
- Lehrer/innen haben nur in geringem Maße Einfluß auf die Wahl der Klassen. In den meisten Fällen bestimmen Sachzwänge, wer in welchen Klassen unterrichtet.
- In den Klassen leben Menschen für einige Stunden vorwiegend unter sachlichen Gesichtspunkten zusammen mit unterschiedlicher Herkunft, Intelligenz, Vorstellungskraft, Motivation, Zielvorstellung, Leistungsfähigkeit, Kontaktmöglichkeit, Bedürfnislage ...
- Sympathie und Antipathie, Nähe und Distanz, Annahme und Ablehnung, Konkurrenz und Kooperation, Einsamkeit und Gemeinsamkeit, Erfolg und Mißerfolg, Neid und Freude usw. wechseln sich ab, halten sich die Waage, werden gesucht oder verhindert ...
- Schulleistungen, Beurteilungen, Bewertungen, Benotung, Zeugnisse, Vergleiche und „objektive Maßstäbe“ belasten die Beziehungen in den Klassenzimmern.
- Der Alltag, die unterschiedliche Gefühlslage der einzelnen, die unterschiedlichen Erfahrungen und außerschulischen Gegebenheiten prägen das Zusammensein ... usw.

● Wundern Sie sich, daß es in Ihrer Klasse einigermaßen „klappt“?
  Vielleicht wundern Sie sich nicht mehr, daß es in Ihrer Klasse nicht klappt!?
  Kein Wunder, daß wir nach vier bis fünf Unterrichtsstunden wirklich „fix und fertig“ sind und Erholung und

Entspannung brauchen! (Übrigens: die Schüler/innen auch!)
Nicht verwunderlich, daß Lehrer/innen in zunehmendem Maße nach Entspannungsmöglichkeiten *im* Klassenzimmer suchen!

Im 2. Kapitel, 4. Abschnitt (Streß und Entspannung) habe ich Möglichkeiten angeboten und Ihnen Anregungen gegeben, wie Sie sich selbst entspannen können. Von da aus ist es kein weiter Weg mehr zur Entspannung im Klassenzimmer:

1. Entspannung hat hier nicht die Funktion einer Therapie im eigentlichen Sinn, auch wenn sich therapeutische Wirkungen ergeben sollten: „Während es ... in der Therapie darum geht, jemandem bei der Lösung seiner Lebensprobleme zu helfen, will die Pädagogik das gesamtmenschliche Potential unterstützen bzw. fördern und neue Möglichkeiten des Denkens, Fühlens und Handelns anregen. Entspannungsübungen dienen hier der *Bewahrung und Förderung seelischer Gesundheit*." (Hubert Teml: Entspannt lernen. Linz-Passau 1987, S. 15. Hervorhebung R.M.)
2. Freilich gibt es auch Widerstände, vor allem von derjenigen Seite, die in der Schule nur das „Kopflernen" betont und für die „angespannte Aufmerksamkeit" wichtiger ist als „gelöste Entspannung". (Hubert Teml ... S. 14)
3. Voraussetzung, sich mit Schüler/innen zu entspannen oder ihnen Möglichkeiten anzubieten, ist die Fähigkeit, selbst mit Entspannungstechniken und -methoden umgehen zu können bzw. sie bei sich selbst angewendet zu haben und anzuwenden. Machen Sie keine Übung, die Sie lediglich irgendwo gelesen, aber noch nicht selbst intensiv erfahren haben. Sie selbst müssen sich Ihrer „Sache" sicher sein und sich kompetent fühlen.
4. Im Grunde genommen sind die üblichen Entspannungsübungen (Atemübungen, Muskelentspannung, Autogenes Training, Yoga und andere Konzentrationsübungen) für alle möglich, d.h. für Erwachsene und Kinder, für Lehrer/innen und Schüler/innen. Unterschiede bestehen jedoch in der Art der Vermittlung, der methodischen

Durchführung, der entsprechenden Gegebenheiten (z.B. zu Hause, in der Schule) und der Zeitdauer.

5. Entspannung im Klassenzimmer hat nur Sinn, wenn die Schüler/innen offen und bereit dafür sind. (Mich überrascht immer wieder, wie aufgeschlossen Lehrer/innen *und* Schüler/innen für „Streßabbau“ sind, wenn sie einmal mit Entspannungsübungen in Berührung gekommen sind und ihre ersten Erfahrungen damit gemacht haben.)
6. Ich empfehle, so früh wie möglich, d.h. bereits in der Grundschule, damit zu beginnen. In höheren Klassen kann die Ablehnung zunehmen, weil die Entspannungsübungen zu sehr als Neuland, als ungewohnt und verunsichernd erlebt werden.
7. Im Klassenzimmer verdeutliche ich den Schülerinnen und Schülern bestimmte Situationen, in denen Entspannungsübungen sinnvoll sind; dabei achte ich auf die *Beschreibung der Situation* und vermeide Bewertungen oder gar Schuldzuschreibungen. Also nicht:
„Die Unruhe hier finde ich einfach unmöglich ... Bei eurem Geschwätz kann man ja überhaupt nicht arbeiten ... Mit eurer Konzentration ist es aber auch nicht weit her ...“ Sondern:
„Ich merke, daß ihr euch momentan nur sehr schwer konzentrieren könnt ... Zur Zeit ist es ziemlich unruhig ... Jetzt haben wir schon fünf Stunden gearbeitet, wie fühlt ihr euch? ... Ihr wirkt auf mich sehr müde ...“
8. Meine Situationsbeschreibung oder auch gewisse Reaktionen der Schüler/innen („Mensch, ist es hier laut ... Ich kann mich überhaupt nicht mehr konzentrieren ... Ich kann nicht mehr ...“) dienen dazu, uns die Entspannungsübungen als notwendig, sinnvoll, förderlich und hilfreich sehen zu lassen und sie zu bejahen. Aus dieser *Erfahrung des Angespanntseins* biete ich dann entsprechende Übungen an.
9. Ich erkläre und begründe mein jeweiliges Angebot: „Ich kann mit euch eine Übung machen. Sie sieht so aus ... und hat folgenden Sinn ... Wer von euch mag mitmachen?“ Entscheidend ist die Freiwilligkeit und die Übereinkunft, daß diejenigen, die (noch) nicht mitmachen wollen, die anderen nicht stören. (Meine Erfahrung ist,

daß nach gewissen Anfangs- und Anlaufschwierigkeiten im Laufe der Zeit alle mitmachen.)

10. Gemeinsam schaffen wir Voraussetzungen:
    - Ich mache mein Handeln in einer Gesamtlehrerkonferenz transparent.
    - Im Klassenzimmer schaffen wir uns Raum und Möglichkeiten: auf den Stühlen bleiben, auf den Boden legen ...
    - Wenn die Übung länger dauert: Wer muß noch auf die Toilette?
    - Vorsicht: Wann gongt oder klingelt es? (Zeiteinteilung!)

    Erst, wenn jeder seinen bequemen, für ihn ungestörten Platz hat, beginne ich.
11. Während der Entspannungsübung gibt es für mich keinen Leistungszwang, d.h., jeder bestimmt die Art und Intensität seiner Beteiligung selbst. Jeder soll allerdings versuchen und sich bemühen, den/die anderen nicht zu stören.
12. Ich beginne mit den Übungen, bei denen es nicht „schlimm“ ist, wenn Störungen vorkommen (z.B. Kichern, Lachen, Reden, Geräusche ...). Ich achte sehr darauf, die Schüler/innen am Anfang zeitlich und inhaltlich (Schwere der Übung) nicht zu überfordern. Für die Fortführung und Motivation sind möglichst früh „Erfolgserlebnisse“ wichtig: „War das toll ... Ich fühle mich wieder gut drauf ... Diese Stille ...“
13. Nach den Übungen sprechen wir über die einzelnen Erfahrungen, Empfindungen, Störungen, weiteren Wünsche und Bedürfnisse. Wir lassen uns also am Anfang Zeit und nehmen uns Raum; später sind diese Übungen dann so vertraut, daß wir kaum mehr darüber sprechen und relativ rasch zum unterrichtlichen Geschehen zurückkehren können.

- Ich kann mir vorstellen, daß Sie jetzt eine kleine (Entspannungs-)Pause benötigen, um sich von meinem „Dreizehnpunkteprogramm“ zu erholen. Wie wäre es mit einer der nachfolgenden Entspannungsübungen? Vielleicht haben Sie noch weitere Fragen zu diesem Thema. Aus der Fülle der Literatur greife ich einige wenige

Bücher auf, zusätzlich zu jenen Empfehlungen, die ich im 2. Kapitel, 4. Abschnitt (Streß und Entspannung) gegeben habe:

- Kruse, Waltraud: Entspannung. Autogenes Training für Kinder. Deutscher Ärzte-Verlag. Köln 1984 (sehr gut verständlich und nachvollziehbar).
- Müller, Else: Hilfe gegen Schulstreß. Rowohlt-Verlag (TB). Reinbek 1984 (Atemübungen, Autogenes Training, Meditationen).
- Rozman, Deborah: Mit Kindern meditieren. Fischer-Verlag (TB). Frankfurt 1979 (viele Anregungen, Phantasiereisen, Atemübungen).
- Teml, Hubert: Entspannt lernen. Veritas-Verlag. Linz–Passau 1987 (Streßabbau, Lernförderung und ganzheitliche Erziehung – viele Erfahrungen, Beispiele und Übungen – der Autor ist u.a. selbst Lehrer!).
- Wolff, Irmhild: Möglichkeiten der Bewältigung gestörter Unterrichtssituationen, in: Westermanns Pädagogische Beiträge 1985/4, S. 162–164: Die Autorin gibt darin einen „Entspannungskatalog" an mit folgenden Aktionsformen:
  Bewegung, Rhythmik, Bildnerisches Gestalten, Wahrnehmen, Raten, Spiele, Gespräche, Geschicklichkeit, Stille.

● Nachdem Sie sich vielleicht jetzt selbst entspannt haben, mache ich Sie mit einem „Aufbauprogramm" bekannt. Die einzelnen Bausteine können Sie – je nach Bedarf – verkürzen, verlängern, variieren, modifizieren, ergänzen.

Entspannungsbausteine:

- kurze Atemübung mit Betonung der Zwerchfellatmung;
- längere Atemübung, liegend, mit Körperentspannung;
- längere Atemübung und längere Körperentspannung (liegend);
- kurze Muskelentspannung;
- Muskelentspannung (mehrere Muskelpartien);
- kurze Stilleübung mit geschlossenen Augen;
- längere Stilleübung mit geschlossenen Augen;

- Schwere- und Wärmeübung aus dem Autogenen Training;
- Konzentrationsübungen;
- Phantasiereisen;
- Wahrnehmungsübungen.

(Ich hoffe, Sie holen sich noch viele Erfahrungen durchs Selbermachen und zusätzliche Hilfen und Anregungen durch die verschiedenen Literaturangebote!)

- Sollten Sie morgen bereits im Klassenzimmer beginnen wollen: hier einige „Kostproben“:

1. Atemübung:

Setze dich bitte aufrecht hin, so daß du das Gefühl hast, keinen Buckel zu machen oder nicht nach vorn zu fallen. Lege deine Hände auf den Bauch oder an die Seite (Daumen nach vorn). Nun atme tief durch die Nase ein. Sie ist ein Filter für den Atem, und gleichzeitig geht dein Atem tiefer. Spüre, wie sich dein Bauch beim Einatmen hebt und beim Ausatmen senkt. Atme leicht durch den Mund aus und achte darauf, daß deine Schultern sich möglichst nicht heben und senken, sondern ganz ruhig bleiben. Schließe die Augen.
Ganz tief strömt der Atem in dich hinein ... und wieder aus dir heraus ... Du hast nun die Augen geschlossen. Immer ruhiger und breiter wird dein Atmen. Lasse dir Zeit: Einatmen ... Pause ... Ausatmen ... immer ruhiger, immer tiefer ... immer entspannter ... Und dann öffne wieder die Augen, sieh dich wieder im Raum um und fühle dich entspannt.

2. Muskelentspannung:

Setze dich bequem auf deinen Stuhl, ohne dich anzulehnen; dein Kopf ist leicht nach vorne gebeugt, deine Hände ruhen auf den Oberschenkeln. Schließe deine Augen ...

a) Nimm bewußt dein Gesicht wahr: deine Stirn, deine Wangen, deine Lippen, dein Kinn ... spanne deine Ge-

sichtsmuskeln ganz stark an: Jetzt ... (ca. 5 Sekunden) – und entspanne wieder ... (ca. 10 Sekunden) und wieder anspannen: Jetzt ... und wieder entspannen ... und noch einmal: Jetzt ... und wieder entspannen ...
Du spürst, wie sich die Entspannung über deinen ganzen Körper ausbreitet.

b) Konzentriere dich auf deine Schultern, Arme und Hände: Spanne sie ganz fest an: Jetzt ... (ca. 5 Sekunden) – und entspanne wieder ... (ca. 10 Sekunden) und wieder anspannen: Jetzt ... und wieder entspannen ... und noch einmal: Jetzt ... und wieder entspannen ...
Du spürst, wie sich die Entspannung über deinen ganzen Körper ausbreitet.

c) Greife mit deinen Händen unter deinen Stuhl und drücke deinen Körper daran: Jetzt andrücken ... (ca. 5 Sekunden) – und wieder loslassen (ca. 10 Sekunden) und wieder andrücken ... und wieder loslassen ... und noch einmal andrücken ... und wieder loslassen ...
Du spürst, wie sich die Entspannung über deinen ganzen Körper ausbreitet.

3. Stilleübung:

Setze dich bequem auf deinen Stuhl, Oberkörper aufrecht, nicht gebeugt, Hände auf den Oberschenkeln. Schließe die Augen. Konzentriere dich auf deine Atmung (Übung wie oben): Du wirst ganz ruhig und spürst, wie du dich entspannst. Du vergißt alles um dich herum und spürst nur noch deinen Atem ... Und wenn dir Gedanken kommen, so läßt du sie einfach weiterziehen ... Um dich herum wird es immer stiller, du hörst nichts mehr ... (Am Anfang gibt's hier Kichern – nicht stören lassen – einfach weitermachen – Für manche/viele Kinder ist Stille ungewohnt und verunsichernd!) ... (Nach einigen Minuten): Komme mit deinen Gedanken langsam wieder in diesen Raum zurück ... öffne die Augen ... sieh dich langsam um ... strecke und recke dich ... Du fühlst dich ruhig und entspannt.

4. Phantasiereisen:

Setze dich bequem auf deinen Stuhl und schließe die Augen, Oberkörper ganz locker ... Stell dir nun vor, du sitzt auf einem fliegenden Teppich, hoch oben in der Luft ... Du schwebst ganz frei, nichts und niemand kann dich stören ... Du spürst den Wind um deinen Körper ... Lasse dich einfach treiben ...
Jetzt blickst du unter dich und siehst eine große Stadt: Was siehst du da? ... Lasse dir Zeit, möglichst genau zu sehen. Du siehst viele Einzelheiten ...
Und du fliegst weiter und erblickst unter dir einen großen Wald ... Du kommst ihm immer näher und siehst viele Einzelheiten in ihm: Pflanzen ... Tiere ... Gestalten ...
Und du fliegst weiter und erblickst unter dir eine große bunte Wiese ... Du kommst ihr immer näher und siehst viele Einzelheiten auf ihr: Pflanzen ... Tiere ...
Und du fliegst weiter und erblickst unter dir einen großen weiten Strand, das weite Meer ... langsam kommst du ihnen näher und machst hier Rast. Du legst dich auf den freien Sand, du schwimmst im Meer, du läßt es dir gut gehen; du hast Zeit zum Träumen ...
Nun liegst du wieder auf deinem Teppich, schwebst in die Lüfte ... und richtest deine Gedanken allmählich wieder hierher in diesen Raum ... Lasse dir Zeit ... Und langsam öffnest du wieder die Augen ...

5. Wahrnehmungen:

Setze dich bequem auf deinen Stuhl ... schließe die Augen ... Stelle dir nun eine große Mauer vor:

- Was siehst du auf den ersten Blick (z. B. dicke Steine, Ritzen ...?)
- Gehe nun näher hin; was siehst du jetzt? Versuche, viele Einzelheiten zu sehen ...
- Nun bist du mit deinen Händen an der Mauer: Was spürst du? ...
- Nun bist du mit deiner Nase an der Mauer: Was riechst du? ...
- In der und um die Mauer ist Leben: Was hörst du? ...

- Lasse dir Zeit und versuche, viele Einzelheiten wahrzunehmen ...
- Und nun löse dich langsam wieder von der Mauer und komme allmählich wieder in diesen Raum zurück ... und öffne die Augen ...

(Variante: Sie können diese Übung mit den Schüler/innen, so wie hier, in Stille durchführen. Sie können aber die Schüler/innen auch auffordern zu sagen und mitzuteilen, was sie sehen, riechen, betasten, hören ...
Schließlich: Sie können zu Beginn und am Ende jeder Übung auch Musik hören. Informieren Sie sich im Musikgeschäft nach Entspannungsmusik. (Ich mag gern Musik z.B. von Deuter oder Kitaro!)

- Ich bin gespannt, welche Erfahrungen Sie morgen im Klassenzimmer mit Ihren Schülerinnen und Schülern machen, wenn Sie Entspannungsübungen anbieten!

- Vielleicht haben Sie aber auch noch Schwierigkeiten:
  Mit wem können Sie darüber sprechen?
  Wo können Sie sich informieren?
  Wer hat bereits Erfahrungen gemacht?
  Wie können Sie sich vorbereiten?

5. Kapitel: Entlastungen ermöglichen

Entlastungen
entlassen
loslassen
lassen
lösen
gelöst

Der Kreis schließt sich: Im 1. Kapitel sind Sie den Belastungen Ihrer Kolleg/innen und Ihren eigenen nachgegangen und haben versucht, sie bewußt wahrzunehmen und zu reflektieren. In den darauffolgenden drei Kapiteln wurde deutlich ,was *Sie* tun können, um sich selbst, mit Ihren Kolleg/innen und im Klassenzimmer mit Ihren Schüler/innen wohlzufühlen, auch wenn Sie und andere die Erfahrung gemacht haben sollten, manchmal oder oft im „Tollhaus Schule" (Spiegel-Artikel vom 11.4.1988, S. 28ff.) zu sein.
In diesem letzten Kapitel geht es um Möglichkeiten, Belastungen abzubauen und vermehrt Entlastungen zu erreichen. Einige Gedanken werden aus den vorangegangenen Kapiteln wieder auftauchen, gleichsam als roter Faden, an dem Sie sich innerlich festhalten und orientieren können. Damit soll aber auch deutlich werden, wie sehr Belastungen abbauen, Entlastungen anstreben und Wohlbefinden herstellen zusammengehören.
Aufgrund Ihrer eigenen Erfahrungen und der Anregungen in diesem Buch werden Sie bereits Möglichkeiten entdeckt haben, wie Sie für sich Entlastungen erreichen können. Ich spreche – als Ergänzung oder Vertiefung für Sie – folgende Bereiche an:

- Im Jetzt leben: „Rucksäcke" und Ballast abwerfen!
- Für Neues offen sein: Weiterlernen!
- Mit Realitäten umgehen: So ist es!
- Einstellungen ändern: Es geht auch anders!
- Autonomie anstreben: Selbst ist die Frau/der Mann!

Ihrer Phantasie, selbst noch weitere Entlastungsmöglichkeiten zu finden, sind keine Grenzen gesetzt!

1. Im Jetzt leben

Ein Wochenende mit Lehrerinnen und Lehrern mit dem Thema „Streß in der Schule“: Während einer Entspannungsübung sehe ich, wie es einem Teilnehmer sehr schwerfällt, in Entspannung und Ruhe zu kommen: Er bewegt sich häufig, öffnet und schließt die Augen, atmet hastig, spielt mit den Händen ...
In der Pause spreche ich ihn an und erfahre von ihm, daß ihm so vieles durch den Kopf gehe: Was er alles gemacht habe, was er alles noch tun müsse ... seine Belastungen. Im Gespräch wird mir deutlich, wie sehr er versucht, seine Vergangenheit, Gegenwart und Zukunft „auf einen Punkt“ zu bringen und daß er darüber schier zusammenbricht: Alles auf einmal! In mir kommt ein Bild hoch: Er und ich, wir sind auf einer Wanderung. Ich habe einen kleinen Beutel dabei. Darin ist alles enthalten, was ich auf dieser Wanderung brauche. Mein Begleiter neben mir schleppt zwei riesengroße Säcke mit: In dem Sack auf dem Rücken hat er alles, was er jemals gebraucht hat, und in dem Sack auf seiner Brust hat er alles eingepackt, was er noch brauchen wird, brauchen könnte und was für ihn unerledigt ist. Er schleppt sich ab und ist nicht in der Lage, die Schönheiten des Weges und mich als seinen Begleiter, also das *Jetzt*, wahrzunehmen, zu genießen und daraus Kraft zu schöpfen ... Unfrei und behindert durch die Lasten der Vergangenheit und Zukunft, durch zurückliegende Erinnerungen und nach vorne gerichtete Phantasien wandert er durchs Leben ...

- Halten Sie kurz inne auf Ihrer Wanderung: Können Sie sich selbst sehen, beladen mit Vergangenheits- und Zukunftslasten?
  Was können Sie auf einem „Rastplatz“ deponieren, um es dann zum gegebenen Zeitpunkt wieder aufzunehmen?
  Was ist es, was Sie nicht loslassen können?
  Wie wichtig können Sie sich im *Jetzt* nehmen?
  Entdecken Sie in Ihrem Gegenwartsrucksack doch noch etwas, was nicht hineingehört?

Wer die *Erfahrungslasten* der Vergangenheit und die *Phantasielasten* der Zukunft mit sich herumschleppt, muß sich nicht wundern, warum er kaum noch oder keine Kraft für die *Reallasten* der Gegenwart hat. Er erlebt sich als überbelastet und überfordert, als behindert und unfrei. Mich erinnert ein solcher Mensch an Gedanken von Virginia Satir, die von der Unfreiheit des Menschen spricht und von den fünf Freiheiten, wenn es ihm gelingt, im *Jetzt*, in der Gegenwart zu leben:

„1. Die Freiheit zu *sehen* und zu *hören*, was *Jetzt* ist, anstelle von dem, was sein sollte, sein könnte, gewesen ist oder sein wird.
2. Die Freiheit zu *empfinden*, was man *Jetzt* empfindet, anstelle von dem, was sein sollte, sein könnte, gewesen ist oder sein wird.
3. Die Freiheit zu *sagen*, was *Jetzt* ist, statt davon zu reden, was sein sollte, sein könnte, gewesen ist oder sein wird.
4. Die Freiheit, sich zu *nehmen*, was man haben will, unabhängig davon, was man zu wollen hat, und ohne darauf warten zu müssen, daß man es von irgend jemandem angeboten bekommt.
5. Die Freiheit, eigenverantwortlich *Risiken einzugehen*, anstatt ständig nur darauf zu hoffen, daß man von den durch andere bewirkten Veränderungen profitiert."

(Richard Bandler/John Grindler/Virginia Satir: Mit Familien reden. München 1978, S. 12)

- Wenn Sie die Gedanken von Satir auf sich wirken lassen und dabei Ihren Empfindungen nachgehen, was spüren Sie: Unruhe, Abwehr, Wohlbehagen?

Zu 1: „Die Freiheit zu sehen und zu hören ..."
Ich richte mein Sehen und Hören auf das Jetzt, gleichsam wie auf einen Brennpunkt, und ich bin dadurch in der Lage, mich und die anderen wesentlich intensiver wahrzunehmen, weil ich durch Vergangenheit und Zukunft nicht von der Gegenwart abgelenkt werde. Zudem: Es ist zu viel, was sein sollte oder sein könnte, und ich möchte mein Sehen und Hören nicht durch Vorstellungen und Phantasien, die nicht zum Tragen kommen, vergeuden. Es ergeben sich unnötige Belastungen, wenn ständig das gesehen und gehört wird, was gewesen ist: Ich kann es nicht mehr ändern, es war so, und ich

möchte meine Kraft darauf verwenden, im *Jetzt* deutlich zu sehen und zu hören, um „Seh- und Hörfehler" zu verringern. Ich möchte mein Sehen und Hören auch nicht auf die Zukunft ausrichten, denn auch sie könnte ganz anders verlaufen. Das wirkliche Sehen und Hören kann nur im Jetzt geschehen. Je schärfer ich den „Gegenwartspunkt" sehe und höre, desto intensiver kann ich die Gegenwart gestalten und verändern.

Zu 2: „Die Freiheit zu empfinden ...":
Ich richte mein Empfinden auf das Jetzt und bin dadurch in der Lage, wesentlich intensiver zu empfinden, weil ich durch Gedanken und Gefühle an Vergangenheit und Zukunft nicht abgelenkt bin. Und indem sich mein Empfinden intensiviert, wird mir deutlich, daß ich nicht empfinde, was ich *soll*, sondern daß ich wirklich und echt empfinde, was *in mir* ist. Mein Empfinden wird nicht durch Erwartungen und Vorschriften von außen gesteuert, sondern von mir erlebt. Es geht um mein Empfinden und nicht um Empfindungsvorschriften. Es gibt tausend Möglichkeiten, wie ich empfinden könnte, empfinden sollte oder empfinden werde, wenn ... Ich möchte mein Empfinden nicht in diesen tausend Möglichkeitsvorstellungen vergeuden, sondern im Jetzt erleben. Ich kann nicht für die ganze Welt empfinden (mein Empfinden würde abgestumpft werden!), sondern ich kann nur für mich empfinden und mein Empfinden fördern und verfeinern. Die Wahrnehmung und Beachtung meiner Empfindungen und Gefühle im Jetzt sind die beste Voraussetzung dafür, empfindsam und einfühlend für andere zu werden und zu sein.

Zu 3: „Die Freiheit zu sagen ..."
Zu sagen, was jetzt ist, ergibt sich aus der Fähigkeit, im Jetzt zu sehen, zu hören und zu empfinden. Das Sagen ist die logische Folge. Ich möchte mein Sprechen nicht vergeuden, um davon zu reden, was sein sollte oder sein könnte. Auch davon gibt es wieder tausend Möglichkeiten: Wenn ..., aber ..., vielleicht ... Deshalb sage ich, was jetzt ist, und wir können uns im Jetzt begegnen. Ich fühle mich aber hilflos und nicht in der Lage zu reagieren, wenn ich mit folgenden Sätzen konfrontiert werde: „Aber du weißt doch noch, damals ...

hast du so und so reagiert. Ich war ganz schön sauer auf dich!" – „Vor zwei Wochen, da hätte ich mir von dir gewünscht, daß du ..." – „Als wir in X. waren, hast du ja leider nicht ..." – Was soll ich nach Tagen und Wochen auf solche Sätze antworten? Ich hätte mir gewünscht, daß mein Gegenüber im damaligen Jetzt seine Gedanken, seine Gefühle, seine Betroffenheit ausgesprochen hätte, dann hätte ich auch im damaligen Jetzt unverfälscht handeln können. So aber richten sich unsere Gedanken und Empfindungen verzweifelt auf die Vergangenheit, wir rätseln, raten und sind verwirrt und finden uns in der Gegenwart nicht mehr zurecht.

Zu 4: „Die Freiheit, sich zu nehmen ...":
Das klingt, vordergründig, nach Egoismus. Bei näherem Hinsehen aber wird deutlich: Sich nehmen, was man haben will, haben möchte, haben muß (im existentiellen Sinn), heißt nicht, sich über den anderen hinwegsetzen und ihm etwas wegnehmen. Es heißt, den Blick auf die eigene Aktivität zu richten und selbstbestimmend zu sagen: Ich nehme mir nicht das, was andere mir vorschreiben, was ich zu nehmen habe (= „zu nehmen, was man zu wollen hat"), und ich warte nicht darauf, bis ich von anderen Zugedachtes bekomme, sondern ich bestimme, wann ich mir was nehme. Ich handle also eigenverantwortlich. Warte ich, bis es jemandem einfällt, mir etwas zukommen zu lassen, so schiebe ich die Verantwortung dem anderen zu. Meine Unfähigkeit zu nehmen und nicht selbst zu agieren, vergrößert den Freiraum (und die Willkür) des anderen. Nimm also, was dir zusteht ...! „Wir haben gelernt, einen hohen Preis für ein bißchen Liebe zu bezahlen. Was wir in dieser Welt nicht gelernt haben, ist zu nehmen. Wir haben gelernt zu geben, und wir haben gelernt zu empfangen, was uns gegeben wird." Wir sind zu passiven Almosenempfängern degradiert und keine freien Menschen, die aktiv das Nehmen und Geben selbst bestimmen können. Aber „nur ein Mensch, dessen eigene Bedürfnisse erfüllt sind, kann wirklich geben". (Jacqueline C. Lair/Walther H. Lechler: Von mir aus nennt es Wahnsinn. Stuttgart 1986/4, S. 33)

Zu 5: „Die Freiheit, Risiken einzugehen ...“:
Wer etwas sagt und tut, geht Risiken ein, besitzt aber die Freiheit über sein Sagen und Tun. Ich möchte eigenverantwortlich aus meiner gegenwärtigen Situation heraus im Jetzt handeln und bin bereit, dafür auch Risiken einzugehen. Ich warte nicht auf die Zukunft, bis etwas für mich abfällt oder sich Veränderungen durch andere ergeben. Im „Wartezimmer des Lebens“ zu sitzen heißt, außerhalb des Lebensflusses zu sein: Von Meinungen anderer abhängig sein, nicht bestimmen können, nichts verändern können. Sich dem Lebensfluß anvertrauen heißt, Risiken eingehen. Auf der anderen Seite: Es kann auch manchmal gut sein abzuwarten, bis sich Veränderungen von selbst ergeben, bis „es“ sich ereignet. Nicht alles ist machbar, bestimmbar, planbar ... Ich warte, höre in mich hinein, bin offen für meinen eigenen Prozeß. Aber auch dieses Warten erlebe ich nicht passiv, sondern aktiv. Ich bestimme die Art und Weise, die Dauer des Wartens ... Ich denke hier an die Lebensgeschichte meines Onkels:
Mein Onkel war etwa 50 Jahre alt, als er einen Herzanfall bekam. Bis zu diesem Zeitpunkt war er ein lebenslustiger Mensch, der vieles unternahm und auch gelegentlich weit verreiste. Ab dem Zeitpunkt seines Herzanfalls stellte er fast alle seine Aktivitäten ein und vor allem: Er unternahm keine Reisen mehr. Er blieb nur noch an seinem Wohnort, und sein Leben wurde immer eintöniger und einseitiger: Aus Angst, irgendwo wieder einen Herzanfall zu bekommen, reduzierte er sein Leben und ging keinerlei Risiko mehr ein.
Wie die Lebensgeschichte weiterging?
Mein Onkel lebte noch mehr als dreißig Jahre ohne Herzanfälle!

- Wofür würden Sie sich entscheiden?
  Geht es Ihnen um Lebensquantität oder Lebensqualität?
  Wie hoch ist Ihre Risikobereitschaft?

- Wieviele Rucksäcke schleppen Sie mit sich herum?
  – Wie sehr sehen und hören Sie in die Vergangenheit und Zukunft hinein, anstatt Blick und Ohr auf das Jetzt zu richten?

- Wie sehr wird Ihr Empfinden durch Vergangenheitserfahrungen und Zukunftsphantasien vom Jetzt abgelenkt bzw. beeinflußt?
- Wie sehr ist Ihr Sagen von der Meinung anderer abhängig, und wie frei sind Sie wirklich, zu Ihrem eigenen Sagen zu stehen?
- Auch wenn Sie wahrnehmen, was Ihnen zusteht: Nehmen Sie sich Ihre Anteile? Und wo stoßen Sie auf Grenzen, die Sie innerlich akzeptieren?
- Gehen Sie im Jetzt Risiken ein oder bleiben Sie lieber im „Wartezimmer des Lebens“ sitzen?

Wenn Sie sich aus dem Wartezimmer ins Lebenszimmer des Jetzt wagen, dann können Sie sich und Ihre Mitmenschen erleben:

- Wenn ein Kollege mit mir spricht, so bin ich *jetzt* für ihn offen, und ich denke nicht an das, was gestern war oder morgen sein wird. Ich er-lebe das Gespräch und mein Gegenüber viel intensiver.
- Wenn ein Schüler auf mich zugeht, so denke ich nicht daran, wie ich ihn gestern erlebt habe oder ihn morgen erleben werde, sondern ich gebe ihm und mir die Chance, uns im Jetzt zu begegnen.
- Wenn ich auf einen Menschen zugehe, und ich erlebe ihn abwesend in der Vergangenheit oder Zukunft, dann fühle ich mich nicht an- und ernstgenommen, ich erlebe ihn und mich nicht.

(Übrigens: Wenn *ich* nicht in der Lage bin, mit meinem Gegenüber im Jetzt zu sein, dann teile ich ihm dies mit. Ich täusche kein Jetzt vor, wenn ich momentan nicht im Jetzt sein kann.)

● Was empfinden Sie, wenn Sie den Eindruck haben, Ihr Gegenüber „redet“ zwar mit Ihnen, in Wirklichkeit ist sie/er aber in Gedanken und Gefühlen ganz woanders, nämlich bei anderen Menschen, in der Vergangenheit oder Zukunft?

Im Jetzt sein heißt natürlich nicht, daß es keine Reflexion der Vergangenheit oder kein Planen der Zukunft gäbe. Das

Jetzt besteht dann eben in der Vergangenheitsbetrachtung oder in der Zukunftsplanung. (Mein Jetzt, z. B. heute abend, wird, teilweise, in der Unterrichtsplanung der kommenden Woche bestehen.)
Im Jetzt leben heißt, Vergangenheit und Zukunft loslassen. Sollte man nicht annehmen, „daß die Menschen lieber loslassen als sich anzuklammern, denn Loslassen erscheint leichter, weniger anstrengend. Keine Energie ist erforderlich, wenn man losläßt. Wer sich anklammert, muß sich anstrengen, Kraft aufwenden, Energie einsetzen. Man sollte deshalb glauben, daß die Menschen den Weg des geringsten Widerstands gehen und lieber loslassen. In Wirklichkeit klammern sie sich aber auf allen Gebieten an. Sie strengen sich an, stehen unter Spannung. Einem Menschen, der loslassen kann, begegnet man sehr selten." (Peter Lauster: Wege zur Gelassenheit. Reinbek 1987, S. 18)
Ein Weg, sich im Loslassenkönnen zu üben, ist folgende Möglichkeit:
Bitte sorgen Sie jetzt dafür, daß Sie ungestört sind (Klingel, Telefon, Besuche ...). Versuchen Sie, durch bewußtes Atmen und gezielte Körperentspannung (siehe 2. Kapitel, 4. Abschnitt) zu innerer Ruhe zu kommen. Wenn Sie das Gefühl haben, ganz entspannt und ruhig zu sein, dann öffnen Sie sich innerlich für die nachfolgenden Sätze:
Alles, was Ihnen jetzt an Gedanken und Empfindungen begegnet, lassen Sie an sich einfach vorbeiziehen: annehmen, nicht festhalten, vorbeiziehen lassen ... Sie müssen jetzt nichts tun, nichts können, nichts erledigen, nichts leisten ... Sie dürfen jetzt nur da sein, nur sein, nur atmen, nur spüren ...
Vielleicht taucht dennoch immer etwas auf, was hartnäckig bei Ihnen bleibt. Bitte schieben Sie dieses „Etwas" jetzt nicht weg, sondern behalten Sie es. Sehen Sie es genau an, was „es" ist: eine Person, eine Situation, eine Begebenheit, ein Erlebnis ... Betrachten Sie in Ruhe alle Einzelheiten ... (Belastungen, Antipathie, Probleme, Schwierigkeiten, Gefühle, Wünsche ...)
Sie haben alles ganz nah vor sich, und nun beginnen Sie, dieses „Etwas" ganz langsam von sich wegzuschieben, gleichsam wie eine Kamera, die vom Gegenstand immer weiter wegfährt ...

Das, was Sie festgehalten haben, wird jetzt vor Ihrem inneren Auge immer kleiner, immer kleiner ... Es rückt immer weiter von Ihnen; Sie halten nichts fest, lassen einfach los ... Die Person, Ihr Erlebnis ... rückt in weite Ferne ... bis es ganz verschwindet ...
Nun fühlen Sie sich völlig befreit, ganz gelöst, ruhig und entspannt ... Es gibt nur Sie ... Genießen Sie jetzt diese Ruhe: nichts mehr müssen, nichts mehr haben, nur jetzt empfinden ...
Nun richten Sie Ihre Gedanken und Empfindungen wieder auf Ihren Körper und auf den Raum, in dem Sie sich befinden ... Nehmen Sie wahr, was Sie jetzt hören, riechen ...
Und nun fühlen Sie sich frei und kräftig für die Gegenwart, für das Jetzt ...

- Was haben Sie in dieser Übung empfunden?
  Wägen Sie ab: Welche Vorteile bringen Ihnen Festhalten und Anpassung?
  Welche Nachteile bringen Ihnen Autonomie und Loslassen?
  Was/wer hindert Sie, doch (noch) nicht loszulassen?

„*Komm*, sagte die Erde, *laß dich los.*
Überlasse alles mir.
Dein Gewicht, deine Sorgen, deine Nöte.
Alles, was dich beschwert.
Wenn du es losläßt und dich an mich hingibst,
so werde ich es für dich tragen.
Laß nur los – dann wirst du es sehen.
Und ich kann dir meine Ruhe geben,
die tief in meinem Schoß darauf wartet,
in dich einzuziehen.
Tiefe, unergründliche, immerwährende Ruhe,
in deren innerster Mitte du das Leben entdeckst.
Komm, laß dich los ...“
(Marie Luise Stangl: Ewiges Jetzt – Übungen zum Erleben des Seins. Düsseldorf 1988, S. 85)

2. Für Neues offen sein

Wer im Jetzt lebt und intensiv wahrnimmt, dem begegnet Neues und Unerwartetes. Er macht die Erfahrung, daß es im Leben keinen Stillstand gibt und daß „die einzige Konstante im Leben der Wandel ist“ (Carl Rogers). Die einen mag dies erschrecken, auf andere aber kann es wiederum befreiend wirken. Aufgrund der unterschiedlichen Erfahrungen und der daraus gewonnenen Einstellung kann dann der Satz „Du hast dich aber nicht verändert!“ als erfreulich oder unerfreulich empfunden werden.

- Klingt es für Sie paradox, wenn ich „Für Neues offen sein“, Veränderung, Entlastung und „Sich wohlfühlen“ in Zusammenhang bringe?
  Lassen Sie sich durch Veränderungen eher verunsichern oder sind Sie froh und erleichtert darüber, wenn Sie Veränderungen bei sich und anderen erleben?
  Sind Sie offen und motiviert für Veränderungen oder behagt Ihnen mehr ein status quo?

Für die Schule als spezifischem Ort des Lernens wäre es schlimm bestellt, wenn der status quo die Konstante wäre und nicht das Weiterlernen. (Was man bei näherer Betrachtung manch bürokratischer Entscheidungen des öfteren meinen könnte! Nach dem Motto: Das haben wir noch nie so gemacht. Das war schon immer so. Wo kämen wir dahin, wenn wir es anders machen würden ...?)
Ich bin Lehrer in einer Schule und lebe daher vorwiegend mit Kindern und Jugendlichen, also mit Menschen, die am stärksten den Lebens*prozeß*, das Werden, Wachsen und Reifen erleben. Ich kann nur förderlich sein, wenn ich sie in diesem Prozeß begleite, an diesem Prozeß teilnehme, mich also selbst der „Konstante des Wandels“ öffne. Ein einmal erworbenes Wissen und ein Stehenbleiben in meiner eigenen Entwicklung würde sowohl meinem Menschsein und meinem Wohlfühlen abträglich sein als auch die (Weiter-)Entwicklung meiner Schüler/innen hemmen. Für Neues offen sein mag zunächst verunsichern und möglicherweise Ängste hervorrufen. Letztlich wird sich aber diese offene Grundeinstellung in der Schule (und anderswo) befreiend auswirken,

weil die auf mich zukommenden und mich umgebenden Veränderungen von mir im Laufe der Zeit als normal und selbstverständlich empfunden werden.
Dennoch brauche ich auch Sicherheit und Stabilität, um mich in diesem Prozeß nicht zu verlieren: „Wer nach *allen* Seiten hin offen ist, ist nicht ganz dicht“, sagte einmal ein Kollege zu mir. Die Sicherheit erfahre ich im Vertrauen zu mir selbst und in meiner beruflichen Kompetenz. Ich stehe gleichsam auf einem persönlichen und beruflichen Bein, um im Prozeß des Werdens nicht den Halt zu verlieren.
Ich stehe auf zwei Beinen und brauche zugleich:

- Hilfen bei der Bewältigung von Schwierigkeiten im Umgang mit Schüler/innen, Kolleg/innen, der Schulleitung und Eltern;
- Fortbildungsangebote im Bereich erzieherischer Fragen und Probleme, vor allem im Umgang mit extrem schwierigen und verhaltensauffälligen Schülerinnen und Schülern;
- Förderung der Fähigkeit, Unterricht als „gestörten Unterricht“ (R. Winkel) zu akzeptieren und auszuhalten;
- Hilfen im Bereich der persönlichen Weiterentwicklung: Zitat einer Lehrerin: „Ich weiß, warum ich so viele Schwierigkeiten in der Klasse habe: Weil ich selbst noch keine Persönlichkeit bin.“
- Hilfen im Umgang mit aggressiven Schüler/innen und Unterstützung bei der Reduzierung von Druck- und Strafmitteln: Zitat einer Lehrerin: „Alle meine pädagogischen Bemühungen werden von schulmüden Kindern blockiert und von total autoritären Kollegen negiert. Sie unterdrücken massiv die Schüler.“
- Angebote der Entspannung und Streßbewältigung, um die hohen beruflichen Belastungen aushalten zu können;
- Hilfen im Umgang mit dem eigenen Verletztsein als Lehrer/in: Jahrelanges Ertragen von Schüleraggressionen, beruflichen Frustrationen, Kollegenkonflikten;
- Hilfen zur Vorbereitung und Durchführung von qualifiziertem Unterricht: fachwissenschaftliche Erkenntnisse, fachdidaktische und methodische Konzepte;
- Hilfen in der gemeinsamen erzieherischen Arbeit mit den Eltern und anderen Bezugspersonen der Kinder und Jugendlichen.

- Sie können vermutlich die Liste für sich beliebig erweitern! Stellen Sie sich vor, Sie wären vor zwanzig Jahren als Lehrerin/Lehrer auf einen anderen Stern ausgewandert und wären jetzt wieder zurückgekehrt. Eine Woche Schule und Unterricht haben Sie bereits hinter sich. Was würden Sie Ihren zurückgebliebenen Freunden auf dem anderen Stern schreiben?
  Wie fühlen Sie sich nach dieser einen Schulwoche, die Sie nach zwanzig Jahren erlebt haben? (Lassen Sie Ihrer Phantasie freien Lauf ...!)

Wenn Lehrer/innen für Neues offen sein sollen und wenn ihnen Veränderungen und Prozesse vertraut werden wollen, dann hat dies auch Konsequenzen für die Lehrerfortbildung. Günther H. Ruddies (Lehrer im Wandel ihrer Lebensstufen, in: Lehrer im Wandel ihrer Lebensstufen. Birkacher Beiträge 2. Stuttgart-Birkach 1982, S. 13f.) stellt drei Forderungen auf:

"1. *Ein schülerorientiertes Verständnis von Schule setzt in der Fortbildung von Lehrern bei seiner eigenen Persönlichkeit an.*
Inhaltliche Angebote haben den Lehrer dort abzuholen, wo er persönlich gerade in seiner Entwicklung und beruflichen Erfahrung und Prägung steht. Kann er sie nicht mit seinen Fragen verbinden, bleiben sie kognitiv, befremdlich, schwer umsetzbar und letztlich wirkungslos ...

2. *Lehrerfortbildung hat von einem ganzheitlichen Persönlichkeitsbild auszugehen.*
Das Bild vom fix und fertigen Lehrer mit fixierter Lehrbefähigung nach dem zweiten Examen ist unrealistisch. Ebenso das Bild vom Lehrer, dem Micros im Lehrverhalten oder eine professionelle Rolle antrainiert werden könnten. Er kann aus seinem Gesamt-Ich niemals aussteigen ... Persönlichkeit heißt aber auch Entwicklung in langen Phasen ... Ziel wäre, gesundes Wachstum und Reifung stetig zu fördern ...

3. *Stimmt es, daß Unterricht und Erziehung an personale Vermittlung gebunden sind, dann brauchen Lehrer Erfahrungs- und Übungsräume auf der Beziehungsebene in der Lehrerfortbildung.*

Es ist schwer vorstellbar, daß ein Lehrer, der bei seiner eigenen Fortbildung nicht die förderliche Erfahrung einer vertrauensvollen Atmosphäre und Begegnung hat, später in der Schule imstande ist, mit seinen Schülern vertrauensvoll umzugehen ... Den Mut, mit pädagogischen Freiräumen umzugehen, kann man auch nicht in einer Fortbildungsatmosphäre der Gängelung und Instruktion gewinnen. Und wo sollte der Lehrer lernen, mit Enttäuschungen fertig zu werden, wenn nicht unter seinesgleichen mit ähnlichen Erlebnissen und Erfahrungen? ... Lehrerfortbildung ist auf Lehrer als Adressaten abzustellen und hat anzubieten, was sie brauchen ..."

Zu 1: Ansatz bei der eigenen Persönlichkeit:
Es wird deutlich: Wir können an der eigenen Persönlichkeit nicht vorbeigehen. Die Schwierigkeiten, Probleme und Konflikte in den Schulen und Klassenzimmern zeigen, daß zwar *Unterrichten* (mit Einschränkungen) lernbar ist, aber daß dies nur einen Teil des heutigen *Lehrerdaseins* ausmacht. Gibt es „natürliche Grenzen", ein „guter" Lehrer zu sein? (Wenn Sie sich mit dieser und mit ähnlichen Fragen auseinandersetzen wollen, so empfehle ich Ihnen: Rainer Dieterich u. a.: Psychologie der Lehrerpersönlichkeit. München 1983.) Es ist m. E. nicht hilfreich, einen Merkmalskatalog von Lehrereigenschaften aufzustellen oder eine Definition der Lehrerpersönlichkeit zu formulieren und dann die Lehrer/innen daraufhin auszubilden. Wir werden als Lehrer/innen in erster Linie dann besser, wenn wir (auch mit Hilfe anderer Personen) uns auf unsere eigene Entwicklung und auf unsere Erfahrungen besinnen, einlassen und offen für uns selbst sind. So betrachtet ist Fortbildung ein Weg von „unten nach oben" und nicht umgekehrt die Erfüllung eines Fortbildungskataloges, der von „oben" diktiert wird.

Zu 2: Ganzheitliches Persönlichkeitsbild:
Mich erleichtert es, daß ich nicht fix und fertig sein muß (um dadurch nicht fix und fertig zu werden), sondern daß ich in der Schule (und sonstwo) „auch nur ein Mensch" bin, mit Schwächen und Fehlern. Das Problem besteht nur darin, daß sich dies (noch) nicht überall herumgesprochen hat, daß ich auch Fehler haben *darf*: Wissen und akzeptieren dies

auch die Schüler/innen, die Eltern, die Schulaufsichtsbehörden, die Kolleg/innen, die Schulleiter/innen? Wie sehr erfahren wir alle immer noch, daß wir bewertet, begutachtet und in Schubladen gesteckt werden! Wer läßt auch bei uns „Entwicklung in langen Phasen“ zu, und wen haben wir getroffen, der auch bei uns „gesundes Wachstum und Reifung stetig fördert“? Wer von den oben genannten Personen ist bereit, die nachfolgenden Zeilen wirklich zu bejahen und in seinem Verhalten sich und anderen gegenüber zu leben?
„Lehrer, die bestrebt sind, ihre Persönlichkeit zu entwickeln, müssen deshalb nicht idealistischen Vorstellungen von Fehlerlosigkeit entsprechen. Sie dürfen auf diesem Wege des persönlichen Wachstums die Elemente des Nochnicht, die Vorläufigkeiten in Anspruch nehmen, die zum Wesen des Werdens gehören. Ein Kennzeichen von Persönlichkeit besteht auch darin, mit den eigenen Schwächen und Mängeln offen umzugehen. Eine solche Lehrerpersönlichkeit, die trotz aller Vorläufigkeiten die Ganzheit ihrer verschiedenen Seiten entfaltet, wirkt motivierend.“ (Rudolf Affemann: Gesundheitserziehung in der Schule ... S. 36)
Wir werden alle füreinander förderlich sein, wenn wir weniger auf der Suche nach gegenseitigen Fehlern sind, sondern vielmehr uns als Person bejahen und akzeptieren, unabhängig davon, auf welcher Altersstufe wir uns befinden und in welchem Stadium des Wachsens und Reifens wir sind. Wir sehen dann nicht mehr voller Mißtrauen den Rotstift in der Hand des anderen, sondern voller Vertrauen uns selbst und die helfende Hand des anderen.

Zu 3: Erfahrungs- und Übungsräume
Wer für Neues offen ist, dem sind Reglementierungen in der Fortbildung wenig hilfreich. Die Art und Weise, wie Lehrer/innen ihr eigenes Weiterentwickeln und ihre Fortbildung erfahren, überträgt sich in Schule und Klassenzimmer: Wir sagen *anderen*, wo und wie es langgehen soll, weil wir selbst einen Lernweg hinter uns haben, auf dem *andere* uns gesagt haben, wo und wie es langgehen soll. (Aus Angst, wir würden nicht den Weg gehen, der für *sie* bequem ist, auch wenn er *für uns* unbequem und unnütz war.) Wer gibt uns Erfahrungs- und Übungsräume, Freiräume für eigene Entscheidungen, für Lernen und Weiterbildung? Das Vertrauen in

Vorschriften, Reglementierungen und Formulare ist (leider) immer noch größer als das Vertrauen in die eigene Person und zu anderen. Wer hat den Mut, sich der Gängelung zu entziehen und sich auf den eigenen (Lern-)Weg zu machen? Wer, wenn nicht ich selbst, weiß am besten, was ich brauche? (Ich habe lange genug an dem gewürgt, was *andere* mir vorgesetzt und womit sie mich gefüttert haben!)

- Welches „Bild" haben Sie von sich selbst, wenn Sie an Persönlichkeit denken?
  Mit welchen „Kanten und Ecken" kommen Sie zurecht, mit welchen nicht oder nur schwerlich?
  Lehnen Sie Mängel und Fehler bei sich selbst eher ab, oder sehen Sie sie als „normal" und Teil Ihrer Persönlichkeit an?

- „Ich habe keine Probleme mit mir und anderen", meinte ein Kollege. „Das ist ja Ihr Problem", meinte daraufhin ein anderer.
  Was meinen Sie dazu?
  Welche Möglichkeiten der Fortbildung haben Sie, und welche nutzen Sie?
  Können Sie *Ihre* Bedürfnisse und Wünsche im Bereich der Fortbildung äußern? (Wenn wir sie lautstark äußern, werden wir eines Tages vielleicht doch noch mit unseren Bedürfnissen gehört werden!)

Einige wichtige Gedanken zu diesem Thema habe ich auch noch bei Reinhard Tausch gefunden: „Welches Lernen in der Fortbildung ist für mich als Lehrer und Dozent bedeutsam und beeinflußt das Lernen meiner Schüler?" In: Alexander Weber (Hrsg.): Kooperatives Lehren und Lernen in der Schule. Agentur Dieck. Heinsberg 1986, S. 222ff. R. Tausch setzt notwendiges Fachwissen und Wissenskenntnisse über günstiges Verhalten im Unterricht voraus:
„Ich bin nicht dafür, fachwissenschaftliche Bemühungen zu vernachlässigen. Ich schätze sorgfältiges wissenschaftliches Denken und Arbeiten sehr hoch. Aber ich sehe, daß dies allein nicht ausreichend ist. Mir ist in den letzten zehn Jahren zunehmend bewußt geworden, daß sich das Fachwissen von Schülern und Studenten nur gering auswirkt oder sogar be-

einträchtigend für andere ist, wenn es nicht verbunden ist mit einer entwickelten Persönlichkeit.“ (S. 240) R. Tausch sieht also einen deutlichen Zusammenhang zwischen der Entwicklung der Lehrer- und Schülerpersönlichkeit und gibt ihnen im Lernen den Vorrang vor der Aneignung von Wissen, dem Lernen von Kenntnissen und dem Erwerb von Erkenntnissen. (Vgl. auch: Reinhard und Annemarie Tausch: Erziehungspsychologie. Göttingen 1977/8)
Weiterhin ist für ihn wichtig:

- Lernen durch Beobachtung und Kooperation: Mich selbst wahrnehmen und Rückmeldungen einholen bei Schüler/innen und Kolleg/innen; mit anderen lernen und für Lernprozesse offen sein.
- Lernen, sich günstige körperlich-seelische Grundbedingungen zu schaffen: Ich kann nur für andere förderlich sein, wenn ich selbst körperlich und seelisch stabil bin – und gerade bei Kindern und Jugendlichen bedarf es der eigenen Stabilität, um ihnen aus der entwicklungsbedingten Unstabilität zur Stabilität zu verhelfen.
- Persönlichkeitsentwicklung: Selbstauseinandersetzung bedeutet, daß „wir uns selbst erforschen, uns zu verstehen und zu klären suchen“ (S. 232), um seelische Stärke zu bekommen. Ich fühle mich wohl, weil ich mich seelisch stark fühle. Und aus dieser Stärke heraus kann ich für Neues offen sein. Was auf mich zukommt, „haut mich nicht gleich um“.
- Offener und echter werden für das gefühlsmäßige Erleben uns und anderen gegenüber: „Nicht unter Echtheit verstehe ich, daß Menschen ihre Gefühle voller Wertungen und ohne Rücksicht auf andere äußern. Ich verstehe darunter auch in keiner Weise, daß Menschen sich gehen lassen, keine Selbstdisziplin haben. Im Gegenteil. Wenn ich mich intensiv selbst kläre und ehrlich mir selbst gegenüber bin, dann fühle ich mich verantwortlich für meine Gefühle, und das führt im allgemeinen zu einem klareren Verhalten.“ (S. 235)
- Eine positive Einstellung sich selbst gegenüber haben, sich selbst mögen und achten, sich in andere einfühlen und andere achten: „Es mag für Sie erstaunlich sein, daß ein Weg, der zunächst nach innen führt, zugleich ein sinnvoller aktiver sozialer Weg nach außen ist.“ (S. 239)

D. h.: Ich bin zunächst mein eigener „sozialer Trainingspartner“ und kann dann meinen Lernzuwachs auf andere übertragen. Wenn ich für mich echt bin, bin ich es auch für andere; wenn ich für mich einfühlsam bin, bin ich es auch für andere. Die Tür, die nach innen aufgeht, öffnet zugleich die Türen nach außen.

– Und schließlich betont R. Tausch auch das Lernen in Gruppen: „Als eine sehr günstige Möglichkeit habe ich personenzentrierte Gruppenbegegnungen erfahren ... Diese Gruppenbegegnungen mit einem sehr einfühlsamen, achtungsvollen und ehrlichen Helfer können uns in erstaunlich kurzer Zeit erheblich fördern.“ (S. 239)

Meine stärksten Erfahrungen und Veränderungen in meinem eigenen persönlichen Lernen, Wachsen und Reifen erlebe ich in Begegnungen mit Menschen in oben genannten Gruppen, vor allem mit Lehrerinnen und Lehrern. Das Lernen in Gruppen ist mir, ist uns, eine große Hilfe und Bereicherung. In jedem der Gruppenteilnehmer begegne ich einem Teil von mir selbst. Ich trete gleichsam aus mir heraus und kann mich in den anderen Personen besser betrachten und aus diesen Wahrnehmungen Veränderungen zulassen bzw. in Gang setzen. Und in jedem der Gruppenteilnehmer begegne ich auch Menschen aus meinem Alltag: Freunden, Bekannten, Schüler/innen, Kolleg/innen, Eltern, Vorgesetzten ... Im Schonraum der Gruppe, in dem ich Akzeptanz und Nicht-Wertung, Offenheit und Echtheit, behutsames Miteinanderumgehen erfahre, lerne ich für den Alltag. Ich stabilisiere mich *innerhalb* der Gruppe, und mit dieser Stabilität gehe ich dann nach außen. Gruppe ist somit nicht Droge und Flucht *vor* dem Alltag, sondern Ort der Stabilisierung und Selbständigkeit *für* den Alltag, Lernort also für die eigene Entwicklung, die mir und anderen zugute kommt. Gruppenerfahrungen sind für mich kein Selbstzweck, sondern „Durchgangsstation“, Trainingsfeld und Ort der seelischen Hygiene in einem.

- Wenn Sie Näheres über personenzentrierte Gruppen und persönliches Lernen in Gruppen wissen wollen, dann empfehle ich Ihnen: Carl Rogers: Encounter-Gruppen. München 1974.

Ich erlebe immer wieder Menschen, die Vorurteile gegenüber Gruppen oder Angst haben, sich in Gruppen mitzuteilen, oder die negative Erfahrungen gemacht haben: „In Gruppen hat man Tempotaschentücher dabei, heult viel und schimpft auf die eigenen Eltern“, meinte ein „Gruppenneuling“ zu Beginn eines Gruppenwochenendes. Gott sei Dank machte er dann aber andere, für ihn sehr hilfreiche Erfahrungen, ähnlich den Äußerungen, die Lehrerinnen und Lehrer gemacht haben:

Zu Beginn eines Gruppenwochenendes:
- Ich bin zu und verschlossen; ich habe Angst.
- Ich bin ziemlich erwartungsvoll.
- Ich bin gespannt, was auf mich zukommt.
- Ich hab Verlangen nach Wärme und Zuwendung.
- Ich bin aufgewühlt, verzweifelt, am Ende ...
- Wunden brechen auf.
- Ich bin mutlos. Was soll ich noch alles tun?
- Ich bin erschöpft und erhoffe mir Leben.
- Ich bin unsicher, allein und voller Zweifel.
- Ich möchte auftanken und Kraft holen.
- Ich möchte mir etwas Gutes tun.

Am Ende eines Gruppenwochenendes:
- Ich habe mich fallen lassen können.
- Ich habe Zuwendung und Beachtung erfahren.
- Ich bin offen, zuversichtlich und erfüllt.
- Ich habe Nähe gespürt und bin wieder voller Mut.
- Ich habe endlich wieder Zugang zu meinen Gefühlen.
- Ich fühle mich ruhig und gelassen.
- Ich fühle mich stark und offen für Neues.
- Ich bin erfüllt und voller Leben.
- Ich weiß jetzt, wie es wieder weitergeht.
- Ich bin erwartungsvoll und voller Hoffnung.
- Ich bin dankbar, glücklich, zufrieden.
- Ich habe Quellen meiner Kraft entdeckt.
- Ich bin aufgefangen worden und habe Halt gefunden.

Ich weiß nicht, wie Sie über diese Äußerungen Ihrer Kolleginnen und Kollegen jetzt denken. Aber vielleicht sind Sie neugierig und offen geworden für einige Aussagen, die meine eigene Entwicklung betreffen. Ich blicke auf über zehn Jahre Gruppenerfahrung zurück:

- Ich bin akzeptiert worden und habe gelernt, mich zu akzeptieren. Das hat mich ruhiger und zufriedener gemacht.
- Ich kann dadurch viel mehr ich selbst sein; ich lebe nicht mehr „*gegen* mich", sondern ich setze meine Energien vermehrt *für* ... ein.
- Je stärker ich echt, einfühlend und akzeptierend mir selbst gegenüber bin, desto mehr kann ich es auch anderen gegenüber sein. Meine Beziehung zu meinen Mitmenschen ist offener und befriedigender geworden.
- Ich erlebe sehr intensiv meinen eigenen Lebensprozeß und nehme dadurch auch intensiver am Lebensprozeß anderer teil. In Gruppen habe ich dazu vertieft Möglichkeiten und Gelegenheiten.
- Ich habe gelernt, andere sein zu lassen, aber auch ihnen zu helfen, ihren eigenen Lebensweg zu finden und zu gehen.
- Ich bin bestrebt, ich selbst sein und aus mir heraus leben zu können. Gleichzeitig erfahre ich immer wieder, wie wichtig mir die Nähe zu anderen Menschen geworden ist. „Autonomie und Nähe" sind für mich Lebensweisen, die ich im Gleichgewicht halten möchte.

● Welche Erfahrungen haben Sie bisher in Gruppen gemacht?
Was hindert Sie, an Begegnungsgruppen teilzunehmen?
Welche anderen Möglichkeiten haben und nutzen Sie, persönlich weiterzulernen? (Partnerschaft, Familie, Freundeskreis ...)
Übrigens: Dieser Abschnitt heißt: Für *Neues* offen sein!

3. Mit Realitäten umgehen

Lehrer/innen an der schulischen Klagemauer:

a) Jetzt bekomme ich schon wieder diese Klasse. Ich dachte schon, ich *hätte* sie endlich hinter mir!
b) Die 7b ist doch wirklich zu doof, um diesen simplen Stoff zu kapieren. *Hätte* ich doch die 6c behalten.
c) In diesem Sauhaufen von Schülern halte ich es wirklich nicht mehr lange aus. Am liebsten *würde* ich jetzt Ferien machen.
d) Ich melde mich wirklich bald an eine andere Schule. *Wäre* ich doch schon vor drei Jahren nach B. gezogen.
e) Im nächsten Schuljahr, wenn ich die 5a bekomme, da wird dann alles ganz anders. Ach, *wäre* doch schon das Schuljahresende da!
f) Nach den Ferien werde ich einige Veränderungen vornehmen. So geht das nicht mehr weiter. *Hätte* ich doch die Klasse gar nicht übernommen!

„Hätte, würde, wäre ..." Wer *hätte* diese und ähnliche Gedanken und Wünsche von uns noch nicht gehabt. Sie sagen aus, wie schwer wir des öfteren die Realität annehmen können, und es wird (wieder einmal) deutlich, was uns belastet, was uns zu schaffen macht oder worunter wir leiden:

a) Ich schaffe es nicht mehr. Ich stoße an meine Grenzen.
b) Ich bin mutlos; ich resigniere.
c) Ich fühle mich total überfordert.
d) Ich werde mit den Problemen an dieser Schule nicht mehr fertig.
e) Ich habe in diesem Schuljahr vieles falsch gemacht.
f) Ich lasse nicht mehr alles mit mir geschehen.

- Welche Sätze sprechen *Sie* an der Klagemauer?
  Wo sind Ihre „hätte, würde, wäre", Ihre „wenn und aber"?
  An welchen Realitäten rütteln Sie?
  Überlegen Sie: Was ist für Sie derzeit unveränderbar?
  Womit müssen Sie leben, auch wenn es eine noch so große Belastung für Sie ist?
  Wovor würden Sie am liebsten davonlaufen?

Ich erlebe mich auf einer Gratwanderung: Auf der einen Seite möchte ich etwas verändern, wo es etwas zu verändern gibt. Auf der anderen Seite möchte ich nicht mehr gegen unverrückbare Wände rennen. Ich wandere zwischen Veränderbarem und Unveränderbarem. Ich erkenne nicht immer im Vorfeld, was zu tun ist; manchmal mache ich zu wenig, manchmal zu viel.
Dennoch habe ich immer wieder erfahren, daß es im Lebensraum Schule Realitäten gibt, die ich akzeptieren muß und deren innere Annahme meine Lebensweise erleichtern und meine Tätigkeiten in der Schule entlasten:

a) Störungen und Erziehungsschwierigkeiten gehören zu meinem Beruf. Gegen diese Tatsache anrennen ist gleichbedeutend mit Kraft verschleudern, die ich anderswo produktiver einsetzen könnte. Ich stelle mich auf Störungen ein:

   - Unterricht ist immer auch gestörter Unterricht, weil ich es mit Schüler/innen zu tun habe, die, genauso wie ich, „auf dem Weg sind".
   - Ich habe es auch mit Unfertigem/Unfertigen zu tun; ich muß immer wieder von vorne beginnen.
   - Gewisse Bedingungen erfahre ich als Grenzen, als Begrenzung, als Beschneidung meiner Persönlichkeit, meiner Vorstellungen, meines Tuns.

b) Die Schüler/innen, die Kolleginnen und Kollegen, die Eltern, die Vorgesetzten ... Sie sind nun mal so, und sie haben ihre eigene Biographie, ihre Lernmuster, ihre Verhaltensweisen, ihre Prägungen, ihre Einstellungen, ihre Erfahrungen:

   - Ich komme mit Sabine nicht klar. Ich weiß aber auch um ihre schwierige häusliche Situation.
   - Kollege X. ist so zugeknöpft. Ich komme einfach nicht an ihn heran. Ich weiß aber auch, daß er seine „Mauer" als Schutz braucht, seitdem ich erfahren habe, was ihn alles verletzt hat.
   - Manche Eltern nehmen mein Tun sehr kritisch unter die Lupe. Ihre Erfahrungen mit meinem Vorgänger haben sie mißtrauisch gemacht.

c) Der Schulort, das Schulhaus, die Bedingungen dort, mein Klassenzimmer ... Sie gehören zu meinem Leben, auch wenn ich immer wieder mal davonlaufen möchte:
   - Ich fühle mich eingeengt und beobachtet. Auf der anderen Seite erfahre ich doch immer wieder Hilfe und Unterstützung.
   - Das Schulhaus ist zwar ein alter Tempel; aber wir haben zusammen versucht, ihn wenigstens innen wohnlich zu gestalten.
   - Es macht mir zu schaffen, daß es an Medien, Materialien, technischen Einrichtungen fehlt ... Dann appelliere ich eben an meine eigene Kreativität.

Ich versuche, mein Augenmerk auf die Realität zu richten und sie möglichst genau und intensiv wahrzunehmen. Dabei wird mir auch das Umfeld der jeweiligen Realität klarer, und ich begreife manche Hintergründe. Meine Wirklichkeit wird mir vertrauter.

● Sehen Sie sich Ihre Realität genau an und nehmen Sie die einzelnen Belastungen wahr.
  Machen Sie sich vertraut mit diesen Belastungen und versuchen Sie, das Angenehme und Annehmbare, das sogar in Belastungen verborgen sein kann, zu finden!

Auch wenn ich nicht immer die Realität ändern kann, so bleibt mir doch eine Reihe von Möglichkeiten, mich auf sie einzustellen und sie mir erträglicher zu machen, z.B.:

a) Ich mache mir Gedanken zur Entlastung:
   - Ich bereite mich auf den Unterricht vor. Dadurch werde ich sicherer in meinen Handlungen und Verhaltensweisen.
   - Ich gehe mit größerer Gelassenheit in schwierige Situationen. Ich stelle mich auf sie ein.
   - Ich halte mich an Abmachungen. Dadurch vermeide ich Mißverständnisse, Reibereien, unnötige Konflikte.
   - Ich mache Entspannungsübungen. Dadurch kann ich Streßsituationen besser aushalten bzw. auffangen.
   - Ich denke an die Belastungen meiner Kolleginnen und Kollegen. Ich werde geduldiger im Umgang mit ihnen.

- Ich versuche, ausgeruht und erholt in die Schule zu kommen. Ich bin belastbarer geworden.

b) Ich ändere meine Ziele:
   - Ich habe mich bisher zu sehr selbst unter Druck gesetzt. Das hat mich sehr unruhig, nervös, unausgeglichen gemacht, was wiederum Auswirkungen auf meinen Unterricht hatte.
   - In der letzten Klasse hatte ich Ziele erreicht, die ich in dieser Klasse vermutlich nicht erreichen werde. Ich habe jetzt meine Ziele und Erwartungen heruntergeschraubt.
   - Voriges Jahr hatte ich eine angenehmere Klasse. Diesmal muß ich mich mit größeren Problemen herumschlagen. Ich höre auf, die einzelnen Klassen miteinander zu vergleichen.
   - Ich bin zufrieden, wenn der Klassendurchschnitt nicht schlechter als 3,0 ist. Ich habe das Meine getan ... usw.

c) Ich ändere meine Bedürfnisse:
   - Ich passe meine Wünsche und Bedürfnisse auch meiner Realität an und sehe nicht (mehr) meine Ideen und Vorstellungen als Maßstab an.
   - Ich möchte in diesem Schuljahr zwar die Klasse X, aber ich sehe ein, daß dies nicht möglich ist. Ich komme auch mit der Klasse Y zurecht.
   - Ich möchte zwar das Fach X geben, wie bereits im vorigen Schuljahr, aber ich werde mich auch in das Fach Y einarbeiten können.
   - Eigentlich möchte ich das Klassenzimmer A, aber ich werde es mir auch mit den Schüler/innen im Zimmer B gemütlich machen.

d) Ich stelle mich auf Situationen ein:
   - Bisher begann mein Unterricht am Montag erst zur zweiten Stunde. Schade, daß sich dies geändert hat. Na, ja ... jetzt stehe ich halt etwas früher auf.
   - Bisher hatte ich keine Hohlstunden ... Dafür erledige ich jetzt in den drei Freistunden einige Schularbeiten.
   - Bisher hatte ich am Freitag bereits nach der großen

Pause frei ... Dafür verteilen sich die Stunden am Mittwoch günstiger.

- Was tun Sie, um besser mit Ihrer Realität umgehen zu können?
  Bringen Sie „Realitäten akzeptieren“ und „resignieren“ sehr nahe in Verbindung?
  Wie sehen Ihre Wände aus, gegen die Sie immer noch rennen?
  (Das kann doch nicht sein! Da muß sich doch etwas ändern! Das kann ich doch nicht so stehen lassen ...)

Die Realität holt uns immer wieder ein, ob wir wollen oder nicht:

Ich möchte:	Aber:
– am liebsten manchmal alles hinschmeißen;	– dann stehe ich doch wieder tagtäglich in der Schule;
– endlich mal wieder in einer kleinen Klasse unterrichten;	– dann muß ich doch wieder mit meinen 32 Schüler/innen zurechtkommen;
– in einem anderen Kollegium sein;	– dann versuche ich doch wieder, in meinem alten Kollegium Fuß zu fassen;
– endlich mal nicht so viele Aufsätze korrigieren müssen;	– dann sitze ich doch wieder vor einem Stoß von Heften;
– nicht schon wieder an die Unterrichtsvorbereitung denken müssen.	– dann gehen mir doch wieder tausend Ideen durch den Kopf.

Ich merke: Ich kann mich meiner schulischen Realität nicht entziehen. Ich kann sie auch nicht in allen Bereichen verändern, damit sie für mich angenehm wird und ist. Aber ich kann lernen, mich mit ihr anzufreunden und mit ihr so umzugehen, daß sie mich nicht erdrückt und zu sehr belastet, sondern daß ich mich sogar in und mit ihr wohlfühle:

- Ich schaffe mir einen inneren Freiraum.
- Ich beziehe nicht mehr alles auf mich.
- Ich „ziehe mir nicht mehr jeden Schuh an".
- Ich atme tief durch und reagiere nicht mehr sofort, sondern erst dann, wenn ich mich sicher fühle, angemessen zu reagieren.
- Ich lasse mich nicht auf alles ein, sondern wähle und entscheide, worauf ich mich einlassen möchte.
- Ich halte mir einen inneren Spiegel vor.
- Ich fühle mich nicht immer persönlich getroffen.
- Ich äußere meine Meinung, meine Gefühle.
- Ich fresse nicht alles in mich hinein.
- Ich suche mir Gesprächspartner.
- Ich lasse mich und die/den anderen sein.
- Ich ...

● Was fällt Ihnen noch ein?
Welche Entlastungen haben Sie für sich herausgefunden?
Je mehr Sie Ihre Realität ansehen: Wird sie Ihnen vertrauter, noch unangenehmer, freundlicher, abweisender, belastender, erleichternder ...?

Ich habe über 200 Lehrer/innen gefragt, wie sie mit der Realität Schule fertig werden, und was sie tun, um sich von ihren Belastungen zu entlasten. Ich habe viele Antworten bekommen:

- Ich bereite meinen Unterricht möglichst gut vor.
- Ich habe für mich ökonomische Arbeitsweisen herausgefunden.
- Ich lockere den Unterricht auf.
- Ich verstärke die Interaktionen.
- Ich führe mit Schülern Projekte durch.
- Ich gestalte den Unterricht weniger kopflastig.
- Ich helfe, ein positives emotionales Klima zu erzeugen.
- Ich schaffe in der Schule Freiräume.
- Ich verstärke die Kommunikation mit den Schüler/innen.
- Ich spreche die Konflikte klar aus.
- Ich mache mein eigenes Verhalten transparent.

- Ich suche neue Wege in manchen pädagogischen Bereichen.
- Ich versuche, aus alten Fahrwassern und Bahnen zu kommen.
- Ich reflektiere meinen Unterricht, mein Verhalten.
- Ich tausche mit anderen meine Erfahrungen aus.
- Ich besuche Kurse, Lehrgänge; ich bilde mich weiter.
- Ich führe Gespräche mit Kolleg/innen, Eltern ...
- Ich arbeite mit anderen zusammen.
- Ich versuche, in Gesprächsgruppen meine Probleme aufzuarbeiten.
- Ich nehme die schulischen Dinge einfach leichter.
- Ich ziehe mich zurück und distanziere mich.
- Ich gebe meine Ehrenämter auf und verkürze meine Arbeitszeit.
- Ich erhole mich in der Freizeit (Hobby, Sport).
- Ich suche und gönne mir Ruhe.
- Ich sorge für mich (Schlaf, Erholung).
- Ich strebe größere Gelassenheit an.
- Ich ändere mein eigenes Verhalten.
- Ich stelle mich auf bestimmte Gegebenheiten ein.
- Ich suche musisch-künstlerische Tätigkeiten.
- Ich entspanne mich (Autogenes Training, Massage, Sauna, Schwimmen).
- Ich stärke mein Selbstbewußtseins.
- Ich komm mit mir ins reine.
- Ich schraube meine Ansprüche zurück.
- Ich lebe gesund und nicht über meine Verhältnisse.
- Ich trenne Schul- und Privatleben.

● Eine ganze Menge ist hier aufgezählt, was Lehrer/innen tun, um mit ihrer Realität besser zurechtzukommen.
Was sagt Ihnen an meisten zu?
Vielleicht können Sie einiges übernehmen, ausprobieren, variieren ...?
Was tun *Sie* für sich, und wie sorgen *Sie* für sich?

Wenn ich an meine schulische Realität denke, so tauchen bei mir auch immer wieder Personen auf, mit denen es mir schwerfällt zu kommunizieren; mit denen ich nicht zurecht-

komme, die mich belasten und in deren Anwesenheit ich mich angespannt, unsicher, unwohl und unfrei fühle.
Ich biete Ihnen nachfolgend eine Übung an, die zum Ziel hat, spannungsfreier und gelöster mit Menschen umzugehen, die Ihnen unangenehm sind und die Sie belasten. Gleichzeitig dient sie dazu, daß Sie eine andere Einstellung zu diesen Menschen bekommen. (Ich danke Reinhard Tausch für Anregungen, die er mir zu dieser Übung gegeben hat.)
Die Übung besteht aus drei Teilen:

- einer Entspannungsübung (siehe auch 2. Kapitel, 4. Abschnitt, S. 95 ff.),
- einer gedanklichen Begegnung mit der Person,
- einer konstruktiven Auseinandersetzung mit ihr.

Sorgen Sie dafür, daß Sie jetzt nicht gestört werden (Lärm, Musik, Telefon, Besuche, Klingel ...). Setzen Sie sich nun bequem auf einen Stuhl oder legen Sie sich auf den Boden ...:

- Konzentrieren Sie sich auf Ihren Atem: einatmen, ausatmen ...
  Atmen Sie ganz bewußt und ganz tief. Sie bestimmen selbst Ihr Atemtempo, und allmählich werden Sie durch das Atmen immer ruhiger. Lassen Sie sich Zeit ...
- Konzentrieren Sie sich jetzt auf Ihren Körper:
  Sie spüren Ihre Füße, Ihre Beine, Ihre Unterschenkel, Ihre Knie ...
  Nehmen Sie sie bewußt wahr und entspannen Sie sich ...
  Sie spüren Ihre Oberschenkel, Ihr Gesäß, Ihren Bauch ...
  Nehmen Sie sie bewußt wahr und entspannen Sie sich ...
  Sie spüren Ihren Rücken, Ihre Brust, Ihre Arme ...
  Nehmen Sie sie bewußt wahr und entspannen Sie sich ...
  Sie spüren Ihre Schultern, Ihren Nacken, Ihren Hals ...
  Nehmen Sie sie bewußt wahr und entspannen Sie sich ...
  Sie spüren Ihren Kopf, Ihr Gesicht, Ihr Kinn, Ihre Wangen ...
  Nehmen Sie sie bewußt wahr und entspannen Sie sich ...
- Sie fühlen sich jetzt ganz entspannt. Ihr Atem geht ruhig und gleichmäßig.

Nun denken Sie an eine Person, die Sie nicht mögen, die Ihnen unangenehm ist, die Sie belastet oder Ihnen sogar Schmerzen bereitet und gegen die Sie eine Menge unguter Gefühle haben: Eifersucht, Ärger, Haß, Ablehnung. Sie spüren durch diese Person Verletzung, Verwundung. Sie kommen nicht zur Ruhe, immer wieder beschäftigt Sie diese Person. Stellen Sie sich diesen Menschen jetzt genau vor, sehen Sie ihn genau an, als ob ein Foto von ihm vor Ihnen läge ...

- Lassen Sie diese Person ganz auf sich wirken ...
  Sie fühlen, was diese Person mit *Ihnen* macht.
  Lassen Sie alle Gefühle zu, die Ihnen jetzt hochkommen, alle Wünsche, alle Phantasien ...
- Alles, was Sie nun an und in dieser Person sehen, beziehen Sie nicht mehr auf sich. Sie versuchen jetzt, diesen Menschen für sich sein zu lassen. Denken Sie daran: Alles, was er tut, hat für ihn seine guten Gründe, auch wenn Sie diese jetzt nicht zu sehen und nicht zu verstehen vermögen ... Sie können ihn jetzt immer mehr sein lassen ...
- Nun stellen Sie sich vor, wie sich viele guten Dinge für diesen Menschen ereignen. Sie sehen, wie er Zuwendung, Beachtung, Anerkennung bekommt, wie es ihm gut geht, wie er Erfolg hat und welche Hilfen er bekommt ...
- Beachten Sie jetzt Ihre eigenen Gefühle: Was kommt in Ihnen hoch? Was möchten Sie jetzt ebenfalls? Welche Wünsche haben Sie jetzt? Welche Schwierigkeiten haben Sie jetzt in Ihrer Phantasie, wenn Sie Ihre vorgestellte Person vor Augen haben?
- Sie stellen sich nun vor, wie sich diese Person selbst fühlt, was in ihr vorgeht, was sie empfindet – und Sie versuchen, diesen Menschen ganz für sich sein zu lassen ...
- Sie sehen diesen Menschen ganz bewußt an und spüren, wie Sie ihn allmählich sein lassen, belassen und loslassen können. Auch in Zukunft wollen Sie ihn besser so lassen können wie er ist ...
- Er ist etwas von Ihnen abgerückt ... Versuchen Sie jetzt, an ihm etwas zu finden, was – trotz allem – angenehm, liebenswert, bewunderungswürdig ist. Überlassen Sie sich Ihrer Wahrnehmung ...
  Ihren Gedanken, Ihrer Erinnerung ... Vielleicht finden

Sie doch noch einige Spuren des „Prinzen im Froschkönig“ ...

- Und sehen Sie diesen Menschen noch einmal bewußt und genau an ...
  Allmählich trennen Sie sich von ihm: Sie sehen diese Person immer kleiner und kleiner werden, sie rückt immer mehr und mehr von Ihnen ab; Sie sind gleichsam eine Kamera, die sich immer mehr vom Objekt zurückzieht. Sie lassen diesen anderen Menschen los, bis er in der Ferne verschwindet ...
- Sie fühlen sich jetzt stark. Sie können für sich sein, Sie sorgen für sich selbst ...
- Und allmählich kommen Sie wieder in diesen Raum zurück, in dem Sie sich befinden ... Verweilen Sie bitte noch einige Minuten für sich in Stille ...

● Sprechen Sie mit anderen über Ihre Erfahrungen.
  Wie haben Sie diese Übung erlebt?
  Wie fühlen Sie sich jetzt?

Konstruktiver Umgang mit der Realität heißt also auch, sich mit Unangenehmem vertraut machen:

● Sie haben in der vorangegangenen Übung einen *Menschen* betrachtet, der Ihnen unangenehm ist bzw. war. Versuchen Sie nun das gleiche mit *Situationen*, die Ihnen unangenehm sind: Stellen Sie sich belastende Situationen vor und lassen Sie diese auf sich wirken!

Mir fällt auf, daß in der *Phantasie* mancher Menschen die Belastungen oft größer „ausgemalt“ werden als sie in Wirklichkeit sind. Die Phantasie ist es dann, die verhindert, daß die Menschen sich mit ihrer *Realität* konstruktiv auseinandersetzen. Erinnern Sie sich noch beispielsweise an den Gang zum Zahnarzt: In Ihrer Phantasie waren die Schmerzen und die auf Sie zukommenden „Peinigungen“ weitaus größer als in Wirklichkeit!
Sich mit der Realität in der *Wirklichkeit* auseinanderzusetzen ist also wesentlich hilfreicher und wichtiger als mit ihr in der Phantasie zu bleiben:

Phantasie:

- Wie wohl X heute wieder reagieren wird? Ich werde ihm aus dem Weg gehen.
- Eigentlich sollte ich jetzt etwas sagen. Aber was denken wohl die anderen darüber?
- Was die 8a wohl heute alles wieder anstellen wird??? Wäre doch die Stunde schon vorbei! (Ob das wieder so schlimm wird wie vorgestern?)

Wirklichkeit:

- Ich *weiß* nicht, wie X reagieren wird. Aber ich gebe uns beiden eine Chance, miteinander zu kommunizieren.
- Ich *weiß* nicht, was die anderen darüber denken. Mein Sprechen ist mir aber jetzt wichtig.
- Ich *weiß* nicht, was die 8a heute alles anstellen wird. Jedenfalls: Ich stelle mich der Wirklichkeit. (Vielleicht ist alles gar nicht so schlimm!)

● Welche Erfahrungen haben Sie gemacht: Phantasie gegen Realität?
War für Sie im nachhinein die Phantasie manchmal belastender als die erfahrene Wirklichkeit?

(Bitte unterscheiden Sie: *Phantasie* als all das, was Sie sich vorstellen, ausmalen, ausdenken ... und *Erinnerung* als all das, was sich mit dem vergangenen Erleben beschäftigt.)

Das Unangenehme, das wir bei *anderen* entdecken, ist oft nichts anderes als das Unangenehme in *uns*, das wir nicht ausstehen können und ablehnen. Am deutlichsten wird mir dies, wenn ich mit Kolleginnen und Kollegen ins Gespräch komme und wir unsere Erfahrungen über Schüler/innen austauschen, z. B.:

Lehrer/in A:

- Der Jan war heute nervös und hektisch. Der macht mich noch ganz verrückt.

Lehrer/in B:

- Finden Sie? Ich hatte nicht den Eindruck. Auf mich hat er ganz normal gewirkt.

- Die Sabine könnte auch mehr im Unterricht mitmachen. Die ist mir einfach zu ruhig.
- Mich stört es, daß Kollege X sich in den Konferenzen nie äußert. Ich wüßte auch gerne seine Meinungen.

- Ich finde auch, daß sie sehr ruhig ist; aber mir macht das eigentlich nichts aus.
- Wenn er etwas sagen will, dann soll er dies tun. Ich komme auch zurecht, ohne seine Meinung zu wissen.

Warum stört dasselbe Verhalten von Menschen die Person A, nicht aber die Person B? Die jeweilige Störung muß also auch etwas mit der Person A zu tun haben, z. B.:

- Jan wirkt auf mich unruhig und hektisch, weil *ich* heute sehr unruhig bin oder weil *ich* mich – unangenehm – an meine eigene Schulzeit erinnere, in der ich wegen meiner Unruhe und Hektik häufig ermahnt/bestraft worden bin.
- Sabine ist mir zu ruhig, weil *ich* nicht ruhig bin/ruhig sein kann. Ich mag Lebendigkeit weit mehr als Ruhe ... Oder: Die Ruhe des anderen verunsichert mich, weil *ich* dadurch verstärkt an meine eigene Unruhe erinnert werde.
- *Ich* äußere mich normalerweise offen und mag es nicht, wenn andere sich hinter Schweigen verstecken oder nicht offen Farbe bekennen. Es verunsichert mich: Was könnte er/sie über mich denken? Wie sicher bin ich also meiner selbst im Umgang mit dem Schweigen anderer?

● Gehen Sie auf die Suche:
  Das „Unangenehme im anderen“ bei sich, in sich finden!
  Was hat das Unangenehme in Ihnen mit Ihrer Lebensgeschichte zu tun?
  Finden Sie die Wurzeln dafür?

Und schließlich: Des öfteren sehen wir das Unangenehme (was wir bewertend mit negativ bezeichnen) so stark, daß wir das Angenehme (was wir bewertend mit positiv bezeichnen) viel zu wenig oder gar nicht mehr wahrnehmen. Das be-

ginnt schon damit, daß Menschen meist – spontan gefragt und spontan antwortend – über sich weitaus mehr „Negatives“ äußern als „Positives“.
Bis hinein in die Kindheit wurde die Erfahrung gemacht: Was falsch war, wurde kritisiert und getadelt, was richtig war, wurde kaum zur Kenntnis genommen bzw. als selbstverständlich erwartet:
Gelobt wurde nie! (Zu viel Lob könnte ja Überheblichkeit erzeugen.)
Getadelt wurde oft! (Tadel ist für die Veränderung notwendig.)
Was erzeugt zu *viel* Tadel?
Was erzeugt zu *wenig* Lob?

- Welche Erfahrungen haben *Sie* mit Lob und Tadel? Etwa diese: „Nichts gesagt, ist genug gelobt.“

„Abgeforstet
wenn ich endlich
einmal eine
gute note
nach hause brachte
sagte meine mutter
‚zufall‘
damit ich mir
nichts einbilden sollte und mir
‚die bäume nicht
in den himmel wachsen‘“
(Hans-Curt Flemming: Ein Zettel an meiner Tür. Berlin 1987)

Umgang mit der Realität: Ihre *äußere* Realität, die Ihnen des öfteren Schwierigkeiten macht, ist oft nichts anderes als der Spiegel Ihrer *inneren* Wirklichkeit. Oder umgekehrt: Je mehr Sie mit Ihrer eigenen inneren Wirklichkeit, mit Ihren Wünschen und Hoffnungen, mit Ihren Sehnsüchten und Bedürfnissen zurechtkommen, desto fähiger werden Sie im Umgang mit Ihrer äußeren Realität: „Die sogenannte Umwelt ist in Wirklichkeit ein Spiegel, in dem jeder Mensch lediglich sich selbst erlebt ... So ist auch die Beobachtung der eigenen Umwelt und der Ereignisse, mit denen man konfrontiert wird, eine der besten Methoden der Selbsterkenntnis, denn alles, was in der Außenwelt *stört,* zeigt lediglich an, daß man selbst mit dem analogen Prinzip *in sich selbst noch nicht ausgesöhnt* ist." (Thorwald Dethlefsen: Schicksal als Chance. München 1988/23, S. 81 und S. 83. Hervorhebungen R. M.)

4. Einstellungen und Sichtweisen ändern

In einer Literflasche befindet sich ein halber Liter Flüssigkeit.

- Was meinen Sie: Ist die Flasche halb*leer* oder halb*voll*?

(Sie können jetzt natürlich *argumentieren*: Sie ist halbvoll, wenn sie gefüllt wird, und halbleer, wenn sie geleert wird.) Die Beantwortung der Frage ist aber keine Sache der *Argumentation*, sondern hängt letztlich von der jeweiligen Einstellung und Sichtweise ab:

halbleer:	halbvoll:
– Ich sehe fünf Schüler/innen, die sich während der Pause schlagen und treten,	– und ich beachte zu wenig die 127 Schüler/innen, die friedlich miteinander umgehen, spielen, fröhlich sind ...
– Ich bin ärgerlich über die sieben Schüler/innen, die keine Hausaufgaben gemacht haben,	– und deswegen freue ich mich kaum mehr über die 17 Schüler/innen, die sie gemacht haben.
– Ich beklage die drei Sechser im Diktat,	– und ich betone zu wenig die vier Einser.
– Ich bin ungeduldig wegen Peter, der dauernd dazwischenredet,	– und ich achte zu wenig auf die 23 Schüler/innen, die zuhören.
– Ich bin sauer, weil die Jungen der 8b in der Küche nicht aufgeräumt haben,	– und ich vergesse, die Mädchen zu loben, die bereits fast alles sauber gemacht haben.

- Ich beschwere mich über das rüpelhafte Benehmen einiger Schüler/innen,
- Ich ärgere mich über die schlechten Leistungen im Fach Deutsch,
- Ich schimpfe auf die Bequemlichkeit mancher Schüler/innen,

- und ich denke zu wenig an meine hilfsbereite 5c, über deren Verhalten ich sehr froh bin.
- und ich sehe zu wenig die Ergebnisse im Fach Werken.
- und ich nehme zu wenig die Aktivitäten vieler beim Schulfest wahr.

● Welchen Inhalt haben *Ihre* halbleeren und halbvollen Flaschen?
Sind Sie nach vielen Dienstjahren bereits ein „Rotstiftprofi“ geworden („Wo sind denn die Fehler?“) oder haben Sie sich noch Ihren „pädagogischen Freiblick“ erhalten können?

Es kommt auf die Einstellung an!
„Es sind niemals die Umstände selbst, die unser Gemüt tangieren, sondern lediglich unsere Einstellungen zu den Umständen.“ (Thorwald Dethlefsen ... S. 74.)
Es gibt immer wieder Menschen, die an meine Einstellung „anklopfen“ und sie in Frage stellen:

- Regina, 5b, sagte einmal seufzend zu mir: „Ach, Herr Miller, Sie sind immer so nett zu uns und müssen doch immer darauf achten, was wir alles *falsch* machen!“ (Der Satz hat mir einen Stich gegeben, und ich bin mir wie ein pädagogischer Polizist vorgekommen.)
- Ich höre den Rektor einer Sonderschule sagen: „Wir bemühen uns zu sehen, was die Schüler/innen alles *können* und nicht so sehr, was sie nicht können.“

Manchmal erlebe ich mich in der Schule zwischen diesen extremen Positionen: Mal zieht es mich auf die eine, mal auf die andere Seite, nämlich ein pädagogischer Polizist (welch ein Widerspruch!) und/oder ein therapeutischer Helfer zu sein.

- Wo ist Ihre Position?
  Mit welchen Einstellungen gehen Sie in die Schule?
  Und vor allem:
  Welche Einstellungen und Sichtweisen haben Sie als belastend und welche als entlastend empfunden?

Einstellungen sind gelernt worden und können deshalb auch wieder geändert und verlernt werden. Es gibt keine ewigen Einstellungen, Grundhaltungen und Sichtweisen!
Einstellung = Ich stelle mich auf mich selbst, auf andere, auf Situationen, auf Gegebenheiten ... ein.

Ich kann z. B.	Ich kann z. B.
– die umfangreichen Unterrichtsvorbereitungen beklagen;	– mich auf meine freien Nachmittage freuen;
– mich über die „blöden, faulen, frechen ...“ Schüler/innen aufregen;	– sehen, daß sie mich und meine Hilfe brauchen;
– mich in die Ferien flüchten;	– mich in der Schule engagieren;
– unter der Schule leiden.	– mich in der Schule wohlfühlen.

Ich muß nicht immer nach Mallorca fliegen. Ich kann etwas von dem, was ich dort suche, ab und zu auch in meinem Klassenzimmer erlebbar machen!

- Worüber schimpfen Sie (dauernd)?
  Was haben Sie bisher verändert?
  Wo liegt *Ihr* „Mallorca“?

Übrigens auch eine Sache der Einstellung: Sie können über das Wetter schimpfen ... oder die Kleidung wechseln und sich entsprechend anziehen! Wir können jammern und klagen und schimpfen und fluchen, wir können resignieren, in Depressionen fallen, uns Krankheiten aussuchen, auf Ferieninseln flüchten ... Vor uns selbst werden wir nie flüchten können. Wir haben es selbst in der Hand, ob und inwieweit wir unsere Einstellungen ändern; z. B.:

a) Ich reduziere meine Ansprüche:
Ich ärgere mich nicht mehr, daß meine Schüler/innen keine Spitzenleistungen bringen, sondern ich bin froh über ihre Mitarbeit, über ihre persönlichen Bemühungen. Ich sehe nicht mehr so sehr *meine* Meßlatte, sondern deren subjektives Lernen.

b) Ich lasse mich nicht mehr vereinnahmen:
Ich bin nicht mehr für jeden und alles zuständig und kann mehr für mich bleiben. Jede „Über-Aktivität" für mich nimmt anderen die Chance und Gelegenheit, selbst aktiv zu werden. Ich habe die Balance gefunden zwischen „für mich sein" und „für andere da sein". Jetzt fühle ich mich wohler.

c) Ich schaffe mir Freiräume:
Ich trenne zwischen Schul- und Privatleben. Ich kann inzwischen besser abgrenzen. Aber da, wo ich dann bin, kann ich ungeteilt sein, und ich fühle mich nicht mehr hin- und hergerissen.

d) Ich beziehe Äußerungen nicht (mehr) sofort auf mich:
Aus Äußerungen von Personen (auch wenn sie „Du-Botschaften" sind) höre ich vermehrt heraus, was die einzelnen Personen von und über sich sagen. Ich „ziehe mir nicht mehr die Schuhe anderer an"!

e) Ich vertraue mir und anderen:
Ich habe Vertrauen zu mir und meinen Fähigkeiten bekommen. Das Vertrauen zu mir selbst ermöglicht es mir, auch stärker Vertrauen zu anderen zu haben. Es entlastet mich, wenn ich dadurch Verantwortung abgeben kann.

Sie haben Ihre Einstellungen gelernt, übernommen, aufgezwungen bekommen, internalisiert, abgelegt, verändert, revidiert usw.

- Haben sich im Laufe Ihrer Lehrer/innenjahre Ihre Einstellungen in folgenden Bereichen verändert?
  - Erziehung und Erziehungsstile,
  - Leistung und Bewertung,
  - Kommunikation und Kooperation,
  - Anpassung und Widerstand,
  - Gehorsam und Freiheit,
  - Sensualität und Sexualität.

- Was hat sich in all den Jahren in Ihnen geändert?
  Wenn Sie an Ihre Lebensgeschichte denken: Wo sind die Wurzeln Ihrer Einstellungen und Sichtweisen, und wo liegen die Ursachen, daß Sie sie geändert bzw. nicht geändert haben?

Wir haben viel zu viele Vorurteile gelernt, viel zu viel „Schubladendenken" uns angeeignet, und jetzt werden wir das, was in uns eingepflanzt ist, nicht mehr los. Und das Schlimme ist: Wir haben uns so sehr an das „Gefängnis der eingefrorenen Sichtweisen" gewöhnt, daß uns die „Freiheit der Einstellungsänderung" verunsichert, ängstlich und hilflos macht oder wir sie gar nicht mehr wahrnehmen. Wir legen uns und andere fest und wundern uns, daß wir uns mit gefesselten Händen nicht mehr umarmen können:
Die Menschen sind ja doch alle ... Männer sind ... Frauen sind ... Schwarze sind ... Weiße sind ... die Linken sind ... die Schüler/innen sind ... die Kolleg/innen sind ... die anderen sind ...

- Geben Sie sich und anderen Chancen zur Veränderung?
  Wen „nageln" Sie immer noch fest?
  Blicken Sie zurück: Sind Sie nicht überrascht und erstaunt über Ihre bisherigen Veränderungen?

Werden unsere Einstellungen und Sichtweisen aus eigenen Meinungen, aus unserer Phantasie oder aus Meinungen anderer gespeist oder ernähren wir sie vor allem aus unseren eigenen Wahrnehmungen und Erfahrungen? Sind wir unseren sinnlichen Wahrnehmungen (sehen, fühlen, riechen, ertasten, schmecken) näher als unseren Vorstellungen, Meinungen, Gedanken? Wo machen wir unsere Einstellungen und Sichtweisen fest?

Wir neigen gern zu Einseitigkeiten. Dies gibt uns – vermeintlich – Sicherheit. Nach mehreren Seiten offen sein, verunsichert. Aber Offenheit gibt auch anderen eine Chance, ihre Einstellungen und Sichtweisen zu äußern und zu leben. In *dieser* Offenheit hat dann auch die Phantasie ihren Platz:

– Was *könnte* der andere meinen oder sich gedacht haben?
– Was *könnte* die andere jetzt gefühlt und empfunden haben?
– Was *könnten* die anderen für Gründe gehabt haben?
– Wie *könnte* dies und das entstanden sein?

Phantasie in *diesem* Sinne kann also Einengung verhindern und den Blickwinkel öffnen: Phantasie entwickeln, um besser verstehen zu können!
Wie sehr es auf die eigene Einstellung und Sichtweise ankommt, zeigt folgender Vergleich:

Es gibt Lehrer/innen, die die Verhaltensweisen der Schüler/innen so sehen:	Es gibt aber auch Lehrer/innen, die dieselben Verhaltensweisen so sehen:
– vorlaut	– spontan
– still, unbedarft	– zurückhaltend, überlegend
– hektisch	– lebendig
– aggressiv	– durchsetzungsfähig
– unduldsam, stur	– zielbewußt
– ängstlich, verschlossen	– konzentriert, introvertiert
– schlampig	– großzügig
– angeberisch	– selbstbewußt
– schüchtern	– bescheiden
– rücksichtslos	– energisch

● Wie sehen Sie Ihre Schüler/innen, und wie werden diese von anderen Lehrer/innen gesehen?
Was haben Ihre Wahrnehmungen und Interpretationen mit Ihren Einstellungen zu tun?

Bin ich z. B. ein Mensch, der alles sehr genau nimmt und der sehr ordnungsliebend ist, so werde ich einen Schüler relativ rasch als schlampig bezeichnen. Bin ich beispielsweise in puncto Ordnung eher großzügig, werden meine Schüler/innen ebenfalls sehr großzügig sein können. Mir hilft es, wenn ich meine Einstellungen überdenke, um von daher mein Verhalten und meine Wirkweisen entsprechend einschätzen und ggf. revidieren zu können. Und auch hier gilt wieder:

Was haben die Wirkungen und die Eindrücke, die andere auf mich machen (still, zielbewußt, lebendig ...), mit *mir* zu tun? Warum wirken Schüler/innen auf *mich* so, während dasselbe Verhalten auf andere ganz anders wirkt?
Meine Wahrnehmungen und mein Verhalten sind also von meinen Einstellungen geprägt und werden von ihnen beeinflußt. Das hat Konsequenzen für meine Schüler/innen, z. B.:

Meine Einstellungen:	*Konsequenzen für die Schüler/innen:*
a) In Fragen der Erziehung bin ich eher	
– konservativ, autoritär,	______________________
– partnerschaftlich, offen,	______________________
– gleichgültig, indifferent.	______________________
b) Die Lehrer-Schüler-Beziehung ist für mich	
– sehr bedeutsam,	______________________
– zweitrangig,	______________________
– sehr problematisch.	______________________
c) Leistung in der Schule	
– hat für mich Vorrang,	______________________
– kommt für mich nach der Person,	______________________
– betrachte ich als notwendig.	______________________
d) Meine politische Haltung ist	
– ausgeprägt fortschrittlich,	______________________

– eher zurückhaltend, ____________________

– bewußt konservativ. ____________________

- Was meinen Sie: Inwieweit wirken sich Ihre Einstellungen *belastend* auf die Entwicklung Ihrer Schüler/innen aus? (Erziehen Sie sie eher nach *Ihren* Leitbildern oder fördern Sie die Schüler/innen bei der Suche nach eigenen Einstellungen?)

Ich empfinde es als Entlastung und im Leben in der Schule als förderlich, wenn ich

– meine Einstellungen und Sichtweisen transparent mache,
– mich „in Frage stellen lasse", d.h., wenn ich – im wahrsten Sinn des Wortes – „frag-würdig" bin,
– meine Einstellungen und Sichtweisen nicht verteidigen muß, sondern wenn ich offen mit ihnen umgehen kann,
– meine Einstellungen und Sichtweisen nicht als endgültig betrachten muß, sondern sie auch ändern und verändern kann.

Und immer wieder frage ich mich:
– Woher habe ich meine Sichtweisen und Einstellungen? Wie drücken sie sich aus? Welche Wirkungen haben sie? Was verfolge ich mit ihnen? Wie hilfreich und sinnvoll sind sie für mich und andere? Was bedeuten sie mir, und wie wichtig sind sie mir? Wie fest klammere ich mich an sie, und wie leicht gebe ich sie auf?

Bei der Beantwortung meiner Fragen ist mir auch immer wieder der Begriff des positiven Denkens begegnet. Die Literatur darüber ist zahlreich, und der Begriff läßt sich auf dem Psychomarkt auch gut verkaufen. Positives Denken ist allerdings weder rezeptpflichtig noch verschreibbar, weder herbeizuzaubern noch machbar. Es kann nur entstehen, wachsen und sich entfalten, wenn in uns und um uns herum *Bedingungen* geschaffen werden, die den entsprechenden Nährboden bilden. Wo und wie soll positives Denken entstehen, wenn Bewertungen, Vorurteile, körperliche und seelische Verletzungen, Einsamkeit, Neid, Eifersucht, Besitzden-

ken zu den überwiegenden Erfahrungen von Menschen gehören?
Diese negativen Erfahrungen machen sich dann auch in meinem Denken und Handeln bemerkbar: Ich kritisiere, werte ab, negiere, ironisiere, bagatellisiere, heuchle ... Und in gleichem Maße bekomme ich dieses Denken und Handeln zurück. Ein Kreislauf!
Erst die Erfahrung, daß ich akzeptiert, beachtet und geliebt werde, ermöglicht es mir, mein negatives Denken umzupolen und in positives Denken zu verwandeln: Ich nehme mich wahr und akzeptiere mich; ich nehme andere wahr und akzeptiere sie, so wie sie sind. Ich sehe vermehrt, was ein Mensch kann und ist, ich sehe halbvolle Flaschen und nicht halbleere ... Ich denke positiv und handle entsprechend, weil mein Denken und Handeln der Ausdruck meiner Lebensweise, meines Lebensgefühls und die Summe meiner Erfahrungen ist: Es hat Sinn und gibt Sinn, das Leben zu bejahen!

- Wie stehen Sie zum positiven Denken?
  Wie bejahend schätzen Sie Ihr Denken und Handeln ein?
  Haben Sie durch akzeptierende Verhaltensweisen Entlastungen erfahren?

Auf meinem Weg zum Wohlfühlen in der Schule haben sich meine Einstellungen und Sichtweisen immer wieder gewandelt: Meine Erfahrungen haben zugenommen, die Realitäten sich verändert, und andere Menschen haben Einfluß auf mich:

Früher:	Heute:
– Ich habe des öfteren Maßstäbe für andere gesetzt und Druck ausgeübt, damit sie erfüllt werden. Ich habe für andere Verantwortung und Handeln übernommen.	– Ich bin für meine Maßstäbe verantwortlich, andere Menschen für ihre. Wir stimmen uns gegenseitig ab im Miteinander von Einfühlung und Akzeptanz.

– Ich habe häufig an anderen „herumgeschnitzt“, damit diese in mein Lebenspuzzle paßten.	– Ich lasse andere in ihrer Lebensweise sein und erfreue mich an deren eigenem Puzzle.
– Schule war für mich der Lernort schlechthin, und ich habe ihn (fast) absolut gesetzt. (Z. B.: Abitur geht über alles!)	– Für mich ist Schule *auch* Lernort, und ich nehme sie wichtig. Aber auch anderswo ist qualifiziertes Lernen möglich.
– Ich habe mein Augenmerk stärker auf sachliches und stoffliches Lernen gerichtet.	– Das persönliche Lernen ist mir bedeutsamer geworden, und Schule als *Lebens*ort hat Vorrang.

Und immer wieder war und bin ich dankbar für Rückmeldungen von Menschen in der Schule, z. B.:

a) Kaugummikauen im Unterricht hielt ich früher für „unmöglich“. Als Regina mir eines Tages erklärte, Kaugummikauen würde sie beruhigen und vom Fingernägelkauen ablenken, war Kaugummikauen für *mich* kein Problem mehr.
Von Regina habe ich gelernt: Es geht nicht um generelle Verbote und um formale Ordnung, sondern darum, was für uns einzelne und als Gemeinschaft sinnvoll ist.
b) Während einer intensiven Unterrichtsstunde warf Peter plötzlich den Füller hin und sagte: „Ich mag (= kann) nicht mehr!“ Und ich sah ihm an, daß er es ernst meinte. Früher hätte ich aufs Weitermachen gepocht. Nun konnte Peter entscheiden, ob er im Unterricht oder zu Hause die Arbeit beendigen wollte.
Von Peter habe ich gelernt: Hab Vertrauen zu dir und deinen Schüler/innen, selbst auf die „Gefahr“ hin, manchmal enttäuscht zu werden. Woher sollen sie Vertrauen bekommen, wenn sie bei mir nur Mißtrauen spüren?
c) Früher stand ich als „Anfangslehrer“ nicht in der Warteschlange, um in der Pause Brötchen beim Bäcker zu kaufen, sondern ich holte mir mein Essen *vor* den Schüler/innen wie übrigens alle anderen Lehrer/innen auch.

Bis mich Ralph in die Seite boxte und fragte, warum ich mich nicht anstellen würde.
Von Ralph habe ich gelernt: In einigen Bereichen sind wir in der Schule alle gleich und haben keine Privilegien. Und über das Thema „Der Lehrer als Vorbild" habe ich mir auch Gedanken gemacht.

d) Eine Kollegin, M. L., schrieb mir bei meinem Weggang von der Schule: „Die Anforderungen, die Du manchmal an mich (uns) gestellt hast, sowohl im beruflichen wie im menschlichen Bereich, waren für mich nicht gering und manchmal sogar unerfüllbar. Aber auch dann hatten sie noch ihr Gutes, sie hinterließen zumindest ein schlechtes Gewissen oder den Ansporn, sie irgendwann doch noch erfüllen zu können."
Von M. L. habe ich gelernt: Die Anforderungen gelten nur für mich. Ich kann sie nicht auf andere übertragen. Ich kann Wünsche äußern und im Dialog bleiben. Ich möchte kein schlechtes Gewissen beim anderen erzeugen, wohl aber Denk- und Gefühlsanstöße geben.

Ich fühle mich wohl bei dem Gedanken, von Schüler/innen und Kolleginnen und Kollegen lernen zu können. Wir können uns gegenseitig mitteilen, weil wir offen füreinander sind.
Und ich habe erfahren, daß ich bei meinen (des öfteren festgefahrenen) Einstellungen und Sichtweisen gar nicht beharren und sie festhalten kann, wenn ich mich in Beziehung zu anderen Menschen begebe. Ich habe Standpunkte, bestimmte Verhaltens- und Ausdrucksweisen, entsprechende Lebensformen. Sie sind für mich wichtig und bedeutsam, aber nicht unverrückbar. In der Begegnung mit Menschen relativieren sie sich, bekommen verschiedene Farben, wandeln sich und werden unterschiedlich lebendig. Wenn wir gemeinsam nach dem Sinn unseres Handelns fragen, werden sich auch unsere Einstellungen ändern können. Wir erfahren dann Veränderung als Befreiung und Entlastung!

5. Autonomie anstreben

- Wundern Sie sich, daß Sie diesen Abschnitt im Kapitel „Entlastungen ermöglichen“ vorfinden?
  Wie sind Ihre Erfahrungen:
  Empfinden Sie „Autonomie anstreben“ als *Be-* und/oder *Ent*lastung? Z. B. etwa so:

Belastung:	*Entlastung:*
– Ich fühle mich verunsichert.	– Ich fühle mich stabiler.
– Ich fühle mich überfordert.	– Ich fühle mich erleichtert.
– Ich fühle mich in Frage gestellt.	– Ich fühle mich in meinem Selbst gestärkt.
– Ich fühle mich erdrückt.	– Ich fühle mich kaum Zwängen unterworfen.
– Ich spüre die große Verantwortung.	– Ich fühle mich gefordert und gefragt.
– Ich fühle mich isoliert.	– Ich fühle mich unabhängig.

- Was ist Ihr Beweggrund, Autonomie anzustreben, um damit letztlich Entlastungen zu erfahren?

(Übrigens: Erinnern Sie sich? Im 5. Abschnitt des 2. Kapitels „Seelisch gesund sein“, S. 99ff., zählt der Begriff Autonomie zu den Merkmalen *seelischer Gesundheit*!)
Der *für mich* wichtigste Grund, Autonomie als Entlastung anzustreben und möglichst viel an Selbstbestimmung zu erreichen, anstatt Fremdbestimmung zu erfahren, besteht in der Erkenntnis: Ich bin mir am nächsten und der einzige, der am besten weiß und empfindet, was gut, richtig und „stimmig“ für mich ist, vorausgesetzt, ich habe (wieder) gelernt, mich intensiv wahrzunehmen, in mich hineinzuhören, mich in mein Selbst, mein Wesen einzufühlen und direkten „Kontakt mit mir selbst“ zu haben. Von meinem Wahrnehmen und Erleben her wähle ich aus, entscheide, verantworte

ich und trage die Konsequenzen. Von daher erfahre ich Wohlbefinden.
Wirkliche Selbständigkeit und wirkliche Selbstfindung „ist Findung des eigenen Selbst, ohne andere zu fragen, was sie davon halten, wie sie mein Selbst bewerten. Es ist schwer, diese Autonomie zu finden, es ist so gut wie unmöglich in einer Gesellschaft, die vom Babyalter an den Menschen manipuliert. Wir bleiben Manipulierte bis zum Grab, wenn wir diesen Prozeß nicht durchschauen und Schluß damit machen. Wir dürfen also nicht mehr andere fragen: Wer bin ich? Wir müssen uns selbst fragen, niemanden sonst, denn wer und was wir sind, liegt in uns selbst ... Wir finden uns nicht mehr im anderen wieder, sondern wir finden uns nur in uns selbst. In dieser praktischen Erkenntnis zeigt sich wirkliche Autonomie". (Peter Lauster: Die Liebe – Psychologie eines Phänomens. Reinbek 1988, S. 74f.)
So betrachtet ist Autonomie weit mehr als die „freie Entscheidung für bestimmte Zwänge" oder, noch schärfer formuliert, die Wahlfreiheit, in welche Gefängnisse ich mich begebe:

Autonomie:	*Nicht-Autonomie:*
Ich nehme mich wahr,	Andere nehmen für mich wahr,
ich entscheide selbst,	andere entscheiden für mich
ich wähle, „wie ich mit mir selbst umgehe". (Jacqueline Lair/Walther Lechler ... S. 279)	und lassen mich dann mit der Verantwortung und den Konsequenzen allein ...

Der Ausgangspunkt ist Autonomie als „derjenige *Zustand der Integration,* in dem ein Mensch *in voller Übereinstimmung mit seinen eigenen Gefühlen und Bedürfnissen* ist". (Arno Gruen: Der Verrat am Selbst. Die Angst vor Autonomie bei Mann und Frau. München 1986/2, S. 17) Aus dieser „vollen Übereinstimmung" des eigenen Selbst richtet sich der autonome Blick auf die Bedürfnisse der anderen und der damit verbundenen Aufgabe der Integration und Balance der verschiedenen Ansprüche, einschließlich der Bewältigung bestimmter Konsequenzen bis hin zu schmerzvollen Erfahrungen.

- Vielleicht haben Sie bisher Autonomie unter anderen Gesichtspunkten betrachtet?
  Welche Gedanken haben Sie jetzt?

Weitere Ausführungen von A. Gruen haben mir zu denken gegeben und zugleich Hoffnungen gemacht:
„Im allgemeinen verstehen wir unter Autonomie ... etwas, was mit der *Behauptung der eigenen Wichtigkeit* und Unabhängigkeit zu tun hat. Das gilt insbesondere für ein Selbst, das, bewußt oder unbewußt, der Ideologie des Herrschens entspricht." Autonomie hat aber nichts damit zu tun, „ständig Beweise der Stärke und Überlegenheit liefern zu müssen". (A. Gruen ... S. 17, Hervorhebung R. M.)
Autonom sein heißt auch, sich so sehen zu können, wie man ist: Ich weiß um meine eigene Inkompetenz *und* um meine Stärken und gleichzeitig um die Schwächen und Stärken meiner Mitmenschen. Die Chance der Änderung und die Reduzierung von Ängsten bei diesen Veränderungen besteht im Wissen über diese Gemeinsamkeit. So lösen sich alte Strukturen langsam auf, und alternative Wege zeigen sich.

Autonomie als Prozeß steht im Spannungsfeld der beiden Pole:
- Unabhängig sein und nicht mehr andere fragen: Wie soll ich sein? Wie magst du mich? Innewerden und begreifen, was *in* uns ist und uns annehmen, wie wir *sind* und was aus uns *werden* kann. Auf unsere eigenen Erfahrungen vertrauen und gleichzeitig
- offen sein für die Mitteilungen anderer Menschen über uns und unsere Wirkungen. Deren nützliche Anstöße aufnehmen und deren eigene Erfahrungen akzeptieren und als Konsequenzen Missionieren und Bekehren sein lassen. (Bin ich autonom genug, dem anderen sein Anderssein zu belassen?)

Der Rückzug in die Nicht-Autonomie geschieht häufig aus Angst, abgelehnt zu werden. So gesehen fallen wir aber in eine vermeintliche Sicherheit, in eine Scheinsicherheit zu-

rück: „Dein Verhalten wird dir vorgeschrieben, jemand anders sagt dir, wie du dich zu verhalten hast. Dadurch versteckt man sich und bleibt in Sicherheit." (A. Gruen ... S. 28 f.) Das heißt: Flucht vor Autonomie aus „Sicherheitsgründen"! Der Preis: Verrat am und Verlust des Selbst!
Ich gebe diese Scheinsicherheit auf, wage mich zwischen die beiden Pole und fühle, wie das Pendel ausschlägt. Die Antwort auf die Frage, wie die erstrebte Balance und Mitte erreicht werden kann, heißt *Stimmigkeit*! Stimmigkeit als Ausdruck und Erfahrung der Übereinstimmung des eigenen Fühlens, Denkens und Handelns im Kontext meines gesamten Umfeldes.
Autonomie in der Schule anzustreben heißt dann: Ich habe die *Wahl*, wie ich dort mit mir und den anderen umgehe und wie ich dort die „volle Übereinstimmung ..." (eine gewiß hohe Anforderung!) erreiche: Ein Weg, kein Zustand, ein Prozeß ...

- Wie denken Sie darüber?
  Welche Erfahrungen haben Sie bisher gemacht?
  Wo und wie haben Sie bisher Autonomie verwirklichen können?
  Ist „*Autonomie* in der *Schule*" für Sie ein Widerspruch?

Wie soll im Netzwerk von Regeln und Vorschriften, von Geboten und Weisungen „Autonomie anstreben" möglich sein?

- Paragraphen müssen erfüllt werden;
- Mehrheitsentscheidungen müssen akzeptiert werden;
- Regeln müssen eingehalten werden;
- Termine müssen beachtet werden;
- Lehrer/innen und Schüler/innen werden kontrolliert;
- usw.

Es wird deutlich: Autonomie kann nicht dort angesiedelt werden, wo ich keine Wahl habe (Regeln, Vorschriften ...). In einem so hochkomplexen Gebilde, wie es die Schule ist, müssen deshalb der Autonomiebegriff und das sogenannte „Autonomiemodell" anders betrachtet und relativiert werden:

„Das Gegenmodell zum Funktionalismus ist das die selbständige Entscheidung der Individuen betonende Autonomiekonzept. Der einzelne wird befähigt, über das ‚Räderwerk' zu reflektieren und die Frage nach dem Sinn der Teil- und Gesamtaufgaben zu stellen. Für die Schule: Die Schule selbst, der Lehrer und die Schüler erhalten Eigenverantwortung, die Schule als Gegenpol zur bloßen Anpassung, der Lehrer als Kompetenz für Inhalte und Methoden, die Schüler als Mitsprechende. Das Autonomiemodell ist nicht neu. Aber alle diese Ansätze (z. B. der reformpädagogische) scheiterten, weil sie eine von der gesellschaftlichen Realität losgelöste, sterile Scheinautonomie postulierten, die Interessen- und Machtverhältnisse mißachtete. *Autonomie ist kein Status, sondern ein Prozeß*, in dem immer stärker die Eigenständigkeit wächst." (Wolfgang Einsiedler: Schulpädagogik. Eine Einführung. Donauwörth 1975/2, S. 62f., Hervorhebung R. M.)

- Was verbinden Sie mit dem Begriff „Eigenständigkeit in der Schule"?
  Wie sieht *Ihre* Eigenständigkeit dort aus?
  Nehmen Sie (alle) Chancen wahr?
  Welche Konsequenzen hat das für Sie:
  Lehrer/innen und Schüler/innen werden „im Prozeß" immer eigen*ständiger*!

Wir erhalten also Möglichkeiten der Eigenverantwortung und streben an, Fremdkontrollen und Fremdbestimmung zu reduzieren. Das heißt aber gleichzeitig, daß wir auf *Selbst*kontrolle und ein daran gebundenes Ethos unseres eigenständigen Tuns nicht verzichten können. Wem dies zu anstrengend sein mag, der wird sich wohl wieder in Abhängigkeiten begeben und „auf den großen Zauberer, der etwas für sie tut", warten. (Jacqueline Lair/Walther Lechler ... S. 267)

- Auf welchen Zauberer in der Schule warten Sie?

Wir ändern zu selten etwas und verändern zu wenig. Stattdessen konstatieren wir, daß Autonomie nicht möglich sei, und schieben den „Schwarzen Peter" wieder anderen zu.

Wir schauen zu – wie in „Biedermann und die Brandstifter" –, wie andere um uns herum etwas tun, anstatt zu bestimmen, „wie ich mit mir selbst umgehe" und was ich *für mich* tun kann:

- Ich kann ja doch nichts machen, weil ...
- Ich bin zwar dagegen, aber ...
- Ich würde ja gerne etwas sagen, wenn ...
- Ich hätte ja auch getan, aber ...
- Es ging ja nicht, weil ...
- Ich hätte ja sollen, aber ...

● Was tun Sie für sich in der Schule?
Wo haben Sie die Wahl, mit sich und anderen umzugehen, damit es „stimmig" wird?

Doch: Es gibt auch immer wieder Grenzen, an die ich stoße:

Ich möchte:	*aber:*
– Sozialformen in der Klasse einführen,	– der Klassenlehrer plädiert weiterhin für Frontalunterricht.
– die Selbständigkeit der Schüler/innen unterstützen,	– der Schulleiter interpretiert dies als zu großen Freiraum.
– offenes Lernen und freie Arbeit stärker betonen,	– die Eltern befürchten dadurch einen Leistungsabfall ihrer Kinder.
– die Kreativität der Schüler/innen fördern,	– der Stoff- und Leistungsdruck sind des öfteren unüberwindliche Hürden.
– die Schule kindgemäßer gestalten,	– die anderen halten dies für nicht notwendig.
– den Schüler/innen mehr Erfahrungsraum geben,	– die anderen halten dies für zu risikoreich und gefährlich.

usw.

● Autonomie, *falsch verstanden*: Wer setzt sich hier durch?

Die „volle Übereinstimmung“ im Fühlen, Denken und Handeln kann nicht immer erreicht werden. Die äußeren Möglichkeiten sind begrenzt, und, wie bereits erwähnt, Autonomie zeigt sich nicht in der „Behauptung der eigenen Wichtigkeit“ und im Durchsetzungsvermögen eigener Interessen. Die Tür zur Autonomie geht deshalb weit mehr nach innen als nach außen auf, und wieviele „Blumen“ ich in meiner „Zelle“ pflanze, hege und pflege, bestimme ich. Den Einengungen von außen setze ich Entfaltungen von innen entgegen, z. B.:

– Ich bin in Fühlung, in Kontakt mit mir:	– Ich erspüre, was mir gut tut, was ich brauche, was für mich wichtig ist, und ich höre nicht mehr so sehr auf andere ...
– Ich bestimme selbst:	– Ich bestimme von *meinen* Bedürfnissen her und höre nicht auf „Bedürfnisempfehlungen“ der anderen, was ich zu tun, zu machen ... hätte.
– Ich bin selbständig:	– Ich habe Vertrauen zu meinen Erfahrungen, zu meinem Auswählen und zu meinen Entscheidungen.
– Ich kann für mich sein:	– Ich achte verstärkt auf meine Wahrnehmungen: Ich bin vermehrt *bei* mir und nicht auf der Flucht *vor* mir.

● Welche Möglichkeiten haben Sie, sich den Einengungen von außen zu entziehen?
Nutzen Sie alle Ihre Möglichkeiten zur Selbständigkeit?

Eine Lehrerin: „Mein Vertrauen in mich selbst ist gewachsen, und ich kann mehr aus mir selbst holen und brauche weniger von außen. Wobei auch das Bewußtsein immer stärker wird, daß die Angst, von außen könne irgendwann einmal gar nichts mehr kommen, unbegründet ist. Und immer deutlicher sehe ich auch, daß ich nicht ‚im Eck‘ zu sitzen und zu warten brauche, sondern daß ich selbst gehen kann.“

Ich erfahre Autonomie als Entlastung, wenn mir bewußt wird, daß ich wählen kann, „wie ich mit mir umgehe“:

Meine Autonomie:	Anstelle von:
Ich warte nicht mehr ab, bis andere auf den Gedanken kommen, sich um mich zu kümmern, sondern ich kümmere mich um mich selbst.	– Hoffentlich läßt man mich nicht im Stich. – Mir ist ja doch nicht zu helfen. – Ich will nicht egoistisch sein.

Z. B.: Während einer Gruppenarbeitsphase, in der die Schüler/innen intensiv (und relativ lautstark) arbeiten, erlaube ich mir, mich für einige Minuten innerlich zurückzuziehen: Ich reflektiere den bisherigen Unterricht und nehme mich selbst verstärkt wahr. Ich entspanne mich und werde ruhig. Diese wenigen Minuten, in denen ich mich um mich kümmere und für mich sorge, tun mir gut, und auch die Schüler/innen werden anschließend spüren, daß sich dies für sie positiv auswirkt.

Meine Autonomie:	Anstelle von:
Ich äußere mich, wenn es mir wichtig erscheint, wenn ich dadurch mitbestimmen und etwas verändern kann.	– Ich werde ja doch nicht ernstgenommen. – Die Meinungen anderer sind wichtiger. – Ich blamiere mich ja doch.

Z. B.: Ich erlebe es immer wieder, daß Kolleginnen und Kollegen in Konferenzen sich zu bestimmten Themen nicht äußern, jedoch im Anschluß daran einzelnen Personen gegenüber ihre Meinung kundtun und/oder über nichtanwesende dritte reden, anstatt sich direkt an sie zu wenden.
Ein autonomer Mensch äußert sich zum *gegebenen* Zeitpunkt und demjenigen Menschen gegenüber, den es betrifft. Er entscheidet sich, steht zu seinen Entscheidungen und jammert nicht hinterher über bereits abgelaufene Entscheidungsprozesse. Dabei nimmt er Reibungen, Meinungsverschiedenheiten und Unbehagen in Kauf, und er steht zu seinen Äußerungen und Handlungen. Die Reaktionen der an-

deren sind ihm nicht gleichgültig, aber er fühlt sich für sie nicht verantwortlich.

Meine Autonomie:	Anstelle von:
Ich greife ein, wenn ich es für notwendig erachte, und ich warte nicht, bis sich ohne mein Zutun „etwas" ändert.	– Ich bin ja doch nicht so wichtig. – Es wird schon werden. – Da kann ich doch nichts machen. – Es wird auch ohne mich gehen.

Z. B.: Während einer Lehrerkonferenz griff ein Kollege den Schulleiter verbal heftig an, worauf dieser ihm gegenüber aggressiv reagierte. Auch in den folgenden Minuten zeigte er sich den anderen Kolleg/innen gegenüber sehr gereizt. Ich empfand die Lage sehr angespannt und konnte/und wollte in dieser Stimmung nicht mehr sachlich weiterarbeiten.
So brachte ich mein Empfinden (Ich fühle mich nicht mehr wohl), meinen Eindruck (gereizte Atmosphäre) und meine Sichtweise (Replik auf den Vorfall) zur Sprache. Ich bat um Klärung der momentanen Situation und äußerte den Wunsch, im Anschluß daran wieder gemeinsam weiterzuarbeiten. Mir war mein Eingreifen wichtig, und ich erachtete die Lösung der angespannten Situation als Voraussetzung für eine fruchtbare Weiterarbeit für notwendig.

Meine Autonomie:	Anstelle von:
Ich höre auf mich und entscheide mich dann entsprechend, anstatt Entscheidungen anderen zu überlassen.	– Auf mich kommt es doch nicht an. – Die anderen haben den besseren „Durchblick". – Ich begebe mich nicht aufs Glatteis.

Z. B.: Der überwiegende Teil eines Kollegiums entschied sich dafür, einem Schüler einen zweitägigen Schulausschluß anzukündigen. Eine Kollegin sah noch nicht alle anderen Einflußmöglichkeiten ausgeschöpft und vor allem: Sie spürte noch nicht die „Stimmigkeit" für die oben genannte Entscheidung. So entschied sie sich gegen die überwiegende

Mehrheit. Ihr war ihre innere Stimme wichtiger als die „Verlockung“, zur Mehrheit zu gehören. (Ich hoffe, Sie schieben jetzt diese Kollegin nicht in das Schubfach „unverbesserliche Optimistin“!)

Meine Autonomie:

Ich wähle aus und verantworte mein Tun. Meine Selbstverantwortung wächst.

Anstelle von:

– Ich halte mich da raus.
– Das kann ich nicht verantworten.
– Ich gehe kein Risiko ein.

Z. B.: Eine Kollegin hatte über längere Zeit ziemliche Probleme mit einer anderen Kollegin, und sie spürte, daß sich dieser Konflikt ins ganze Kollegium hinein ausweitete. Sie wählte deshalb die Möglichkeit (nach gewissenhafter Überlegung und Vorbereitung), ihr Problem dem ganzen Kollegium zu äußern. Sie verantwortete ihr Tun, obwohl sie wußte, daß sie durch ihre persönlichen Aussagen einige Steine ins Rollen bringen würde. Sie war sich ihres Risikos bewußt, hoffte aber gleichzeitig auf Verbesserung des gesamten Klimas und auf Reduzierung der Spannungen.

Meine Autonomie:

Ich akzeptiere Realitäten, Grenzen, Gegebenheiten und schöpfe vermehrt *meine* Möglichkeiten aus.

Anstelle von:

– Wenn meine Ausgangsposition eine andere wäre, dann ...
– Ich habe ja doch keine Chance.
– Ich vergeude nur unnötig meine Kräfte.

Z. B.: Ich akzeptiere die Übernahme der Klasse 7c und versuche, das Beste daraus zu machen. Ich arbeite im Team mit und versuche, mich zu arrangieren. Ich stoße mich nicht mehr an bestimmten Verordnungen, sondern ich suche nach dem dahinterliegenden Sinn und nach meinen Wahlmöglichkeiten ... (Vgl. auch 5. Kapitel, 3. Abschnitt: „mit Realitäten umgehen“ S. 276ff.)

Hinweis: Meine Autonomiebeispiele nahm ich bewußt aus der Erwachsenenwelt, da sich Kolleginnen und Kollegen *un-*

tereinander schwer tun, autonom zu sein. Schüler/innen gegenüber *meinen* sie, autonom zu sein. In Wirklichkeit entpuppt sich ihr „autonomes Verhalten" des öfteren als autoritäres Verhalten. Und: Weil wir selbst dominantes Verhalten (in unserem eigenen Erziehungsprozeß) stärker internalisiert haben, fällt es uns schwerer, unter Erwachsenen autonom zu sein.

- Wie denken Sie darüber?
  Welche Beispiele der Autonomie finden Sie für sich?
  Wieviel Nicht-Autonomie finden Sie bei sich und anderen?
  Welche Gründe vermuten Sie dafür?

Der Weg zur Autonomie ist so beschwerlich, weil wir überwiegend nicht-autonome und abhängigkeitsträchtige Lernmuster internalisiert haben, die nicht von heute auf morgen auswechselbar sind. Autonomie anstreben heißt deshalb auch, die Scheinsicherheiten aufgeben, Risiken eingehen, Ängste aushalten, Unsicherheiten in Kauf nehmen. Wer will das? Wer kann das?
So beginnt auch hier wieder der Änderungsweg als Leidensweg: Der eigene Leidensdruck, der sich durch seelische und/oder körperliche Symptome zeigt, ist vorwiegend das Motiv, sich auf den Autonomieweg zu begeben. Er kann folgende Schritte beinhalten:

– Ausgangspunkt: Nicht-Autonomie als vertrautes Lernmuster;
– Zunahme an Leidensdruck durch die Erfahrung von Abhängigkeiten, Zwängen und Un-Stimmigkeiten;
– Reflexion und Erfühlung bisheriger abhängiger Lebensweisen und deren Folgen;
– allmähliche Änderung von Einstellungen und Verhaltensweisen;
– Zunahme an Autonomie und Wohlbefinden.

- Wie sieht Ihr Autonomieweg aus?

Ich strebe Autonomie an:
– ich werde selbständiger,

– ich werde unabhängiger,
– ich werde ruhiger,
– ich fühle mich stärker,
– ich bin mir selbst nahe,
– ich verändere mich,
– andere verändern sich,
– „es“ verändert sich,
– ich spüre mich ...

Auf dem Weg, immer stärker Autonomie anzustreben und zu realisieren, habe ich bei Albert Ellis (Die rational-emotive Therapie. München 1982/3, S. 63ff.) Aussagen gefunden, die mir sehr hilfreich sind. A. Ellis zeigt auf, wie irrationale Ideen psychische Störungen verursachen können und wie sehr Menschen sich an *Vorstellungen* klammern, anstatt *ihre eigenen Kräfte* wahrzunehmen, auf ihre Erfahrungen zu hören und sich stärker auf sich selbst zu besinnen. Autonom sein heißt also in diesem Zusammenhang zu wählen, wie ich mit mir selbst umgehe, anstatt mich von irrationalen Ideen leiten und bestimmen zu lassen:

Irrationale Ideen/ Irrglauben:	*Ich befreie mich davon:*
„Die Meinung, es sei für jeden Erwachsenen absolut notwendig, von praktisch jeder anderen Person in seinem Umfeld geliebt oder anerkannt zu werden.“	Ich akzeptiere und anerkenne mich. Ich werde unabhängiger von der Akzeptanz und Liebe anderer, aber ich freue mich über jeden Menschen, der mich beachtet und achtet.
„Die Meinung, daß man sich nur dann als wertvoll empfinden dürfe, wenn man in jeder Hinsicht kompetent, tüchtig und leistungsfähig ist.“	Meine Empfindung, wertvoll zu sein, gründet sich nicht so sehr auf die Beurteilung von außen, sondern auf Erfahrungen meines Tuns und Handelns.
„Die Idee, daß bestimmte Menschen böse, schlecht und schurkisch seien und für ihre Schlechtigkeit	Es steht mir nicht zu, andere Menschen zu bewerten. Dadurch werden der Blick und meine Energien

streng zu rügen und zu bestrafen seien."

frei für mich: Ich konzentriere mich auf *mein Tun.*

(Anmerkung: Dennoch bin ich wachsam und offen für die Rückmeldungen und den Einfluß anderer. Als soziales Wesen bin ich sozial geprägt. Meine „Wertung" besteht darin auszuwählen, was für *mich* förderlich und/oder nichtförderlich ist. Damit bewerte ich jedoch nicht *andere* oder entscheide für sie.)

„Die Vorstellung, daß es schrecklich und katastrophal ist, wenn die Dinge nicht so sind, wie man sie gerne haben möchte."

Ich werde unabhängiger von Gegebenheiten und Konstellationen. Ich kann besser loslassen und mich und die anderen sein lassen.

„Die Vorstellung, daß menschliches Leiden äußere Ursachen habe und daß der Mensch wenig Einfluß auf seinen Kummer und seine psychischen Probleme nehmen könne."

Da ich selbst durch meine Lebensweise, meine Einstellungen und meine Verhaltensweisen Ursache für meinen Kummer und meine Probleme bin, kann *ich* auch Änderungen herbeiführen und muß nicht zusehen, bis ...

„Die Überzeugung, daß man sich über tatsächliche oder eingebildete Gefahren große Sorgen machen, sich ständig mit der Möglichkeit ihres Eintretens befassen müsse."

Ich kann mich stärker auf das Jetzt, auf mich und meine Mitmenschen konzentrieren, weil ich mir keine Sorgen um *Möglichkeiten* mache und meine Kräfte nicht in *Phantasien* investiere. (Was wäre, wenn ...)

„Die Meinung, es sei leichter, bestimmten Schwierigkeiten auszuweichen, als sich ihnen zu stellen."

Sich den Schwierigkeiten nicht zu stellen, hat keinen Sinn: Sie holen mich immer wieder ein. Ich bestimme, ob und wie ich sie bewältige.

„Die Vorstellung, daß man sich auf andere verlassen sollte und daß man einen Stärkeren

So lange ich mich auf einen Stärkeren stütze, werde ich immer an meine Abhängigkeit erinnert. Ich beginne deshalb,

braucht, auf den man sich stützen kann.“	nach meinen eigenen Kräften zu suchen ...
„Die Vorstellung, daß die eigene Vergangenheit entscheidenden Einfluß auf unser gegenwärtiges Verhalten hat und daß etwas, das sich früher einmal auf unser Leben auswirkte, dies auch weiterhin tun müsse.“	Ich bin nicht gefangen in meiner Vergangenheit und befangen, was meine Zukunft betrifft. Ich lebe in der Gegenwart und fühle mich stark, im „Hier und Jetzt“ etwas zu tun, zu verändern ... Vergangenheits- und Zukunftsgedanken lähmen mich nicht.
„Die Neigung, sich über die Probleme und Verhaltensschwierigkeiten anderer Leute aufzuregen.“	Ich spare Energien: Ich rege mich nicht mehr über andere auf, sondern konzentriere mich auf meine Schwierigkeiten und versuche, mit mir zurecht zu kommen.
„Die Vorstellung, daß es für jedes menschliche Problem eine absolut richtige, perfekte Lösung gibt, und daß es eine Katastrophe sei, wenn diese perfekte Lösung nicht gefunden wird.“	Ich habe den Mut bekommen zu handeln, selbst auf die Gefahr hin, zu keiner *perfekten* Lösung zu kommen. Ich bin risikoreicher geworden und fühle mich dadurch stärker „am Puls des Lebens“.

- Welche irrationalen Ideen entdecken Sie bei sich? Welchen Irrglauben müssen Sie auf Ihrem Weg, Autonomie anzustreben, erst noch wegräumen?

Der autonome Mensch:

Rückzug in die Unnahbarkeit der Isolation zu viel Distanz Verlust des Kontaktes zu den anderen	← Der autonome Mensch findet die Balance und kann die Spannung aushalten. →	Flucht in die Scheinsicherheit der Allgemeinheit zu viel Nähe Verlust des Kontaktes zu sich selbst

Der autonome Mensch erfährt sich als ein Wesen, das sich ständig im Prozeß befindet und das sich und seine Umwelt tief wahrnimmt. Er geht Realitäten nicht aus dem Weg, akzeptiert sie und sucht dennoch immer wieder nach Veränderungsmöglichkeiten. Er ist auf der Suche nach seiner eigenen Stimmigkeit und ist bemüht, den anderen lassen und belassen zu können. Er kann die Realität so sehen, wie sie ist, indem er die „Daseinsberechtigung aller Dinge" (Thorwald Dethlefsen ... S. 73) anerkennt.

Der autonome Mensch weiß, daß es für ihn nur eine relative Autonomie gibt: Als *Teil* ist er sinnvoll in ein Ganzes eingebettet, und er bejaht dieses Eingebettetsein als seinen ihm gegebenen tiefsten Sinn.

Er weiß zudem: „Es gibt keine Methode oder Technik, die zu einem Selbst führen ... Die *Einstellung* ist der Schlüssel zu Autonomie ... Man muß es wagen, das eigene Selbst zum Erleben zu bringen, um zu erfahren, daß die Angstgespenster, die im Wege stehen, eigentlich machtlos sind." (A. Gruen ... S. 161)

So spürt der autonome Mensch vermehrt innere Ruhe und Gelassenheit und den Frieden mit sich und der Welt.

Nachwort

Neun Monate sind nun vergangen, seitdem ich dieses Buch zu schreiben begann. Jetzt halte ich nicht nur ein fertiges Manuskript, sondern – ähnlich wie nach Beendigung einer Schwangerschaft – etwas für mich sehr Lebendiges in Händen: Mein „Buchkind“, das sehr viel mit mir zu tun hat; denn: Ich habe mich während dieser Zeit des Schreibens selbst verändert und in Gedanken und Gefühlen zunehmend intensiver meinen eigenen Prozeß des Wachsens und Reifens wahrgenommen und erlebt. Zu Beginn war ich skeptisch und zuversichtlich zugleich: „Sich wohlfühlen in der Schule?!“ Je mehr ich mich aber innerlich auf die Thematik einstellte und einließ, desto ruhiger und gelassener wurde ich. Ich klopfte immer weniger an die Türen der anderen, um Wohlfühlen zu erreichen, sondern ich öffnete die *eigene* Tür immer weiter nach innen. Ich entdeckte bisher verborgene Möglichkeiten in mir selbst und kam zur Erkenntnis: Ich bin zuständig und verantwortlich für mein Wohlfühlen. „Es“ ist von außen nicht machbar, sondern von innen gestalt- und erlebbar.
Jetzt spüre ich keine Skepsis mehr in mir, sondern Zuversicht, Hoffnung und Bereicherung.
Ich wünsche Ihnen, daß Sie beim Öffnen Ihrer Türen nach innen viele Schätze finden, um sich in der Schule – und anderswo ... wohlzufühlen!

Literaturverzeichnis

Achterberg, Jeanne: Die heilende Kraft der Imagination. Bern-München-Wien 1987.
Affemann, Rudolf: Gesundheitserziehung in der Schule. Hrsg.: Landesarbeitsgemeinschaft für Gesundheitserziehung Baden-Württemberg e. V. Stuttgart 1987.
Auberle, Klemens/Miller, Reinhold: Schulinterne Lehrerfortbildung – ein Versuch – oder: Ein Lehrerkollegium drückt wieder die Schulbank, in: Lehren und Lernen 1987/9, S. 31-54.
Baacke, Dieter: Die 6-12jährigen und die Schule, in: Zeitschrift Pädagogik 1988/3, S. 10-15.
Bandler, Richard/Grindler, John/Satir, Virginia: Mit Familien reden. München 1978.
Berendt, Ernst-Joachim: Das Dritte Ohr. Reinbek 1985.
Bernstein, Douglas/Borcovec, Thomas D.: Entspannungstraining. Handbuch der Progressiven Muskelentspannung. München 1987/4.
Brück, Horst: Das Kind vor dem Lehrer und das Kind im Lehrer, in: Westermanns Pädagogische Beiträge 1980/1, S. 8-13.
Dethlefsen, Thorwald: Schicksal als Chance. München 1988/23.
Dieterich, Rainer u. a.: Psychologie der Lehrerpersönlichkeit. München 1983.
Dreikurs, Rudolf u. a.: Lehrer und Schüler lösen Disziplinprobleme. Weinheim 1987/4.
Dürckheim, Karlfried, Graf: Meditieren – wozu und wie. Freiburg 1976.
Dürckheim, Karlfried, Graf: Vom doppelten Ursprung des Menschen. Freiburg 1973.
Einsiedler, Wolfgang: Schulpädagogik. Eine Einführung. Donauwörth 1975/2.
Ellis, Albert: Die rational-emotive Therapie. München 1982/3.
Flemming, Hans-Curt: Ein Zettel an meiner Tür. Berlin 1987.
Gendlin, Eugene T.: Focusing. Technik der Selbsthilfe bei der Lösung persönlicher Probleme. Salzburg 1987.

Gimmler, Klaus/Ginhold, Karin: Leben im Kollegium, in: Gudjohns, Herbert/Reinert, Gerd-Bodo (Hrsg.): Schulleben. Königstein/Ts. 1980, S. 77–88.
Großmann, Gustav: Persönlichkeitsprivileg. Manuskript. München 1953.
Gruen, Arno: Der Verrat am Selbst. Die Angst vor Autonomie bei Mann und Frau. München 1986/2.
Grundke, Peter/Stüwe, Rüdiger: Pädagogische Konflikte im Kollegium, in: Westermanns Pädagogische Beiträge 1980/10, S. 386–392.
Gudjons, Herbert: Umgang mit Angst. Erfahrungen einer Lehrergruppe, in: Westermanns Pädagogische Beiträge 1980/1, S. 27–29.
Hentig, Hartmut von: Aufgeräumte Erfahrungen. München 1983.
Hentig, Hartmut von: Psychische Gesundheit und Schule, in: Nisse, Gerhard/Specht, Friedrich (Hrsg.): Psychische Gesundheit und Schule. Neuwied 1976, S. 1–26.
Hentig, Hartmut von: Was ist eine humane Schule? München 1976.
Hoffmann, Bernt: Kleines Handbuch des Autogenen Trainings. München 1977.
Hofsommer, Wolfgang: Lehrerängste in Anforderungssituationen, in: Westermanns Pädagogische Beiträge 1980/1, S. 14–19.
Homfeldt, Hans Günther/Volkers, Heiner: Sich in der Schule wohlfühlen, in: Westermanns Pädagogische Beiträge 1985/7–8, S. 320–323.
Ipfling, Heinz-Jürgen: Marginalien über die Freude im pädagogischen Zusammenhang, in: Lorenz, Ulrike/Ipfling, Heinz-Jürgen (Hrsg.): Freude an der Schule. München 1979, S. 21–28.
Kerstiens, Ludwig: Die Lehrer-Schüler-Beziehung in der Diskussion, in: Lehren und Lernen 1981/7, S. 1–11.
Klaus, Angelika u. a.: Wenn ich an die Schule denke, verkrampft sich in mir alles, in: Westermanns Pädagogische Beiträge 1980/1, S. 4–7.
Kraft, Hartmut: Autogenes Training, in: Seifert, Theodor/Waiblinger, Angela (Hrsg.): Therapie und Selbsterfahrung. Stuttgart 1986, S. 51–57.
Kraft, Hartmut: Autogenes Training – Methodik und Didaktik. Stuttgart 1982.
Krippendorf, Ute/Plöhn, Susanne: Entwicklung eines Inventars zur Erfassung psychischer Gesundheit. Unveröffentlichte Diplomarbeit. Hamburg 1985.
Kruse, Waltraud: Entspannung. Autogenes Training für Kinder. Köln 1984.

Lauster, Peter: Die Liebe – Psychologie eines Phänomens. Reinbek 1988.
Lauster, Peter: Wege zur Gelassenheit. Reinbek 1987.
Lair, Jacqueline C./Lechler, Walther H.: Von mir aus nennt es Wahnsinn. Stuttgart 1986/4.
Lindemann, Hannes: Überleben im Streß. Autogenes Training. München 1980.
Lindemeier, Andreas: Wider die Resignation, in: Bildung. Friedrich-Jahresheft VI, 1988, S. 110–112.
Lorenz, Ulrike: Die Interaktion zwischen Schüler und Lehrer, in: Lorenz, Ulrike/Ipfling, Heinz-Jürgen (Hrsg.): Freude an der Schule. München 1979, S. 31–41.
Lysebeth, Andre van: Yoga. Für die Menschen von heute. München 1982.
Martin, Gerhard: Der Lehrer als Person in der Schule, in: Lehrer im Wandel ihrer Lebensstufen. Birkacher Beiträge 2. Stuttgart-Birkach 1982, S. 5–8.
Masters, Robert/Houston, Jean: Phantasiereisen. München 1984.
Mattmüller-Frick, Felix: Plädoyer für eine Schule mit Pfiff. Bern–Stuttgart 1985.
Mayr, Johannes u.a.: Mitarbeit und Störung im Unterricht – Konzept für ein Lehrertraining zur Verbesserung pädagogischen Handelns, in: Schlee, Jörg/Wahl, Diethelm (Hrsg.): Veränderung subjektiver Theorien von Lehrern. Oldenburg 1987, S. 138–151.
Miller, Reinhold: Die Theorie sitzt im Kopf, wo sitzt die Praxis?, in: Lehren und Lernen 1987/2, S. 66–74.
Miller, Reinhold: Lehrer lernen. Weinheim 1987/2.
Miller, Reinhold: Schilf-Wanderung. Wegweiser für die praktische Arbeit in der schulinternen Lehrerfortbildung. Weinheim 3. Aufl. 1992.
Mreschar, Renate: Die Angst des Lehrers vor dem Unterricht, in: Mreschar, Renate (Hrsg.): Erzieher und Erzogene. Bonn–Bad Godesberg 1985, S. 30–33.
Müller, Else: Hilfe gegen Schulstreß. Reinbek 1984.
Ortner, Gerhard: Positive Pädagogik. Frankfurt 1987.
Otto, Britta: Der Lehrer als Kollege. Weinheim 1978.
Portele, Gerhard: Der Weg ist das Ziel – Lehrerpersönlichkeit im Lichte der humanistischen Psychologie, in: Gudjohns, Herbert/Reinert, Gerd-Bodo (Hrsg.): Lehrer ohne Maske. Königstein/Ts. 1981, S. 224–231.
Redlich, Alexander/Schley, Wilfried: Die Kooperative Verhaltensmodifikation. Weinheim 1980.
Rhein-Neckar-Zeitung: Stadtväter suchen nach Gründen für Vandalismus. Heidelberg 27.10.1987.

Rogers, Carl: Die Kraft des Guten. Frankfurt 1986.
Rogers, Carl: Encounter-Gruppe. München 1974.
Rogers, Carl: Entwicklung der Persönlichkeit. Stuttgart 1976.
Rozman, Deborah: Mit Kindern meditieren. Frankfurt 1986.
Ruddies, Günther H.: Lehrer im Wandel ihrer Lebensstufen, in: Lehrer im Wandel ihrer Lebensstufen. Birkacher Beiträge 2. Stuttgart-Birkach 1982, S. 9–14.
Rumpf, Horst: Die künstliche Schule und das wirkliche Lernen. München 1986.
Schaefer, Klaus: So schaffen Sie den Schulalltag. Münster 1985.
Schley, Wilfried: Zwischen Systemzwängen und menschlichen Schwächen, in: Westermanns Pädagogische Beiträge 1986/6, S. 22–27.
Schlottke, Peter F./Wahl, Diethelm: Streß und Entspannung im Unterricht. München 1983.
Schoenebeck, Hubertus von: Der Versuch, ein kinderfreundlicher Lehrer zu sein. Frankfurt 1980.
Schultz, Johann Heinrich: Das autogene Training. Konzentrative Selbstentspannung. Stuttgart 1982/17.
Schwäbisch, Lutz/Siems, Martin: Selbstentfaltung durch Meditieren. Reinbek 1986.
Seifert, Theodor/Waiblinger, Angela (Hrsg.): Therapie und Selbsterfahrung – Einblick in die wichtigsten Methoden. Stuttgart 1986.
Siems, Martin: Dein Körper weiß die Antwort. Focusing als Methode der Selbsterfahrung. Reinbek 1986.
Singer, Kurt: Emotionalität und Kontakt im Lehrer-Schüler-Bezug, in: Lorenz, Ulrike/Ipfling, Heinz-Jürgen (Hrsg.): Freude an der Schule. München 1979, S. 43–53.
Spiegel: Tollhaus Schule. Hamburg 11.4.1988 (Nr. 15), S. 28–49.
Stangl, Marie-Louise: Ewiges Jetzt – Übungen zum Erleben des Seins. Düsseldorf 1988.
Stern: Nur im Jammern sind sie große Klasse. Hamburg 14.4.1988 (Nr. 16), S. 30ff.
Stevens, John: Die Kunst der Wahrnehmung. München 1986/9.
Strebel, Albrecht: Meditation, in: Seifert, Theodor/Waiblinger, Angela (Hrsg.): Therapie und Selbsterfahrung. Stuttgart 1986, S. 211–217.
Tausch, Reinhard und Annemarie: Erziehungspsychologie. Göttingen 1977/8.
Tausch, Reinhard: Förderlicher Umgang mit beeinträchtigenden Gefühlen. Vortrag auf der Pädagogischen Woche in Düsseldorf. April 1986. (Manuskript).
Tausch, Reinhard und Annemarie: Wege zu uns. Reinbek 1983.

Tausch, Reinhard: Welches Lernen in der Fortbildung ist für mich als Lehrer und Dozent bedeutsam und beeinflußt das Lernen meiner Schüler?, in: Weber, Alexander (Hrsg.): Kooperatives Lehren und Lernen in der Schule. Agentur Dieck. Heinsberg 1986, S. 222–240.

Teml, Hubert: Entspannt lernen. Linz–Passau 1987.

Tennstädt, Kurt-Christian u.a.: Das Konstanzer Trainingsmodell. Bern–Stuttgart 1987.

Terhart, Ewald: Kommunikation im Kollegium, in: Die Deutsche Schule 1987/4, S. 440–450.

Ullman, Montague/Zimmerman, Nan: Mit Träumen arbeiten. Stuttgart 1986.

Winkel, Rainer: Antinomische Pädagogik und Kommunikative Didaktik. Düsseldorf 1986.

Winkel, Rainer: Dann machen wir sie fertig, in: Die Zeit Nr. 51 vom 16.12.1983, S. 33.

Wolff, Irmhild: Möglichkeiten der Bewältigung gestörter Unterrichtssituationen, in: Westermanns Pädagogische Beiträge 1985/4, S. 162–164.